第二次世界大战回忆录

04

单独作战

DI-ER CI SHIJIE DAZHAN HUIYILU 04:
DANDU ZUOZHAN

[英] 温斯顿·丘吉尔 著
贾宁 译

青岛出版社
QINGDAO PUBLISHING HOUSE

图书在版编目（CIP）数据

第二次世界大战回忆录 .4，单独作战／（英）丘吉尔（Churchill, W.L.S.）著；贾宁译 . —青岛：青岛出版社，2015.4

ISBN 978-7-5436-8197-2

Ⅰ.①第… Ⅱ.①丘… ②贾… Ⅲ.①丘吉尔，W.L.S.（1874—1965）－回忆录 ②第二次世界大战－史料 Ⅳ.① K835.167=5 ② K152

中国版本图书馆 CIP 数据核字（2014）第 011367 号

书　　名	第二次世界大战回忆录 04：单独作战
著　　者	[英] 温斯顿·丘吉尔
译　　者	贾　宁
出版发行	青岛出版社
社　　址	青岛市崂山区海尔路 182 号（266061）
本社网址	http：//www.qdpub.com
邮购电话	0532-68068091
策划编辑	刘　咏
责任编辑	霍芳芳
封面设计	光合时代
出版日期	2021 年 10 月第 2 版　2021 年 10 月第 2 次印刷
照　　排	青岛乐喜力科技发展有限公司
印　　刷	青岛新华印刷有限公司
开　　本	16 开（710mm×1000mm）
印　　张	21.5
字　　数	283 千
书　　号	ISBN 978-7-5436-8197-2
定　　价	58.00 元

编校质量、盗版监督服务电话　4006532017　（0532）68068050

建议陈列类别：二战／军事／历史

战争时：坚毅
失败时：不屈
胜利时：宽容
和平时：友善

致　谢

在各位好友帮助下，我得以完成前几卷的著述，这里要再一次表达对他们的感谢：陆军中将亨利·波纳尔爵士、海军准将艾伦、迪金上校、爱德华·马什爵士以及丹尼斯·凯利先生和伍德先生。还有其他很多人士也曾审阅过原稿，并提出了自己的意见，在这里也一并表示感谢。

我依然得到了伊斯梅勋爵以及其他朋友的帮助。

在此要特别感谢英王陛下政府文书局局长。一些官方文件原文的版权为其所有，然而承蒙英王陛下政府批准，得以附加在内。出于保密，我对本卷所列的一些电文，谨遵英王陛下政府谕，做了改动，但是都是在本意基础上加以改动的，其原意或者实质并没有变动。

温斯顿·斯宾塞·丘吉尔

序　言

　　我在这一卷描绘的这段时间中，背负着很大的责任。我出任了首相，兼任财政大臣、国防大臣，以及下院领导人。起初的四十天过后，我们独自面对德国与意大利，前者接连获胜，后者向我们发起最关键的进攻，站在我们对立面的中立国苏联热情支援希特勒，另外，日本也是一个无法确定的潜在威胁因素。不过，英国国王的战时内阁在帮国王处理国家大事时，表现得既勤恳又忠心不贰，最终在议会的支持下，在英联邦、大英帝国各地区政府与人民的拥戴下，完成了所有任务，击败了一切敌人。

温斯顿·斯宾塞·丘吉尔
写在肯特郡韦斯特勒姆
查特韦尔庄园
1949 年 1 月 1 日

英国人民怎样单独坚守堡垒直至
过去半盲的人们做好一半的准备。

目　录

第一章　不列颠之战 1
第二章　闪电战 23
第三章　"伦敦毫不在乎" 40
第四章　巫术战 63
第五章　美国驱逐舰与西印度群岛基地 79
第六章　埃及和中东 98
第七章　从地中海通行 120
第八章　九月的紧张战局 137
第九章　达喀尔 157
第十章　艾登先生的任务 179
第十一章　与维希政府、西班牙的关系 192
第十二章　墨索里尼入侵希腊 218
第十三章　租借法案 241
第十四章　德国和苏联 263
第十五章　海上灾难 280
第十六章　沙漠里的胜利 295
附　录 317

第一章　不列颠之战

关键战役——希特勒左右为难——三个阶段——在本国领空开战的方便之处——"海狮"计划与空袭——敌方空袭太恩河——德国"亨克尔"式飞机猛烈轰炸——比弗布鲁克勋爵大展拳脚——欧内斯特·贝文先生和工人们——内阁上下一心——核查德国蒙受的损失——对伦敦的第一场空袭——德国海军参谋部陷入焦虑——9月11日我通过广播发表演讲——局势在8月24日到9月6日紧张到极点——原本指挥自如的空战司令部受到胁迫——两星期内我们有四分之一的飞机驾驶员伤亡——戈林计划失误，早早对伦敦发动了空袭——一次休整的良机——战争在9月15日被推向巅峰——我到第十一战斗机大队考察工作——帕克空军少将——战斗机大队的作战指挥室——空袭拉开帷幕——后备军队全部参战——大获全胜——希特勒9月17日决定延期实施"海狮"计划——一切结束后比较对外公开的数字和真实数字——荣耀属于所有民众

眼下，是否能在空战中取胜，成了我们命运的决定性因素。德国领导人很清楚，只有掌控了英吉利海峡以及他们在我国南部沿海选择的登陆点上空，他们才能实施侵略我国的所有计划。要在登船港口做出部署、集合运输船只、在航道上扫雷、建立新水雷区，先要抵挡住英国空军的进攻。要横渡海峡，成功登陆，最关键的一点是要将运输船只上空和海滩上空的制空权完全掌控在手中。正因为这样，能否将

皇家空军与伦敦、海岸间的机场系统破坏掉，便成了最后结果的决定性因素。现在我们已经知道，7月31日那天，希特勒告诉海军上将雷德尔："德国空军在八天激烈的空战过后，若还没能重创敌方的空军、港口、海军，那就只能拖延到1941年5月再开展作战行动了。"即将开始的这场战争，就是这样的情况。

面对这场将要展开的实力角逐，我心中没有半点胆怯。6月4日那天，我跟议会说："当初法国陆军的规模那样宏大，却抵御不了数千辆装甲车的进攻，败得一塌糊涂。让数千名飞行员用自己的能力与忠诚来守卫文明事业，不也是可行的吗？"6月9日那天，我又跟史末资说："让希特勒对我国发起进攻，趁机毁掉他的空中武器，是目前我能找到的仅有的法子。"这个机会就在眼前。

描述不列颠之战双方英国和德国空军间较量的优秀报道有很多。1941年和1943年两年间，我们了解的重要事实，在空军上将道丁的信函、空军部第156号小册子中有翔实的记录。德国最高统帅部的部分想法，以及在所有阶段中，他们内部的不同反应，我们眼下也已了解。我们大大高估了德国在部分重要战役中的损失，双方的报告都有明显的夸张成分。不过，没有人会质疑这场事关英国存亡与世界自由的著名战争的重要特征与概况。

德国空军在法兰西之战中被用到了极致，需要休整几周或是几个月，一如挪威战役后的德国海军。对我们而言，这段休整是很有益的，毕竟我们的大部分战斗机中队都先后参与了欧洲大陆的战争，仅有三个中队例外。不列颠在法国一败涂地后，依旧不愿接受和平协议，这出乎希特勒的意料。他无法明白一个岛国独有的、不靠外界援助的智慧，同时也低估了我们的毅力，在这两点上，他跟贝当元帅、魏刚等法国的将军、政客没有区别。我们已走过了一段相当长的路，另外在慕尼黑之后，我们也学到了很多。希特勒在6月份逐渐了解了新形势，对此做出安排，德国空军也在同一时期恢复了状态，开始部署新任务。大家都了解这个新任务是什么。希特勒若不想打一场持久仗，并应对因此产生的各种难以预知的危险和困难，就只能对英国发起进攻，使其臣服于自己脚下。有种可能性一直存在：如果能在空战中击败英国，便能使英国放弃抵抗；而真正意义上的入侵，除非希特勒想侵占这个战败国，否则就算在实际中具有可操作性，也是不必要的。

6月份、7月初，德国空军已恢复状态，做了整编，他们预备进攻时从法国和比利时的机场起飞，为此在两国的所有机场都做了部署。此外，为对即将遭遇的反抗的强弱、大小做出估测，他们还展开了侦察，并发起了试探性质的进攻。首次强有力的进攻一直拖延至7月10日才进行，所以一般将这一天定为空战之始。除此之外，8月15日、9月15日这两个日子也颇具意义。德国的进攻分为三个阶段，前后相连，并有部分重合。7月10日到8月18日是第一阶段，为了解我国空军的实力，引诱其出战，将其消灭，德国人对英吉利海峡的英国护航舰队以及我国南部从多佛尔到普利茅斯中间的海港发起进攻；此举同时可以破坏一些沿海城镇，它们已被德国人列为将要侵略的对象。8月24日到9月27日是第二阶段，为对首都伦敦展开猛烈、持续的轰炸，先消灭皇家空军，销毁其设备，以此打开通往伦敦的大道。此举还能使首都和受到威胁的沿海各地无法再取得联系。戈林认为，此举还能收到更大的成效：让这个全世界最大的城市陷入混乱，无法运转，让英国政府和民众心生畏怯，向德国臣服。德国海军、陆军参谋人员都殷切期望戈林的这一想法会成真。然而，在实际行动中，他们未能消灭皇家空军。另外，尽管对"海狮"作战计划需求迫切，他们却没有精力付诸实践，因为他们得先集中力量摧毁伦敦。随后，所有事情都未能如他们所愿，因为没能获得制空权这个最关键的前提条件，他们的入侵行动不知要拖延到何时，这时候第三阶段即最后一个阶段开始了。他们无法在白天的空战中获胜，皇家空军还是威风得很，这给他们带来了大麻烦，10月，戈林对伦敦及各工业中心展开了猛烈轰炸，这是没有办法的办法。

*　　*　　*

　　双方的战斗机质量没有高下之分。德国的战斗机速度和上升度优于我国，我国的战斗机在灵活性和武器配备方面优于德国。德国飞行员很清楚，他们人数众多，且在与波兰、挪威、荷兰、比利时、卢森堡、法兰西的空战中都是胜利方，这让他们引以为傲；而我国的飞行员个个信心满满，意志坚定，这是大不列颠民族在极度困难的时期便会充分显露出来的特质。德国在战略方面占据了一个相当重要的优势，并利用得相当有技巧：他们的空军部署基地分布十分广泛，数量也多，进攻我们时，能够借助基地汇聚起强大的力量，做出进攻甲地的假象，实际却进攻乙地。不过，敌方先前比较在海峡上空交战与飞越海峡交战的不利因素，和在法国与比利时面临的不利因素时，对前者的估量可能不够。现在他们已经了解了这些不利因素有多严重，不然他们不会那么用心地去组建一支行之有效的海上救护队。7月和8月的每一场空战中都能看到一些有红十字标志的德国运输机出现在海峡上空。我们不能让那些在战争中被打下来的敌军飞行员被他们用这种方式营救回去，然后再回来轰炸英国民众。我们要尽可能借助自己的力量救下他们，让他们做我们的俘虏。我国的战斗机根据内阁在战争时期批准的明确指令，将德国的救护飞机全部迫降或是击毁了。我们的这一做法，让飞机上的德国飞行员和医生很吃惊，他们以违反《日内瓦公约》为由提出抗议。可是《日内瓦公约》签订时，并未预测到会出现这种形式的战争，因此没有对这种预料之外的情况做出规定。德国人的抱怨根本站不住脚，因为他们只要对自己有好处，就可以违背任何条约、战时法规、庄重协议，没有半点顾忌。他们很快放弃了抱怨，在海上营救两国飞行员的工作，由我国的小型船舰全权负责，德国人一旦发现它们，就会对它们展开攻击，这是必然的。

* * *

8月，德国空军集合了一千零一十五架轰炸机、三百四十六架俯冲轰炸机、九百三十三架战斗机以及三百七十五架重型战斗机，一共二千六百六十九架作战飞机。8月5日，首脑发出第17号指令，批准对英国的空战加快进程。"海狮"计划从未入戈林的眼，"绝对"空战才是他最看重的。德国海军参谋部对他之后乱改各项计划深感不解。在德国海军参谋部看来，毁灭皇家空军和我国的飞机产业只是为实现某个目的采取的一种手段：一旦这项任务完成，空战的进攻目标就该转移到敌军的军舰和船只上。戈林将海军的目标放在了次等重要的位置，这让他们很遗憾，而接二连三的延期也让他们头痛。他们于8月6日上报最高统帅部：德国不能在海峡为铺设水雷做准备了，英国空军一再阻挠他们。海军参谋部在8月10日的作战日记中这样写道：

> 因为空军的活动停止，"海狮"作战计划的准备工作，特别是扫雷工作受到阻挠。眼下，由于天气糟糕，空军无法行动，另外，近期极佳的天气带来的良机，空军已经错失，个中原因海军参谋部尚不知晓……

7月份、8月初，肯特海角和海峡沿岸上空空战不断，战况激烈。戈林以及他那些经验丰富的顾问确定，南部这场战争集中了我们全部的战斗机中队。鉴于此，他们决定在白天对瓦什湾北面的各工业城市展开一次轰炸。对于他们最好的战斗机"Me-109"式战斗机而言，这样的距离太遥远了。为此，他们只能派出"Me-110"式战斗机来为轰炸机保驾护航，这种战斗机能达到预定航程，但性能比较差，现在性能是决定成败的关键因素，他们这样做是很冒险的。然而，他们认为冒这种险很值得，他们觉得这个计划整体而言还是可行的。

因此，8月15日这天，四十架"Me-110"式战斗机掩护着约一百架轰炸机，轰炸了泰恩河地区。他们以为我国的空军全部集中在南部，为牵制这些空军，同一时间，他们又派出八百多架飞机对南部展开空袭。道丁对战斗机队部署的正确性，在这种情况下得到了充分彰显。他早就料到了会出现这样的危险状况。七支"旋风"或"喷火"式战斗机中队已从南部激烈的战争中撤退至北部，在休整之余，负责当地的保卫工作。尽管曾遭遇重创，这几支战斗机中队在撤退时还是很不情愿，飞行员们认真地表示他们根本不累。眼下有个意外之喜，这些战斗机中队可以在入侵的敌方飞机从海岸上经过时去迎战它们。被击落的德国飞机共计三十架，其中重型轰炸机（"亨克尔3"式轰炸机，每一架上面有四位受过严格训练的飞行员）占了绝大多数，而英国方面仅有两位飞行员受伤。空军中将道丁在空战指挥中很有远见，这一点非常值得赞扬，但他的慎重以及对巨大压力的精准估计，却更让人赞叹。南方战况激烈，已持续了好多个星期，在这种情况下，他还能将一支战斗机队留在北方。他在这件事上展现出的指挥能力，理应被我们视为精通战争艺术的典型。此后，德国再想在白天轰炸，除非有最先进的战斗机保驾护航。瓦什湾以北的地区，从那以后白天就太平了。

此次大战中这一时期规模最大的空战发生于8月15日；五次大规模的战争，在漫长的五百英里的战线上展开。生死存亡就看这一天了。我们在南部地区的二十二支战斗机中队全部参与了战争，很多中队在一天内出动两次甚至三次。我们损失了三十四架飞机，而德国若加上北方的损失，损失飞机数共计七十六架。很明显，德国空军这次输得很惨。

此次失利预示着糟糕的未来，德国空军司令官在权衡了此次失利的后果后，一定会忧心忡忡，即便如此，德国空军还是坚持要进攻伦敦港及其为数甚多的码头和船只，还有这个全世界最大的城市——他们在进攻时甚至都不用好好瞄准。

* * *

这几周，战况异常激烈，带给人无尽担忧。期间，比弗布鲁克勋爵的贡献相当突出。我们要用性能可靠的飞机，为各战斗机中队做补充，不必计较为此付出多大代价。在有序、安定的环境中，官僚主义和繁琐礼节是可以存在的，但在眼前的环境中是不适合的。比弗布鲁克那些让人赞叹的才能，与眼前的需要正好契合。他是十分乐观、十分有精力的人，很能激励人心。有些情况下，我可以依赖他做事，这点我很庆幸。他从不让人失望。这样的时刻，正好可以让他发挥所长。他的经历与才能，他的善于诱导，他的足智多谋，扫清了很多障碍。所有物资通过供应线不停地送往前线。全新的或是已经修好的飞机接连不断地供应给战斗机中队，数目之多，前无古人，这让他们十分惊喜。所有保养、维修工作都开展得如火如荼。我很看重他发挥的作用，所以 8 月 2 日那天，我在获得国王准许的前提下，邀请他进入战时内阁。他的大儿子马克斯·艾特肯，这段时期作为一名战斗机驾驶员，至少击落了六架敌机，同样立下了不小的功劳。

这段时期，还有一位大臣跟我日日相对，他就是负责掌管、动员全国人力的劳工、兵役大臣欧内斯特·贝文。不管是哪一家军火厂的工人，都很愿意听他的指挥办事。他在 9 月份也进入了战时内阁。此前，工会会员已将他们的财富、地位、权利、财产都贡献了出来，如今，他们连规章制度和特别权利也都舍弃了，那些可是他们逐渐累积起来、非常看重的东西。我跟比弗布鲁克、贝文在战况激烈的那几周相处得很融洽。之后，他们产生了分歧，矛盾不断，十分可惜。然而，在那最关键的时刻，我们是一条心的。无论是张伯伦先生的忠诚，还是内阁中我那些同僚们的坚定信念与工作效率，都让我赞不绝口。在这里，我要向他们表达我的敬意。

* * *

德国的损失具体是多少,我急于要估量出一个精准的数字。因为飞行员作战时,大多是在云层上面很高的高空,所以尽管他们都很严格、很诚实,但要确定他们击落敌机的数目,还是很不现实的,此外还会有数目的重复,好几个人都说同一架飞机是自己击落的。

首相致伊斯梅将军　　　　　　　　　　　　1940 年 8 月 17 日

在星期四的战争中,在我方的地面上找到的德国飞机共计八十多架,比弗布鲁克勋爵这样跟我说。这个数目对吗?要是不对,到底是多少?

我问空战总司令能不能区分开此次交战中陆地上空与海面上空的交战。我们要想尽可能准确地计算上报的战果,这是个很好的法子。

首相致空军参谋长　　　　　　　　　　　　1940 年 8 月 17 日

我们在关注发生在我国上空空战的结果时,绝不能忽视轰炸机司令部遭受的重创。昨晚七架重型轰炸机〔被击毁〕,眼下地面上以坦米尔机场为主又有二十一架飞机,共计二十八架飞机被击毁。二十八架再加上另外二十二架战斗机,我们在一天之内损失了五十架飞机。德国当日损失飞机数目共计七十五架,这种有利于我方的情况因此被极大地扭转。这天双方的损失实际比例是二比三。

请把那些在地面上击落的飞机型号告诉我。

首相致空军大臣　　　　　　　　　　　　　1940 年 8 月 21 日

击毁德国飞机,赢得战争胜利,这是很重要的。美国记者与美国民众对于我们正走向胜利,对于我们统计出来的数字,还持质疑态度。用不了多久，他们就会在看到德国发起的空袭很明显地被击退时，获悉真相了。眼下，战争正进行得如火如荼，而且要随时对空袭警报等事情做出决断，最好不要去麻烦空战司令部。老实说，我更愿意让事实说话。有种做法会让人反感，那就是让新闻记者去空军中队，向美国民众证明，战斗机飞行员在上报击落敌机的数目时并未夸张或说谎。在面对这些事情时，我认为我们最好还是镇定、稳重些。

飞机生产部当日声称他们光是在地面上找到的被击落的德国飞机就超过了八十架，为确认这一数字，我随即也展开了调查，得出的结果现在随信寄给你，你看一下。这个消息对我们而言是很有价值的。说实话，对于美国人的质疑，我已经有些厌烦了。这件事将左右其余所有事。

*　　*　　*

我在 8 月 20 日这天可以这样上报议会：

在数目上，敌方远在我们之上，这是自然的，然而，在新飞机的生产方面，我们已将他们远远抛在后面，美国制造的飞机才开始运过来。经过了这样几场战争，眼下我们的轰炸机和战斗机的实力，超过了此前任何一个时期。我们有能力继续这场空战，不用考虑期限，敌方愿意打到什么时候都可以，我们奉陪到底，并且打得越久，我们就越能在空中快速与敌方的实力持平，之后占据优势地位，而在空中的优势地位很大程度上决定了战争的成与败。

戈林对空战态度悲观，一直持续到了 8 月底。在他和他身边的人看来，英国的地面设备、飞机产业以及皇家空军的战斗力都已遭到重创。根据他们的估算，德国自 8 月 8 日以来，共损失了四百六十七架飞机，我方的损失却达到了一千一百一十五架。对此，双方的态度当然都很积极，德国人也理应这样，这对他们的领袖有好处。9月天气持续晴朗，德国空军期望获得能左右战争结局的成果。他们对伦敦周围的机场设备发起猛攻；六十八架飞机在6日夜里对伦敦展开空袭，在随后的7日，又有大约三百架飞机发起首次大规模空袭。首都上空在当日和接下来的几日（这几日，我们的高射炮总数增加到了原来的两倍）空战不断，战况激烈，因为高估了我们的损失，德国空军依然很有自信。不过，眼下我们已经了解了，德国海军参谋部对自身的利害与责任十分紧张，在9月10日的日志中，他们写下了这样的内容：

> 眼下还没有证据证实，已在英格兰南部和海峡地区上空击败了敌方空军，而要对形势做出进一步的判断，这是相当重要的依据。在最初的进攻中，空军对敌军战斗机防御能力的削弱的确很明显，德国战斗机在英格兰占据重大优势靠的就是这一点。但是……截止目前，海军参谋部向最高统帅部点明的冒险进攻必须具备的前提条件，也就是在海峡地区上空占据绝对优势，同时清缴德国海军和辅助船只集合区上空的敌方空军活动，尚未成立。……要实施"海狮"计划，就要求空军加紧进攻朴次茅斯、多佛尔以及战场内部或是四周的军港，减少对伦敦的进攻。……

希特勒此时相信了戈林，认为大规模攻击伦敦，将左右战争的结局。海军参谋部一直觉得很忐忑，却没有勇气把自己的意见告诉最高统帅部。到了12日，他们得出了一个悲观的结论，如下：

> 此次空战进行方式是"绝对空战"，不在"海狮"计划的范畴内，更忽略了海战目前的需求。从方式角度而言，此次空战对以海军为主力的"海狮"计划的准备工作没有帮助。尤其是我们从未看见德国空军袭击英国舰队，如今在海峡，英国舰队简直可以不受

任何干扰，自由通行，这会给海上运输带来巨大威胁。所以，铺设水雷区便成了防御英国海军最重要的举措，可是借助铺设水雷区为航运保驾护航是不可靠的，这一点已向最高统帅部解释过好多次了。截止目前，激烈的空战实际上还没有对登陆行动产生任何帮助；所以从作战和军事角度而言，登陆行动现在还不能实施。

* * *

9月11日，我在广播中这样说：

每个天气很好的日子，都会有德国轰炸机借助战斗机的掩护，一批批向我们所在的岛屿，尤其是肯特海角涌过来，通常一批就有三四百架飞机。它们试图在白天向军事目标和其他目标发起进攻，但在我方战斗机中队的反击下，它们的进攻差不多每次都以失败告终；平均下来，他们的飞机损失是我方的三倍，飞行员损失是我方的六倍。

为获得英格兰上空白天的制空权，德国人做出了这样的尝试，这当然会左右整场战争的胜负。很明显，这样的尝试截止目前是失败的。他们损失惨重，我们却感觉自身变得更强了，跟这场激战开始的7月相比，我们确实变强了。希特勒正在迅速消耗自己的战斗机队，这是毋庸置疑的，接下来的几周，若他还要这样消耗下去，他的空军主力就会被彻底毁灭。对我们来说，这是很有好处的。

从另一个角度来看，在未能掌控制空权的前提下，他若试图入侵我国，将会承担巨大的风险。在这样的情况下，他还在持续为那场大规模侵略做准备。有数百艘驳船安装了自动推进器，此刻正从欧洲海岸往南行驶，从德国、荷兰的港口到法国北部的港口，再从敦刻尔克到布雷斯特，最后到比斯开湾沿岸的法国港口。

另外还有一些船队，每队包括十艘或十余艘商船，正由多佛尔海峡进入英吉利海峡，它们小心驶过各个港口，德国新近在法国海岸修建的炮台帮它们保驾护航。如今，法国、荷兰、比利时、法国的海港，从汉堡直到布雷斯特都有他们的船只，数目很多。除了这些，他们还在挪威的港口预备了一些船，用来输送一支侵略军队。

大批德军正在这为数众多的船只和驳船后面候命，预备上船渡海，此次航行危机重重，他们一点把握也没有。他们准备何时过来，我们无法得知，他们是不是真的想做出尝试，我们也无法确定。不过，所有人都应当正视一个事实：德国人正在为大举入侵我们这座岛做准备，利用他们惯有的心思细密和井井有条的特性，另外，他们随时可能进攻英格兰、苏格兰或爱尔兰，或是在同一时间进攻这三个岛屿。

他们若真想尝试进攻，应该就在最近。天气不知道什么时候就变坏了。而且由于敌方集结的那些船每晚都会被我们的轰炸机袭击，又常常被港口外我们派去监视的战舰炮轰，敌方要让那些船一直在原地等下去，是相当困难的。

所以下周或是下周左右将会成为我国历史上一个相当重要的时间段，重要程度堪比昔日西班牙无敌舰队即将抵达英吉利海峡，德雷克①的木球快要打完时，也堪比纳尔逊②在布洛涅帮我们抵御拿破仑大军时。这些历史我们都已了解；然而，无论是规模，还是对整个人类的生活、前景，抑或是对世界文明的影响，眼下正在进行的这件事都大大超过了过去那些英勇的时期。

---

① 德雷克即弗朗西斯·德雷克（1540年—1596年），他是英国历史上著名的探险家和海盗，曾带领私人舰队击败了当时称霸海上的西班牙无敌舰队。据说，1587年，西班牙无敌舰队前来进攻英国时，他正在打木球，同伴要求他马上出去迎战，他却说："我们有的是时间，打完球再去打西班牙人也不迟。"——译注

② 纳尔逊即霍拉肖·纳尔逊（1758年—1805年），英国著名海军将领，曾阻挡了拿破仑在布洛涅聚集的大军对英国的进攻。——译注

* * *

战斗机队在 8 月 24 日至 9 月 6 日的战争中遭遇了很多困难。德国人在这段关键的时期，持续派出实力雄厚的空军对英格兰南部和东南部地区机场发动袭击，想毁掉我国战斗机白天对首都的防御。他们想对我们的首都发动空袭，简直急不可耐。不过，对我们而言，相较于让首都免受恐怖袭击，维持这些机场的正常运转，让战斗机不受任何阻碍从机场起飞，要重要得多。这段时期决定了两国空军这场生死角逐的最终结局。关于这场战争，我们唯一要考虑的是哪一方能在空中取胜，而非借助这场战争保卫伦敦或是别的什么地方。在此期间，驻扎在斯坦莫尔的空战司令部相当焦虑，而驻扎在阿克斯布里奇的第十一战斗机大队指挥部更是如此。该大队的五个前进机场、六个战区机场都遭受重创。有好几回，位于肯特海岸的曼斯顿与利姆的机场连续几天都不能向战斗机开放。地处伦敦以南的碧金山战区机场一度毁损严重，在长达一周的时间内只能向一支战斗机中队开放。敌方若是继续猛烈进攻此处附近的战区机场，同时毁坏其作战指挥室或是用于联系的电话，就有可能使组织繁复的空军司令部完全崩溃。这样一来，不光伦敦将要遭受重创，我们在这个最重要的地区拥有的制空权也将完全失去。在本书的上一册的附录（1）备忘录中，我提到我被人带去参观其中几座战区机场，重点参观了曼斯顿机场（8 月 28 日）和比金山机场，后者离我的住处很近。轰炸使这些机场满目疮痍，跑道已经作废，上面弹坑遍布。鉴于此，9 月 7 日，空战司令部在发觉德国人改变了空袭目标，转而去进攻伦敦，并据此确定德国计划有变时，终于如释重负。由于这段时期，我国空军的战斗力全部仰仗这些机场的组织与配合，戈林对我方机场的轰炸实在不应半途而废。戈林犯了个很蠢的错误，这源自他对古典战争原则和直到今天依然被公认的人道主义原则的背弃。

空战司令部的整体实力这段时期(8月24日到9月6日)损失巨大。两周内，它的损失如下：飞行员死亡一百零三人，重伤一百二十八人，四百六十六架"喷火"式和"旋风"式战斗机被击落或是遭受重创。飞行员总数约为一千人，损失接近四分之一。为填补这些空缺，他们不得不从训练处调来两百六十名新人，这些人都很有热忱，可是经验很少，有不少人连飞行课都没学完。9月7日之后的十天，每晚都会发生空袭，伦敦码头、铁路枢纽遭到轰炸，被炸死、炸伤的平民人数众多，我们却从中得到了休整的机会，这正是我们当时所渴望的。

这段日子，为了实地考察，一般每周我都会抽两个下午去肯特或是苏塞克斯遭遇空袭的地方。我安排了一列专车，车上配备的设施极其完备，床、浴盆、办公室、直通电话一应俱全，还有些很能干的工作人员。这些配备跟唐宁街官邸的配备差不多，所以在专车行驶的过程中，我在睡觉之余，还可以正常工作。

* * *

9月15日堪称高潮的高潮。此前的14日，德国空军发动了两次猛烈空袭，15日白天，他们又对伦敦发起空袭，并为此调集了所有可能调集的力量。

在这场战争中，这是最关键的战役之一，它发生在周日，跟滑铁卢一战一样。当天，我身处契克斯[①]。此前，我为了亲自了解空战指挥情况，数次前往第十一战斗机大队指挥部，每次都没有特别的事发生。但看今天的天气，好像对敌方很有帮助，所以我又乘车去了阿克斯布里奇的大队指挥部。第十一战斗机大队统辖的战斗机中队多达二十五支，负责的地区有艾塞克斯、肯特、苏塞克斯、汉普郡，还有从这些地区到伦敦的所有道路。这支战斗机大队关系着我们的生死存亡，帕

[①] 契克斯，英国首相郊外官邸所在处。——译注

克空军少将做其指挥已有半年之久了。英格兰南部地区白天所有的战役都由帕克少将指挥,这种情况从敦刻尔克之战就开始了,他的部署、指挥系统全都无懈可击。有人带我和妻子到了防弹指挥室,此处位于地下五十英尺。这个地下指挥室和电话系统是战争开始之前,空军部在道丁的提议与督促下设计并建成的。若没有这个系统,"旋风"式与"喷火"式战斗机所有的高性能都发挥不出来。所有相关人员共同缔造了这伟大的功绩。这段时期,第十一战斗机大队的指挥部及其所辖的六个战斗机驻防中心都位于英格兰南部地区,都肩负重责。位于斯坦莫尔的空战司令部在行使职权时,代表的是最高统帅部,它却将指挥战斗机中队的实权交给了第十一战斗机大队,此举十分明智,之后大队又利用各个郡的战斗机驻防中心,指挥各中队。

　　大队作战指挥室分为两层,纵深大约六十英尺,好像一座小型戏院。我们在二楼的特殊包厢就座。下方有一张地图台,面积很大,四周有大约二十名年轻人,有男有女,都受过严格培训,他们的电话助手也在旁边。我们对面本应悬挂舞台帷幕的地方,安放了一块巨大的黑板,有一面墙那么大,黑板纵向分为六列,每列都装了灯,分别代表六处战斗机驻防中心,每列用横线划分成小格子,分别代表每个驻防中心的各支战斗机中队。哪些中队最底下一排灯亮,便代表其处于"随时候命"状态,一旦接到命令,两分钟内就可起飞;往上一排灯亮,代表其已"准备妥当",可在五分钟内起飞;再往上一排灯亮,代表其"能够出发",可在二十分钟内起飞;再往上一排灯亮,代表其已经起飞;再往上一排灯亮,代表其找到敌方飞机;再往上一排的灯是红色的,灯亮代表其在作战;最顶上一排灯亮,代表其已在返回途中。左面有一个小房间,外形好像玻璃包厢,其中有四五名军官,职责是对我方自对空监视哨所得到的情报展开分析、判断,这段时期共有超过五万名工作人员效力于我方的对空监视哨所。彼时,雷达刚刚起步,不过敌方飞机靠近我国海岸时,它还是可以发出警报,但绝大多数敌方飞机飞抵我方上空的警报,是靠对空监视员借助望远镜与手提电话发现并发出的。所以在一场战役中收到的情报，总数可达数千。该地下指挥室还有好几个房间，里面全是有经验的老手，他们负责对接到的情报展开高效率的去伪存真，每一分钟都要直接将得出的结果传到一楼台子四周的坐标员以及玻璃包厢的指挥官那里。

右面还有一座属于陆军军官的玻璃包厢，他们的职责是汇报我方高射炮队的作战状况，当时我方有两百支高射炮队归空战司令部管辖。有一件极重要的事，就是不允许高射炮夜里轰炸我方战斗机靠近敌方飞机的空域。在战争开始前一年，我曾去斯坦莫尔跟道丁见过面，当时我已从他那里了解到整个指挥系统的概况。交战过程中，这一系统不断进步、完善，目前，其下属各部门已组合成一部全世界独一无二的最完善的战争机器。

帕克在我们下楼时说："今天截止到现在还波澜不起，不知之后会不会有情况发生。"空袭坐标员在十五分钟后忙碌起来。有情报称，从迪埃普的德国机场飞来一批敌机，有"四十余架"。所有中队进入"备战"状态后，与之对应的最底下一排灯泡就亮了。随即又接获两个情报，分别是"二十余架"和"四十余架"，一场激烈的角逐在十分钟后就要开始了。我方与敌方的飞机在空中汇聚。

"四十余架""六十余架"，甚或是"八十余架"，情报连续不断。每分钟，我们下方台子上的坐标都在根据不同的飞行路线移动，以显示进犯敌机不同批次的不同路线；我们对面黑板上的灯逐一亮起，显示我方战斗机中队已经出动，最终仅余四五支中队，处于"待命"状态。从最开始算起，这场相当关键的空战仅持续了一个小时多一点点。敌方可以再出动数批飞机发起进攻，他们完全有这样的实力，但我方战斗机中队因为要集中所有力量抢占高空，在七八十分钟后务必要加一次油，或是在交战五分钟后为补充弹药而降落。敌方若趁我方加油或补充弹药之际，另外派出几支中队截不住的飞机，便可能在地面上击毁我方的部分战斗机。所以白天不要让太多战斗机在同一时间降落到地面上加油或是补充弹药，就成了指挥我方战斗机中队时需要重点留意的事项之一。

没过多久，通过亮灯情况可以看出，我方的战斗机中队大半都已出动。有人在楼下说话，声音很低，含混不清，繁忙的坐标员正在那儿依照瞬息万变的战况移动坐标。关于怎样部署战斗机队，帕克空军少将发出了总命令，依照这道命令，二楼"特殊座位"中心的一名年轻军官制作了详尽的指令，发布到各支战斗机队的机场，当天，我就坐在这名年轻军官身旁。我得知他的名字却是几年后的事了。他是一位勋爵，名叫威洛比·德·布鲁克。（之后，我在赛马俱乐部重遇他，当时俱乐部请我去看德比赛马会，他是俱乐部中的一名工作人员。他很惊讶，我对当日的情况还有印象。）当其时，他依照地图台上最后出现的情报，向少数几支中队发出命令，让他们起飞，出去巡查。此时，空军少将正在后边来回走动，小心留意此次战役的一切变化发展，留意这名下属是否正确执行了自己的命令，而他本人只在一些地区面临危险时，间或发出几道明确指令，给予增援。我方的战斗机中队很快便全部参战，部分战斗机甚至已折回来加了一次油。战斗机全都飞上天了。最底下一排灯灭了。后备中队的数目为零。帕克给身处斯坦莫尔的道丁打了电话，说为防备敌方趁我方战斗机中队补充弹药或加油之际大规模来袭，请求从第十二战斗机大队中调出三支中队来帮他的忙。道丁批准了。由于第十一战斗机大队已全数出动，调这三支中队来保卫伦敦与我方的战斗机机场是很有必要的。

那名年轻军官继续根据大队司令官的总命令发出指示，他的声音平和、低沉，一如既往，好像在执行一项再平常不过的公务。没过多久，三支派来支援的中队就参战了。司令官这会儿还站在他那名下属的椅子后，一言不发，我发现他有少许焦虑。在此之前，我一直旁观，没有说话。到了这时，我说话了："我们还有别的后备军队吗？"帕克空军少将说："没有了。"其后，他将整件事记录下来，其中写道，听到这话，我"看上去忧心忡忡"。这应该是真的。若我方的飞机在地面加油时，敌方派出"四十余架"甚或"五十余架"飞机前来进攻，那我方将蒙受何等惨痛的损失！这种情况发生的概率是很高的，我们侥幸躲过的概率则相当低，危险系数实在太高了。

我方大半战斗机中队为了加油，在五分钟后降落。因为我方资源不足，很多情况下不能在空中为它们保驾护航。其后，敌方飞机飞走了。根据下边台子上不断移动的坐标可以看出，德国的轰炸机与战斗机在持续往东飞。新一轮进攻没再出现。战争在十分钟后宣告结束。我们再度上了通往地面的楼梯，"警报解除"的信号在我们走出去的瞬间拉响。

帕克说："首相，你亲自来观看此次空战，我们十分高兴。当然，在这最后二十分钟，过多的情报让我们应接不暇。通过这一点，你可以了解现在我们的实力最高点。我们今天动用的要比这个最高点高出很多。"我问他们，此次战役成果的报告收到没有，又说此次空战逼退了敌方的进击，打得相当漂亮。帕克说，我方截击的敌方飞机少于他的期望值，他很不满。我方的防线根本没挡住敌方的飞机，这是显而易见的。报告指出，数十架德国轰炸机与为其保驾护航的战斗机闯入了伦敦上空。我在地下的这段时间，被我方击落的敌方飞机共计十余架，不过，那时候要想完全了解战绩、破坏、损失的状况是不可能的。

我返回契克斯已是下午4点半，之后我马上去睡午觉，再醒来时已是8点钟，此次参观第十一战斗机大队的交战让我精疲力竭。我按了铃，我的私人秘书约翰·马丁过来了，带着汇集了全球各地新闻的晚间总结。总结让人很不满意。要么是这个地方出现纰漏，要么是那个地方错失良机，要么是某个回复让人不满，大量船舶在大西洋沉没。最后，马丁说："不过，空战弥补了这一切。我们用不到四十架飞机的损失，击落了敌方一百八十三架飞机。"

* * *

战后有资料显示，敌方这天只损失了五十六架飞机，即便是这样，

9月15日依然是不列颠之战中一个相当重要的日子。当晚,我方的轰炸机对布洛涅和安特卫普之间各个港口的船只发动了大规模进攻。损失最惨重的当属安特卫普。9月17日,希特勒决定将"海狮"计划无限期推迟,这件事现在我们已经知道了。到了10月12日,他终于正式颁布命令,延期至翌年春季。1941年7月,计划再次延期,延迟到1942年春季,"对苏战争那时就进入尾声了"。想法虽好,却不可能实现。海军上将雷德尔在1942年2月13日,为"海狮"计划最后一次跟希特勒会面,成功说服他将计划全盘"搁置"。"海狮"计划就此宣告破产。它的生命可以说止于9月15日。

* * *

这几次延期,德国海军参谋部是真心赞同的;他们其实是这几次延期的推动者。对此,陆军首脑没有抱怨半句。我17日在议会中说:"一天天等下去,终有一天会让人失去所有新鲜感。在皇家空军战斗机队所有的战役中,周日这场战役战果最骄人。……这场旷日持久的空战即将迎来最后结局,在那之前,我们要保持镇定,但我们的自信将与日俱增。"斯特朗准将,这位客官的观察家、美国战争计划司副司长、为查看德国飞机空袭效果而被派驻到伦敦的美国军事代表团团长,19日返回纽约,宣布德国空军未能重创皇家空军,空袭未能造成严重军事破坏,另外,英方公布的德国飞机损失数目"比较'保守'"。

然而,伦敦的空战还未停止。侵略计划取消后,戈林依然想利用空战取得胜利;到了9月27日,他才放弃这个念头。10月,德国人对伦敦发起猛攻,对其余很多地区的小规模进攻也没有一天停止过。轰炸由集中变成了分散,消耗战拉开了帷幕。消耗啊!哪一方在消耗呢?

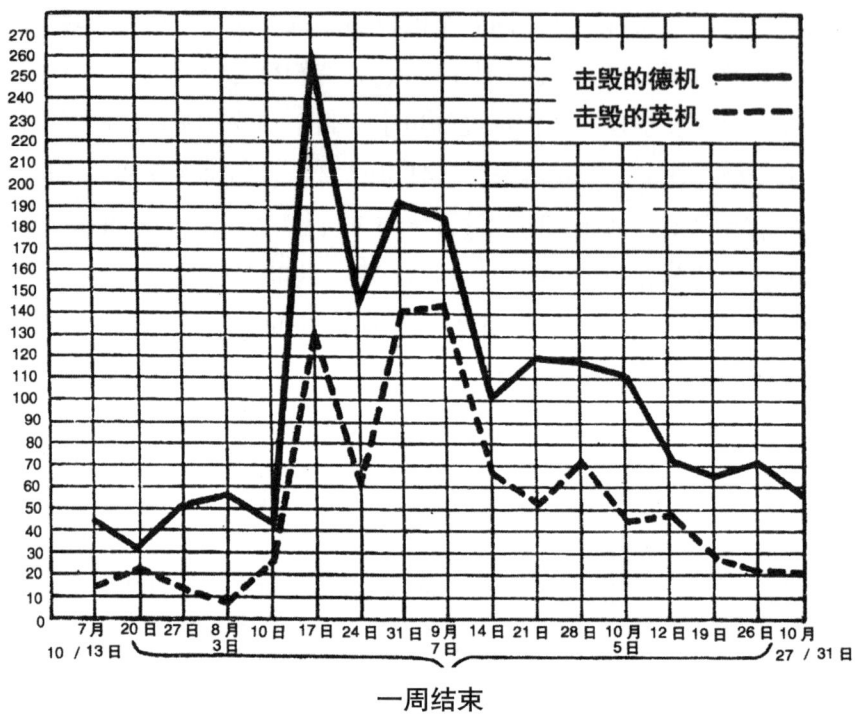

飞机损失数目统计表格

时间	英国皇家空军损失飞机数目（彻底作废或是失踪）	实际击落的敌方飞机数目（依照德国的记录）	我方公布的击落敌方飞机数目（用战斗机、高射炮、防空气球等击落）
每周统计（截止日期）			
7月13日（自7月10日开始算起）	15	45	63
7月20日	22	31	49
7月27日	14	51	58
8月3日	8	56	39

8月10日	25	44	64
8月17日	134	261	496
8月24日	59	145	251
8月31日	141	193	316
9月7日	144	187	375
9月14日	67	102	182
9月21日	52	120	268
9月28日	72	118	230
10月5日	44	112	100
10月12日	47	73	66
10月19日	29	67	38
10月26日	21	72	43
10月31日（仅包括10月27日—31日）	21	56	60
每月统计			
7月（从7月10日开始算起）	58	164	203
8月	360	662	1,133
9月	361	582	1,108
10月	136	325	254
合计	915	1,733	2,698

其他图表，请见附录（2）。

* * *

这场战役堪称全球最关键的战役之一，我们可以参照战后掌握的资料，镇定地研究英、德两国空军在战役中的具体损失数目。我们可以借助上面的图表，比较一下我们期待与担忧的状况和彼时的实际状况。

在估量敌方损失时，我们总是过分乐观，这点毋庸置疑。最后得出结论：前来进攻的德国飞机跟我方飞机的损失比例不是先前我们确定并发布的3∶1，而是2∶1。不过，这已经相当不错了。皇家空军非但没被打垮，还击败了对方。新的飞行员队伍发展壮大。我方的飞机场在满足目前空战的迫切需求之余，还是我方打持久战的力量保障，它们在遭到毁损后，仍能继续运转。战争期间，所有工人，技术娴熟也好，不娴熟也好，男人也好，女人也好，都像战时的炮兵一样坚守岗位，他们其实就是炮兵。赫伯特·莫里森在军需部鼓舞着自己统辖范围内的所有人。他叫他们"努力工作"，他们绝不会有半点违逆。由派尔将军指挥的防空司令部时刻准备着为空战提供有效援助。事后才有人指出他们所做的巨大贡献。对空监视哨忠心不贰，精力充沛，时刻坚守岗位。在持续数月的激烈交战中，组织严格的空战司令部经受住了考验，它是一切的保障。所有人都尽职尽责。

表现最出众的是我方的战斗机驾驶员，从头到尾，他们都保持着百折不挠、强大无比的信念与勇气。不列颠被解救了。因此，我在下院说："如此少的人，对如此多的人做出了如此巨大的贡献，在人类战争史上根本没有先例。"

第二章 闪电战

德国连续的几个进攻阶段——戈林亲自上阵担当空战指挥——他试图使伦敦臣服——希特勒自夸——五十个夜晚（9月7日到11月3日）空袭不停歇——派尔将军布下高射炮网——我自己的所见所闻——唐宁街与"新楼"——大手术过后，张伯伦意志坚韧——他答应不再留在伦敦——他安然去世——唐宁街十号的一顿晚餐——幸而我突然想到这一点——财政部的院子里落下一枚炸弹——帕尔麦尔街道着火——卡尔顿俱乐部空袭中被毁——民众的英勇——拉姆斯盖特的饭馆与战时保险方案——地铁发挥了防空掩体作用——我们预测伦敦会被炸成废墟——对政府机构做出的规定——"预备警报"与"空袭警报"——"凄厉的丧钟"——对安德森式家庭防空掩体做出改善——内阁吃饭时间提前——议会表现出来的情绪——我提醒诸位议员千万小心——他们很幸运

  对不列颠的空袭，让我们看到了德国军队在意见、目标方面的矛盾，以及实施计划时半途而废的习惯。敌方在这几个月间，三四次采用新的进攻方式，取代原先让我们难以承受的进攻方式。只是这些阶段相互重合，要用确切的日期将它们划分开，难度很高。所有阶段都首尾相连。第一阶段的空袭，试图用英吉利海峡与我国南部海岸上空的战争牵制住我方空军；随后为毁灭我国空军组织，对我国南部各个郡，特别是肯特郡和苏塞克斯郡发起进攻；之后靠近伦敦，继而抵达那里；再将伦敦作为空袭的最重要目标；最终，我方在伦敦

上空取得胜利，与此同时，他们再度对我国各个郡的城市，以及我方经由默尔西河、克莱德湾通向大西洋仅有的一条生命线发起了分散进攻。

8月最后一周、9月第一周，德国对我国南部海岸机场发起进攻，我们难以应对。然而，戈林在9月7日对外公布，他成了空战的新指挥，将空袭时间从白天改成夜里，将空袭地区从肯特、苏塞克斯两地的战斗机机场改成伦敦建筑最密集的大片区域。白天发动的小型空袭从没间断过，大家习以为常，但大型空袭在白天也有可能发生。不过，德国的进攻的性质已彻底改变了。伦敦遭遇了长达五十七个夜晚的轰炸。这对这个全世界最大的城市而言，是个相当严峻的考验，任何人都无法预知最后的结果。如此大范围的住宅区遭遇如此轰炸，如此众多的家庭不得不面对轰炸带来的艰难与恐惧，这是史无前例的。

敌方在8月将要结束时，对伦敦发起猛烈炮轰，我方马上对柏林展开了报复性质的炮轰作为回应。我方的炮轰规模要小很多，这是没有办法的事，毕竟相较于从法国、比利时两个邻国的机场进攻伦敦，我们飞去柏林的距离要远一些。战时内阁坚持反击，主张要跟敌方力拼。我毫不怀疑他们的主张是对的，另外我也毫不怀疑要震撼希特勒或扰乱他的计划，唯一的方法是让他了解英国民众的愤怒与意念。希特勒骨子里对我们是敬佩的。我们对柏林报复性质的轰炸，理所当然地被他大肆渲染，他还公然宣称，德国已确定要将伦敦及英国其余城市彻底炸毁。9月4日，希特勒宣布："他们若来进攻我们的城市，我们便索性把他们的城市变成废墟。"有段时间，他确实是这样做的。

毁掉我方的空中力量，是德国人的首个目标；摧毁伦敦民众的信念，或者最低限度，将这个全世界最大的城市变成不毛之地，是他们的第二个目标。他们没能实现这些新目标。获胜的是皇家空军，这得益于我方飞行员的能力与勇气，我方飞机的高性能和军队的严格组织。眼下，成百上千万普通民众也展现出了同样出众的美好品质，其类型多样，对维护不列颠发挥着重要作用，这些民众向全世界证实了一个有自由风尚的社会拥有何等强大的力量。

*　　*　　*

9月7日至11月3日这段时期,每晚平均有两百架德国轰炸机来进犯伦敦。在伦敦被当成最重要的袭击目标之初,我方的高射炮部队在伦敦仅有九十二门高射炮,因为此前的三周,德国对我国各个郡的城市展开的第一轮炮轰,大大分散了我方高射炮部队的力量。让第十一大队统辖的夜间战斗机在空中自主活动,被认为是彼时的最佳对策。夜间战斗机中队中有六支的战斗机是"伯伦翰"式和"无畏"式。彼时,夜间作战还未成熟,未能给敌方造成多大损失,却导致我方的高射炮兵接连三个夜晚没开炮。他们的技术水准当时也确实很低。虽然这样,我们还是决定让高射炮兵自由发挥出最高水准,向视线以外的目标射击时,不必有任何顾忌,我方夜间战斗机的缺陷以及那些尚未解决的问题都要求我们这样做。派尔将军负责指挥防空炮队,他将高射炮从各个郡的城市中调回来,在四十八小时内,使伦敦的高射炮总数增长到了原先的两倍多。我方的飞机避到一旁,轮到高射炮发挥作用了。

接连三个夜晚,伦敦百姓为躲避这场好像没有遇到半点抵抗的空袭,躲在自己家里或是条件很差的防空洞里。到了9月10日,防空火网一下打开了,随之而来的还有探照灯打出的强光。尽管没能对敌方造成多大损伤,轰鸣的炮声依旧让百姓十分满意。所有人都知道我们开始还击了,为此兴奋不已。从那以后,开炮对高射炮队而言成了家常便饭。他们的设计水准不断提升,这是频繁训练的结果,也是受情势所逼。我方击落的德国飞机数目不断增长。高射炮队偶尔也会暂停,让夜间战斗机飞到伦敦上空,后者的作战技术也得到了很大提升。这段时期不止有夜间空袭,白天空袭也基本没断过。一天二十四小时警报频响,间隔的时间往往都很短,敌方派出的有时是一支小型飞机队,有时只有一架飞机。这种不同寻常的生活方式，七百万伦敦市民都已习惯了。

*　　*　　*

我知道说到"闪电战"，很多人都能说出很多更可怕的故事，鉴于此，我只说几件我耳闻目睹的事，以缩减篇幅。

轰炸之初，大家并未将其放在心上。伦敦西区的百姓全都如往常一样上班、玩乐、吃饭、休息。剧院往往座无虚席，街上熄灯后，成群结队的市民随处可见。伦敦市民做出这样的反应是很不错的，要知道，5月份，巴黎那些失败主义分子一遇到重大空袭就吓得呼天抢地。在我的印象中，有一回，我跟几个朋友一起吃晚饭时，遇到了一场持续时间很长、力度很大的空袭。格林公园中有高射炮的火光闪闪烁烁，另外不断有炸弹在那里爆炸，将正对着公园且窗户大开的斯多诺威大厦映得一片光明。在我看来，我们冒这种险是不值得的。晚饭过后，我们步行去了帝国化学公司所在的大厦，从那里可以俯瞰堤坝。那里的阳台是用石头建造的，位置很高，站在上面能望到河边优美的景色。河南岸最少有十几个地方都烧起火来，我们抵达那里时，有几枚重型炸弹刚好落下，其中一枚就在我附近，朋友们匆忙拉着我离开，用一根很结实的石柱做掩护。经此一役，我终于确定，我们的日常享受应该受到很多约束。

分布于白厅四周的政府建筑频频被击中。唐宁街的房子建造于两百五十年前，建造者是个眼里只有钱的人，他的名字现在还保留在房子上，这些房子建造得太不用心了，摇摇欲坠。慕尼黑危机爆发后，唐宁街十号和十一号都建造了防空壕，还用新的木制天花板和坚固的木柱子加固了地下室那些房间的天花板。可要是一枚炸弹正好击中这里，这些房间和防空壕还是会被炸毁。9月的最后两周，我们准备好将我的内阁办公室转移到一座式样较新、较为稳固的政府办公大楼，靠近斯朵利门,正对着远处的圣詹姆斯公园。这座大楼被我们叫作"新楼",楼下有一个作战指挥室,还有几个防弹卧室。相较于之后各个时期,这段时期投放的炸弹威力还不大,话虽如此,唐宁街还是危机四伏,可是在新办公室准备好之前,我们只能先留在这里,感觉就像待在前线的营指挥所里一样。

* * *

这几个月,我们一直在"新楼"地下的作战指挥室中召开我们的夜间内阁会。我们从唐宁街过去,要先走过外交部那个正方形的院落,之后往上爬,穿越一支施工队,他们正忙着浇灌混凝土,以使作战指挥室和地下办公室变得更坚固。对于做过大手术、身体还很虚弱的张伯伦先生来说,走这一趟是相当艰难的,偏偏那时候我没有留意这一点。不过,张伯伦先生不会被任何艰难困苦打倒,比先前几次参加内阁会议时,他穿戴得更加整齐,更从容自若,立场也更加坚定。

1940年9月底的一天,黄昏时分,我透过唐宁街十号的前门,望见外面有工人在将沙袋堆积到对面外交部地下室的窗户下面。我问他们怎么回事。他们说张伯伦先生术后要定期接受特别治疗,可是由于空袭不断,唐宁街十一号的防空壕中常常有超过二十人避难,在那里治疗有太多不便,所以工人们想在此处制造一个小型私人空间给他。每天他来赴约时,都会穿戴整齐,态度庄重,行动迅速。然而,他如何承受得起那样的痛苦?我从十号房和十一号房中间的过道走过去,找到张伯伦夫人,行使了我的权力。我对她说:"他的病情根本不允许他留下来。你一定要送走他,所有电报我都会在当天送过去给他,直到他的身体康复。"她去跟她的丈夫说了。过了不到一个小时,她来找我,说:"你的建议他接受了。今天夜里我们就出发。"从那以后,我再没跟他见过面。他去世是不到两个月的事。我很确定,他想工作到生命最后一刻,但我们不会答应。

  *   *   *

  我对另外一个晚上（10月17日）发生的事同样记忆深刻。我和阿奇·辛克莱、奥利弗·利特尔顿、穆尔·布拉巴宗在唐宁街十号的花厅吃晚饭时，夜间空袭又一如既往地开始了。钢质的百叶窗已经关闭。几声巨大的爆炸声在我们四周响起，片刻过后，又听到一声巨响，一枚炸弹落到了近卫骑兵阅兵场，离我们约有一百码。我忽然想到，唐宁街十号的厨房又高又宽敞，有一扇很大的玻璃窗，高度约为二十五英尺，透过那里就能看见外面的情况。餐厅司务和客厅女服务员还在上菜，好像什么事都没发生。我却一眼找到了那扇大玻璃窗，兰德梅耳太太和另外一位厨娘正在窗后忙碌，对外面的事置若罔闻。我一下站起身来，进入厨房，让餐厅司务将食物摆放到热饭器上，让厨师与其余侍从都避到防空洞里，跟以往遇到这种情况时一样。然后，我回到自己的位子上，只过了差不多三分钟，就听到很近的地方响起一声巨响，房屋被击中了，四下颤动得厉害。我的侦探过来了，告诉我房屋毁损得一塌糊涂，被炸毁的包括厨房、餐具房，还有与财政部相邻的办公室。

  我们去了厨房，那里已成了一片废墟。炸弹落在财政部那边，距离这边五十码，这座又大又干净的厨房，以及那些擦拭得晶亮的锅碗瓢盆全被炸烂了，只留下一堆黑乎乎的尘土和破砖烂瓦。巨大的玻璃窗也被炸烂了，变成了玻璃碎和木头碎，零落在厨房里，当时要是有人待在这里，肯定会被炸得粉身碎骨，好在那时我突然想到了这一点，并且把握的时机刚刚好——那种情况原本是不大可能引起注意的。一枚炸弹正好击中了院子对面财政部的防空壕，将那里夷为平地，炸死了国民自卫军的四名成员，他们正在其中值夜班。我们尚不清楚他们的身份，因为他们的尸体都被断壁残垣掩埋了。

  空袭还在继续，激烈程度好像更胜之前，我们戴上钢质头盔，到

"新楼"房顶上了解情况。不过去之前,我不由自主地来到防空洞,带着兰德梅耳太太等人去看厨房。眼前的断壁残垣让他们十分伤心,可更令他们伤心的是,厨房现在一点都不整齐了!

  我和阿奇走进"新楼"里圆形屋顶的阁楼。那是一个相当晴朗的夜晚,距离伦敦十分遥远的地方都能看见。我们看到,火势已蔓延至帕尔麦尔街道的绝大多数区域,大火加起来至少有五处。圣詹姆斯街和皮卡迪利街也火势强盛。对面比较远的地区,即沿河那边也有不少地方起了火。不过,火势最严重的要数帕尔麦尔街,完全被火焰包裹了。渐渐地,空袭进入尾声。很快,警笛拉响,警报解除,只余几堆大火。我和阿奇返回"新楼"二楼,我的新住处就在这里。我们看到了戴维·马杰森上尉,他是保守党的总督导员,常在卡尔顿俱乐部里待着。他告诉我们,俱乐部被炸成了一片废墟。其实不用他说,刚才的火势已经告诉我们了。刚才他在俱乐部,还有差不多两百五十人也待在那里,有俱乐部会员,也有工作人员。一枚重型炸弹击中了俱乐部。俱乐部冲着帕尔麦尔街那边的门面和巨大房顶都塌陷了,废墟堆积在路上。他的汽车正好停在前门旁边,被废墟掩埋了。吸烟室的天花板整个掉落下来,砸在满屋子的会员头顶上。第二天,我去查看了俱乐部的建筑残骸,很惊讶他们居然逃了出来。尽管有不少人受伤,但死亡的人一个也没有,他们一个不落地从尘土、浓烟、破砖烂瓦中成功逃生,真是奇迹。内阁的工党同僚听说此事后,幽默地说:"这可是魔鬼庇佑魔鬼。"昆汀·霍格先生从俱乐部的断壁残垣中背出了他那曾做过大法官的父亲,一如埃涅阿斯①背着帕特尔·安吉塞斯走出特洛伊的断壁残垣。马杰森没有地方住,我们让他住到"新楼"的地下室去,帮他在那里备好了床褥。这是一个恐怖夜,不过有件事很不可思议,在房

---

  ① 埃涅阿斯是古罗马神话中的一位英雄,古罗马诗人维吉尔在长诗《埃涅阿斯纪》中讲述了埃涅阿斯从特洛伊逃出来,建立罗马城的故事。特洛伊沦陷时,埃涅阿斯将父亲安吉塞斯从城中背了出来。——译注

屋损坏得那么厉害的情况下，死亡人数不到五百人，同时也只有一两千人受伤。

* * *

一天，吃完午饭后，财政大臣金斯利·伍德来到唐宁街十号，说有公务要找我商议。一声惊天动地的爆炸声在泰晤士河对岸的伦敦南区响起。我带伍德出去查看情况。一枚很大的炸弹，有可能是一枚地雷落到了佩克汉姆。这个区域相当贫穷，有二三十栋三层的小居民楼被彻底炸烂或是炸坏，出现了一大片空地。在认出我们的汽车后，市民们迅速从各个方向聚集过来，总人数很快超过一千人。他们都很激动，围住我们欢呼，同时想通过抚摸我的衣服等方式表达对我的敬爱。他们可能觉得，他们从我这里得到了一些实实在在的好处，使他们的生活得到改进。我情不自禁地哭起来。伊斯梅那时也在我身边，他说他听到一个老太太说："瞧，他哭了，他真的关心我们呀！"我哭是因为感叹，因为敬佩，不是因为悲伤。"你看这边。"说着，他们带我来到断壁残垣的中央处。那里有个宽约四十码、深约二十英尺的大弹坑。弹坑紧邻一个耸立的安德森式家庭防空掩体，掩体的入口在爆炸中倾斜了，一个青年男子和他的妻子、三个孩子在那里迎接我们。他们一家明显被炸弹吓到了，不过身上并没有受伤。炸弹爆炸时，他们在现场。彼时情况如何，他们无法描绘。但他们活下来了，并为此深感骄傲。他们在邻居眼中俨然成了珍宝。我们上车要回去时，这些形容枯槁的民众变得很愤怒，大叫道："我们要反击！""我们要以牙还牙，以眼还眼。"我马上应承下来，并说到做到。我们开始空袭德国的城市，力度很大，频率很高，后来我国空军实力不断增强，投下的炸弹体积不断增大，威力不断增强，德国人亏欠我们的，就这样十倍二十倍地偿还了。他们输了，并完全臣服于对手脚下，报应十足。人类真是值得怜悯啊！

* * *

还有一回，我去了拉姆斯盖特，遭遇空袭。有人带我去了当地的大隧道，那里常有很多人居住。我们在十五分钟后从隧道出来，当时废墟中还有浓烟冒出来。有家小饭馆被炸，房屋变成了一堆废墟，厨具和家具的碎片随处可见，不过没人受伤。饭馆老板、老板娘、厨师以及女服务员全都哭了。他们以后住在哪里？怎样谋生？这是当权者运用权力最恰当的时机。我马上决定下来。乘坐专车返回途中，我口述了一封信给财政大臣，其中明确了一项原则：国家应该承担敌军空袭造成的所有损失，政府要在第一时间予以全额赔偿。如此一来，市民的房屋或店铺在轰炸中受损，相应的损失就会平摊到全国民众头上，而不是由受害者自己承担。这项义务的性质不清不楚，金斯利·伍德对此存有顾忌是很自然的。不过，在我的催促下，他最终在两周内完成了一个战争保险方案。之后，我们在处理相关事务时，这个方案发挥了很大作用。9月5日，我这样向议会解释这项方案：

> 在内地巡查期间，我发现当某位英国居民的小房子或是小店面在敌军的轰炸中遭到毁坏时，产生的损失我们并未竭尽所能分摊到所有人头上，以此加强我们的凝聚力，同舟共济，这样的发现让我痛苦不已。保护全国民众的生命财产免受外来侵害，是国家的责任，正因为这样，敌军进犯造成的损失，有别于其余各种类型的损失或伤害。要处理这个问题，社会舆论和议会审核必须在敌方轰炸带来的损失跟其余各种类型的战争损失之间划分出明确的界限，将二者区分开；若做不到这一点，这个问题就将变成无底洞。反之，若我们能做出这样的规划，给所有因轰炸蒙受损失的民众以全额保险，要是做不到，最低限额的保险也可以，那么此举将会成为我们对胜利充满自信的鲜明标志。在实施这一举措一段时间后，我们便不会再质疑此举能有效缓

解战时艰苦。

面对这一战时保险方案，财政部的态度变了又变。起初，他们觉得自己会因此破产。不过，1941年5月过后，他们又觉得这一方案颇有远见，政治家的英明在其中展露无遗，因为那之后的三年，空袭销声匿迹，他们因此获利颇丰。然而，战争最后一个阶段又出现了"飞弹"和火箭，他们支付了八亿九千万英镑的高额赔偿，再度亏损。这就是事情的全部，我为此感到欣慰。

* * *

展望将来，我们认为用不了多久，伦敦就会变成一片废墟，只留下部分坚不可摧的现代化建筑。而大部分伦敦市民还住在原来的住处，存有侥幸心理，这让我十分忧心。用砖块和混凝土建造的防空掩体增加了很多。地铁可以让很多人藏身。另有几座大型防空壕，有的可供多达七千人藏身，那些人每晚都住在那里，他们不清楚炸弹直接击中那里会造成怎样的后果，因此一点也不担心。我下令在这几座防空壕中用砖块建筑防弹墙，速度越快越好。而对地铁的利用却存有争议，最终大家各自让步，达成一致。

首相致爱德华·布里奇斯爵士、内政大臣、运输大臣

1940年9月21日

1. 前几天，我在内阁提出一个问题，在一定程度上将地铁当成防空壕使用（必要时可以暂停其交通运输功能）有何不可。结果有人坚持说这样很不恰当，并说自己是在对问题做了全面研究后才有了这样的结论。但眼下，奥德维奇地铁却成了临时防空壕。这究竟是怎么回事，先前那种主观的判断为什么会被推翻，请向我明示。

2. 我还是坚持原先的意见，要尽可能利用好地铁，除车站以外，铁路线也不能放过，我需要一份简单明了的报告，一页纸就够，告诉我地铁各条线路能让多少人藏身，要对这些线路做出怎样的改造，才能使其实现这一新功能。拿奥德维奇那段铁路线举个例子，那里能不能供七十五万人藏身？交通需求与防空需求可以在我们的协调下各自得到满足。

3. 内政大臣对下面几项事务有怎样的计划，请向我汇报——

（1）增建防空壕。

（2）对现有地下室进行加固。

（3）备好能用的空地下室和房子。

（4）为将绝大多数人安置到指定防空壕，避免出现拥挤，应事先向他们发放许可证，为他们指明地址，这是重中之重。

战争进入了一个新阶段，在此期间，我们要让工厂实现最高效率，更要让伦敦政府做到这一点，后者遭受轰炸已成了家常便饭。一开始，二十多个部门的工作人员一听到警报，马上集合去地下室，不理会是不是非这样做不可。那时候，大家甚至为去地下室去得这么整齐、迅速感到自豪。前来空袭的敌方飞机很多时候只有五六架，有时甚至只有一架。一般情况下，它们不会飞到伦敦上空来。伦敦政府为如此微不足道的空袭，就可以停工超过一个小时。

鉴于此，我建议将警报分为"预备警报"和"紧急警报"，要发出后者，前提是房顶上面的观望者（也就是之后大家所说的"乌鸦吉姆"）在敌方飞机已经或是即将飞临上空时，汇报说"危险将至"。相应的举措依据这项建议出台。当时敌方在白天的空袭不断，我要求各部门每星期都要将本部门工作人员在防空壕中停留的时间上报，以此确保大家严格遵守这项规定。

首相致爱德华·布里奇斯爵士和伊斯梅将军　　1940年9月17日

明天晚上，请将9月16日空袭降临时，各部门在防空壕中停留，耽误工作的小时数汇报给我。

　　若飞来伦敦的敌方飞机只有两三架，便不发紧急警报。对于这一提议，空军部和空战司令部有何意见，请伊斯梅将军询问后给我答案。

首相致霍勒斯·威尔逊爵士和爱德华·布里奇斯爵士
1940年9月19日

　　17日、18日各部门（包括三军各部门）的报告〔政府各部门因空袭警报耽误工作的小时数〕，麻烦递交一份给我，18日之后的报告也要每天送一份过来。不仅送给我，还要送给各部的最高长官轮流看过，以便比较出最优秀者。要是哪天哪些部门漏交了报告，就先让各部最高长官看已经交上来的。

＊　　＊　　＊

　　所有人都被这一举措鼓舞。有八份报告写得相当认真。有几天，作战部竟成了表现最糟糕的部门，真是滑稽。对于这种间接的批评，他们在不开心之余，也觉得是一种督促，他们因此迅速转变了想法。各个部门的时间损失都降至最低。没过多久，白天的空袭宣告结束，这是我方战斗机的功劳，它们重创了白天空袭的敌方飞机。虽然"预备警报"和"紧急警报"接连不断，但白天的空袭没有炸死任何人，没有让任何一个正在工作的政府职员受伤，若是这些职员心生胆怯或是被敌人误导，那会白白浪费多少政府工作时间啊！

　　我在9月1日那天就给内阁大臣和其余人写了信，那时候激烈的夜间空袭尚未拉开帷幕。

空袭警报和防空

1. 现在制定的空袭警报方法，不是为应对一天之内分成好几个批次的空袭，更加不是为应对夜里的小规模空袭，而是为应对少数情况下对确定目标实施的大规模轰炸。让国家的大半地区每天停止转运几个小时，或是在夜里常常受惊，是我们不能容忍的。我们绝对不能容忍敌人阻挠我们为战争付出努力，通过让我们的工厂停止运作的方式——因为他们没办法直接毁掉我们的工厂。

2. 鉴于此，我们要订立预备警报、紧急警报、解除警报这一整套全新的警报方法。若只是预备警报，大家还可以该做什么做什么。公务员以外的人可以根据自身的意愿躲藏起来，或是帮助自己的孩子躲藏起来。但整体而言，他们应当学会适应这样的危险，只采取一些预防举措，跟他们自身的职责相符或是让他们感觉恰如其分，他们也确实掌握了这种本领。

3. 现在每次拉响警报，都会惊扰所有人，这是不妥当的，防空工作应当交由人数足够多的中坚分子来做。各个为满足战时需求仍在运作的工厂，都要设立岸望哨，而且在预备警报发出后，就要采取行动；同一区域内的工厂和政府机关接收的警报，全都由岸望哨发出。白天可以安排人手足够多的专业民间防空队升黄旗，作为预备警报拉响的信号。到了晚上，信号可以换成闪烁的黄灯（红灯也可）。应该钻研一下怎样用路灯做信号，用电话发信号也是可行的。

4. 紧急警报是要求大家"藏身"的直接指令，所有防空人员都要在第一时间执行。它的发出要么跟空袭同步，要么比空袭略早一些。各区域在安排相关工作时，要以当地具体情况为依据。

用汽笛拉响"紧急警报"，这样一来，灯光、电话这些辅助信号可能就没必要了。

5. 发"解除警报"的信号，可采用目前的方法。"解除警报"发出后，就宣告了"紧急警报"的结束。"预备警报"结束之前，不要把旗子取下来；要取下"预备警报"的旗子，熄灭"预备警报"的灯，必须先确定敌方飞机已经飞回。

　　在国内不同地区，"预备警报"和"紧急警报"信号的用法可以有所区别。"预备警报"在频繁遭遇空袭的地区十分常见，比如肯特郡东部、伦敦南部及东南部、东英吉利南部、伯明翰、德比、利物浦、布里斯托尔等地。"紧急警报"表示空袭真的到来了。上面提及的这些，对白厅区同样适用。至于其余地区，为减少防空人员的工作量，"紧急警报"能不用则不用。

　　6. 伦敦所有的政府机关不要强制任何人隐藏，除非空袭真的开始了，并且"紧急警报"的汽笛根据新规定已经拉响了。若只是发出了"预备警报"，伦敦所有人都不能擅离工作岗位。

*　　*　　*

　　我被迫在汽笛这件事上妥协，我曾在议会面前将汽笛说成是"凄厉的丧钟"。

首相致内政大臣以及其余相关人员　　　　　　1940年9月14日
　　我向议院承诺，对跟空袭警报、汽笛、警笛、"乌鸦吉姆"等相关的新规定做出权衡，限期是上周，但是鉴于现在空袭越来越严重，不应在这时取缔汽笛。上周你们对做事方法做出了怎样的改进，请向我简单解释一下。

　　贫穷者多半住在自家的小房子里，外边一点掩护都没有，大家都很同情他们。

首相致内政大臣　　　　　　　　　　　　　　1940年9月13日
　　要竭尽所能帮大家把他们安德森式家庭防空掩体中的积水全都排出去，你会因此名声大噪，不要因为排水材料不足拒绝这样做。

为防备冬季的降雨，还要为这些掩体准备地板。边沿部分要砌砖，砌得稀疏点就可以，灰泥是没必要用的，再盖层油毡在上头就行了。排水沟、渗水井都不可或缺。为解决这件事，我准备帮你制订一个完整的计划。指令可借助广播传达，地方专员及政府当然也要参与其中。请把计划书送一份给我。

首相致伊斯梅江军、首相私人办公室　　　　　1940年9月11日

以下事项是否因空袭受到严重影响，请收集相关信息，做成报告：

（1）粮食供给、分配；

（2）有多少人失去家园，另外他们的食物供给情况如何；

（3）消防工作人员有多疲倦；

（4）伦敦的下水道；

（5）煤气、电力；

（6）伦敦的供水；

（7）空袭对伍尔维奇的生产活动造成了多大实际影响，伊斯梅将军理应查清楚。期间，请以军需大臣交给我的报告作为参考。

首相致爱德华·布里奇斯爵士　　　　　　　　1940年9月12日

请转告内阁及各位大臣，我提议把大家的办公时间稍微提前。午餐时间定为下午一点钟，内阁的办公时间要提早半个小时。若晚餐时间提前一些（比如提前到晚上七点一刻），就会方便一些。白天变短了，随后几周要是撤掉了掩护的战斗机，激烈的空袭就有可能到来。应对夜间空袭的最佳方法是让公务员和用人们早些躲进防空洞里去，而大臣们的办公室要选在相对安全的场所，他们卧室的选址更加重要，要避免一切外界干扰，除非有炸弹正好击中那里。

星期二，议会又一如往常召开会议，我提出建议，将这些时

间不确定的会议定在上午十一点到下午四五点之间召开。如此一来，议员们便能在天黑之前回到家，他们要是能在天黑之前赶到防空壕就更好了。这些情况应该会越来越突显，我们一定要适应它们。可能我们还要被迫将办公时间再提前半个小时，以应对白天时间不断缩短。

* * *

在这个危险的时期，议会将如何开展工作，同样需要指引。在议员们看来，他们的身份要求他们必须做出表率。确实是这样，不过在具体实践时，可能会有点过头；情势逼迫我提醒下院议员要维持一贯的小心，同时去适应这种不同以往的环境。机密会议上，他们在我的劝说下意识到，要采取必要、严谨的防护举措。他们答应将会议召开和持续的时间保密，当议长从"乌鸦吉姆"那里收到"危险将至"的报告时，他们就暂停讨论，依照规定，排着队进入专门为他们准备的又小又破的防空洞。这段日子从头到尾，所有议员都坚守自己的工作岗位，该开会时就开会，从而为英国议会留下了永不磨灭的光辉。在这方面，下院议员比较敏感，情绪变幻莫测。这间会议室在空袭中被毁，他们就转战到另一间会议室，我曾拼尽全力劝说他们欣然接纳那些英明的提议。我会另外找合适的机会，描绘他们是如何从一间会议室转战到另一间会议室的。总之，所有人都非常镇定、庄重。议院在数月之后被炸成一片废墟，还好不是在白天议员们都在的时候，而是在夜里议员们都离开以后。议员们的烦恼，在我们能迅速击退白天的空袭后减少了大半。即便如此，我在开始的几个月，还是一直忧心议员们的安危。说到底，由民众公平选举出来的完全独立的议会能在任意时刻将政府推翻，然而到了最艰难的岁月，议会却会成为政府的支撑，这能帮助我们的国家争取更大的胜利机会。议会成功了。

英国的战时内阁行使的权力数目繁多，且行使效果甚佳，若说那些独裁者能在本国做到这一点，我可不大相信。民众代表总会在我们说出自身计划的第一时间给我们支持，所有民众也都发自内心没有任何异议，在这样的情况下，批评权却从未受过侵犯。那些批评家差不多从头到尾都将国家利益放在第一位。有时候，他们也会找我们的麻烦，然后上院和下院就会用占据绝对优势的投票否决他们，在这件事上，我们绝对不会向那些集权统治一样，采取强制、干预手段，或是动用警察、特务。我很自豪，英国的公众生活，也可以称之为议会民主或别的什么名词，可以承受、战胜一切困难。我们的议员即便是在亡国的危险面前都没有垮掉，不过幸好我们并没有亡国。

第三章 "伦敦毫不在乎"

庄重而活泼——美国的愤怒——伦敦排水系统——可能出现瘟疫——窗户玻璃被震碎——定时炸弹——相关备忘录——拆弹队——排除了正在处理的威胁——配有降落伞的重型地雷——关于复仇——对比德国之后遭遇的空袭和我们遭遇的空袭——要保证中央政府的安全——演习如何搬到"围场"——约翰·安德森离职后，赫伯特·莫里森代替他担当内政大臣——敌军开始利用烧夷弹进攻——国家消防总队——民间防空队是第四支皇家军队——伦敦对灾难的承受能力——以长期部署确保战争指挥机关的安全——为保障我的人身安全，安排我入住皮卡迪利街地下防空室——重返"新楼"——德国的计划再度发生改变——内陆城市——考文垂——伯明翰——空袭港口——1940年12月29日伦敦大火——英国国王身在白金汉宫——国王对国家大事了如指掌——一个跟将来有关的念头

这段时期，英国人尤其是地位很高的伦敦人展现出最大的勇气。他们庄重而活泼，工作起来十分勤奋，自信敌人绝对不能让他们臣服，眼前的生活是他们从未体验过的，充斥着恐惧、动荡与形形色色的打击，他们却适应过来了。有天黄昏，我到东海岸金斯克罗斯考察的途中遇上了警报，路上的行人越来越少，只剩下一些人在等最后一班公交车，他们精疲力竭，脸色惨白，排成了好几支长长的队伍。秋季的雾气弥漫在周围，还下着毛毛雨，又湿又冷。暗夜将至，敌军也将来袭。我

心中一阵悲怆，对这一全世界最大的城市正在承受的痛苦有了深刻的体会。这样的情况还要持续多长时间？还有多少苦难要降临到民众头上？他们的精力是不是有限的？若他们的精力耗光了，会对我们强大的战斗力造成何种影响？①

大洋彼岸的美国人非常同情伦敦和之后其余城市及港口遭遇的持续轰炸，这种同情的程度之强，在英语国家中从未有过先例。美国民众都愤怒不已，罗斯福总统更是如此。在美国，这样的情绪愈演愈烈。无数美国人，有男有女，都怀着极大的热忱，热切盼望能跟我们同舟共济，迫不及待想跟我们一起跟敌军开战，这一点我能感知到。非常令人振奋的是，所有来到英国的美国人，过来时都竭尽所能带来了礼物、尊敬、真挚的友谊以及休戚与共的情谊。不过这才到9月，接下来的好多个月，我们还要依照这种奇怪的方式生活下去。

防空洞与防御设备因为空袭持续增加。我很担心三件事。首先是排水。这片面积庞大、建筑密集的区域，居民总数高达六七百万，这里的排水管道和供水设备被炸毁是相当危险的，这是我的意见。排水管道系统能不能维持畅通，有没有可能出现瘟疫蔓延的情况？要是污水进入了供水系统会怎样？其实10月伊始，排水管道的干道排水口就被毁坏了，我们只能让污水全都进入了泰晤士河。河里的污水先是发出浓烈的臭味，后来又出现了一股我们倒进河里的化学品气味，不过这些情况并未超出我们的掌控。第二件事是，夜里好几百万人长时间挤在那种只可以抵挡弹片的街道防空洞里，我怕会引发各种传染病，比如流感、白喉、伤风等等。不过，大自然好像已经考虑到了这种危险。作为群居动物的人，呼出来的病菌很明显可以相互吞噬、抵消，不会危及人们的健康。这个说法应该是有道理的，尽管不够科学。这个危

---

① 有天晚上，我到了"新楼"，听到一阵噪音和啪啪的声响从附近传来。黑夜中，我看到门口汇聚了七八名国民自卫军，或是在巡逻，或是在执勤。我们跟彼此打招呼，他们之中有个大个子说："我们要不是这样坚持到底，生活有什么意义？"——原注

难不断的冬天，伦敦市民的身体的确比平日里更健康。另外，一个国家的百姓若都能振作起来，那么无论面对多少痛苦，他们好像都能承受。

第三件事是玻璃可能会供不应求。一枚炸弹就有可能把一条街上所有的玻璃窗都震碎。在备忘录中，我曾针对此事心急地问了一次又一次，还提议马上停止对外出口玻璃，不过我担心的这件事一直没有发生，现实和统计数字都证实我这种担心是不必要的。

* * *

敌方在 9 月中旬改变了空袭的方式，新方式相当有破坏力。他们在各地投放了很多延时炸弹，非常难处理。很多铁路线、重要交通枢纽、连接重要的工厂及飞机场的道路、街道主干道被迫关闭了好多次，影响了正常使用。这些炸弹一定要挖出来，或是爆破，或是拆除。这项工作危险系数极高，最开始尤其危险，怎样把炸弹挖出来，需要我们冒险自行探索。在《晦暗不明的战争》中，我描绘过拆除磁性水雷的过程，十分曲折，尽管眼下很多人都能这样勇于牺牲，但此举依然是非常高尚的。我一直对延时炸弹兴致浓厚，我首次留意到它是在 1918 年，德军为阻挠我们借助铁路进攻德国，使用了很多这样的炸弹。我曾经极力主张将这种炸弹应用到挪威和基尔运河两地。没有任何一种武器能比得上它，这是毋庸置疑的，因为它能制造长久的恐慌。眼下，我们深受其害。我们成立了一个专门的组织，处理这些定时炸弹。由才能出众的金将军担任组织负责人，我曾在契克斯接见过他。没过多久，他又让泰勒将军取代了自己的位置。为加快这一工作的进程，我在备忘录中做了一系列记录。

首相致陆军大臣　　　　　　　　　　　　　　　　1940 年 9 月 13 日

怎样处理伦敦市区，尤其是铁路上那些还没爆炸的炸弹，是相当重要的一件事，这一点昨天晚上我给你打电话时已经谈到了。

要不是这些炸弹，列车编组场也不会变得越来越挤迫。让北部与西部同时派出拆弹部队，另外让金将军的组织尽可能迅速地扩大，是最好的应对方法。可能用不了多久，这件事就会变得更难以解决了，因此在处理这件事时，务必要制订极为缜密的计划。

首相致军需大臣　　　　　　　　　　　　　　　1940 年 9 月 21 日

在尽可能短的时间内，处理好尚未爆炸的炸弹，这一点非常重要，否则便有可能严重影响飞机等重要战略物资的生产。为了方便拆弹队工作，应向他们供应各式各样的现代化设施。现在正在做的实验、正在研制的设施，在陆军大臣送过来的文件中都有详尽的描述。目前他们需要的设施要尽快开始生产，以后他们若需要其他设施，也都要满足。

首相致陆军大臣　　　　　　　　　　　　　　　1940 年 9 月 14 日

据说美国人研制出一种全新的钻子，人要两三天才能钻出的洞，这种钻子用不了一个小时就能钻出来了。

我觉得拆弹部队应该用得着这种工具，你权衡一下是否要预定一批。在第一时间将炸弹挖出来，处理掉，没有什么比这更重要了。

这种工具的价格应该很高，不过借助它们可以挽救价值是前者很多倍的生命、财产。不仅如此，我也觉得我们有责任为这些勇士提供最先进的技术设备。

首相致陆军大臣　　　　　　　　　　　　　　　1940 年 9 月 28 日

我听说用钻孔法①处理延时炸弹效果甚佳，有充足的证据可

---

① 所谓钻孔法，就是为处理炸弹里的炸药，在炸弹表壳上钻一个孔。——原注

以证实这一点。我想大规模推广这种方法，以解决这些炸弹给我们带来的越来越严重的困扰。请提交一份报告给我，告诉我这种方法的最新应用程度。

所有城市、乡镇、地区都成立了专门的拆弹队。这项工作可能会危及生命，但人们仍积极主动地想要参与。专门的拆弹队成立了，队员们终日徘徊在生死边缘。这一关过去后，有的人活下来了，有的人却在经历了数十次虎口脱险后永远离开了。我出去考察工作，每到一处都能见到当地的拆弹队。跟普通人相比，队员们的面色好像有点不一样，不过看上去十分英勇，忠心不贰。他们的面庞瘦削，面容疲惫，面色有点发青，可是双眼相当有神，嘴唇紧抿，动作坦然。我们在描绘艰苦岁月时，时常滥用一个词语"肃穆"，用这个词汇来形容拆弹队恰如其分。①

我对其中一支拆弹队印象深刻，它可以代表其余很多拆弹队。队伍中有三名成员：萨福克伯爵及其女秘书和司机，那名司机已经很老了。他们说他们是"三个人一条心"。认识他们的人都知道他们表现英勇，从没出过意外。他们从容微笑着挖到了第三十四枚炸弹，却在挖第三十五枚炸弹时遭遇不测，三个人全都上了天堂。不过，天堂那边一定会"为他们吹响所有号角"，就跟那位勇敢追求真理的先生上天堂

---

① 这个场景如此黑暗，在这里说笑好像有点不妥，可是战争期间，士兵爽朗的笑声通常是对其内心压抑情感的表达。一支拆弹队正在拆除一枚炸弹，拆信管是其中最精细的工作，队里技术水平最高的人跳到坑里去做这项工作。而后，他忽然高叫着让大家拉他上来。伙伴们立即跑过来，将他拉上来，抓着他的肩，带他跑到五六十码开外，然后扑倒，他们以为炸弹爆炸不会波及这么远的地方。然而，周围一点声音也没有，这名优秀的拆弹技术员十分窘迫，面色惨白，呼吸不畅。其余人看着他，都不明白这是怎么回事。他说："上帝呀，有只大老鼠在那里！"——原注

时一样[①]。

忠心耿耿的拆弹队帮我们迅速清除了危险，很多最值得尊敬的人都因此献出了生命。我在不到一个月后写了一封信，如下：

首相致伊斯梅将军　　　　　　　　　　　　1940年10月9日

9月伊始，延时炸弹好像要给我们制造大麻烦，但是近来关于它们的消息已经很少了。我感觉情况变好了。我需要一份报告，了解德国近来向我们投掷延时炸弹的数目，以及成功清除和尚未清除的数目。

到底是因为敌方放弃投掷炸弹才让情况变好的，还是因为我方找到了更好的处理炸弹的方法？

伊斯梅将军又给出了一个让我欣慰的答复。

*　　*　　*

差不多在同一时期，敌军利用降落伞投掷了大量水雷，跟先前用飞机投掷的炸弹相比，这种水雷更重，威力也更大，由此引发了多次大规模爆炸。要抵御这种水雷，唯一的办法是以牙还牙。同样导致以牙还牙的，还有德国人已经撕掉假面，不再把军事目标视为空袭的唯一目标。对德国人以牙还牙，我是支持的，但我的良心却非常不安。

首相致空军副参谋长　　　　　　　　　　　1940年9月6日

我的意见是，现在我们若能在一个月内选取两三个夜晚，对部分德国小城市的大片区域展开力度较弱的空中突袭，便能有效

[①]　这是英国著名作家约翰·班扬的作品《天路历程》中所描绘的内容。——译注

震慑德国人。当然，我这样做，并不是说可以不理会我们的纲领政策，任意采取行动。你一定要知道，德国所有未受过我方空袭的地方，当地人都有可能被我们的敌人告知，没有国家能突破德国在空中的防御，而真相是什么，当地人从来都不知道。务必要考虑的因素有很多，技术性因素并不是全部。鉴于此，希望你可以根据我的目标给出提议，等机会到来时，便可以付诸实践。

包括我的朋友海军副参谋长汤姆·菲利普海军上将在内的一些人，都不赞成这件事。

首相致伊斯梅将军，转呈参谋长委员会
（送交菲利普斯海军上将参阅）　　　　　1940年10月9日

1. 道德不允许，并非我们不赞成对德国以牙还牙的唯一理由。对我方而言，集中兵力进攻最主要的军事目标更有好处。还有，敌方在狂轰滥炸之下，在导航等方面表现出糟糕的技术水准，并不能证明他们已落了下风。

2. 不过，敌方改用降落伞投掷大的水雷，证明他们已彻底抛弃了先前的假面，不再伪装只进攻军事目标了。敌军在高达五千英尺的空中，不可能看清楚轰炸目标。很明显，他们是想对平民百姓实施"恐怖手段"。这样的轰炸，不会影响我方的斗志，但对敌方的斗志有没有影响呢？我们要思考一下。这是一种毫不复杂的作战观念。

3. 我希望，德国人每次利用降落伞向我们投掷一枚大水雷，我们就以牙还牙，同样投掷一枚到他们的城市里；有个很好的提议，列一张清单，把我们打算空袭的德国城市全写在上面。我认为他们承受不起，为什么我们不能让他们在一段时间内神经紧绷呢？

4. 要从政治方面思考、确定公开此事的时间与方法。我迫切想了解，准备工作何时能够做好。这件事公开后要马上付诸行动，这一点还请留意。请诸位军官尽可能迅速地找出最佳方法，使该计划得以在大范围内执行。在之前从未遭遇过空袭的德国城镇投放带有降落伞的水雷，是最佳选择，不过若是为了节约时间，被迫采用已有的一千磅规格的空投炸弹，请附加说明。

5. 恰如其分的以牙还牙，也就是敌人给我们什么，我们就原样返还，关于此事底线的计划书，希望能在周六晚上交给我。德国人利用带有降落伞的水雷袭击我们，作为回应，我们就去袭击德国的城市。有报告说德国人今天向我们投掷了三十六枚水雷，明天应该会增加到一百枚。既然这样，那就以每天一百枚作为标准，确定最佳行动计划，限期是一周到十天。如有需要，稍做延期也可以，不过绝对不能反对。

6. 有些事已经发生了，我们就不要再抱怨、争吵了，等上面的计划对外公开时再说。请找出具有可操作性的提议，周六晚上告诉我。

过了一个月，我还在呼吁对德国人以牙还牙，然而，不停有人表示反对，从中作梗，理由是道德和技术不允许。

首相致空军大臣、空军参谋长　　　　　　　1940 年 10 月 16 日

有报告称，昨天晚上，敌人在此处投掷了很多地雷弹，有不少现在还没爆炸，十分危险。

请将如何有效向德国复仇的计划，马上呈交给我。

以我们的能力，完全可以将一模一样的地雷或是重型炸弹运送到德国，轰炸机中队也迫切想用这样的炸弹，可是空军部一直不批准，这一情况我已经了解了。我觉得空军部应该好好权衡一下我的想法和期望。我们应该用德国人对付我们的方法对付德国的军事目标。这件事我已催了三周，什么人在阻挠？

1940年至1941年冬，伦敦民众遭遇的苦难，跟战争最后三年德国人遭遇的苦难很难做比较。战争进行到最后，炸弹的威力和空袭的强度都大了很多。不过，从另一角度说，一个完备、安全的防空系统，已经因长时间的准备和德国人的严谨建立起来了，而且强制要求所有人都进去避难。最终，我们抵达德国时，看到很多城市在遭到毁灭性破坏后，还有牢固的建筑矗立在地面上，开阔的隧道隐藏在地底下。房子、财物在轰炸中被毁后，人们还可以每天在隧道里过夜。很多地方都被炸成了废墟。伦敦遭遇的空袭不及德国猛烈，可是跟德国的安全设施比起来，伦敦的实在差得很远。唯一安全的是地铁。若是被炸弹打个正着，绝大多数地下室或地窖都不会安全。空袭期间，所有伦敦居民在辛苦工作一天后，都在自己家或是安德森式家庭防空掩体中休息，他们听天由命，带着英国人的淡漠态度。防御爆炸弹片的设施差不多可算是唯一的掩护，然而，相较于传染病，心理方面的胆怯，威力并不算大。不过，若是对1940年的伦敦投放1943年的炸弹，那么伦敦必将遭到毁灭，换成其他任何人类组织都是一样。可是所有事情的发展，依照的都是自身的顺序与关联，尽管伦敦并未被征服，但是没有人有权断定它是可以被征服的。

　　在战争开始之前和消极反抗阶段，从未或是极少建造坚固到能抵挡炸弹的据点，让中央政府能够在其中正常工作。我们一度制订过缜密的计划，想把政府从伦敦搬走。很多部门早早地搬到了其他地方，如哈洛基特、巴思、切尔滕纳姆等。如果政府真要从伦敦搬走，我们需要为内阁大臣和主要官员准备住处，为此我们曾大范围征用过民居。然而，眼下政府和议会已经下定决心留在伦敦，不惧敌方的空袭。我跟他们一样。先前，我们高估了轰炸的威力，觉得一定要全体撤出或是疏散。可在事情发展过程中，我们又有了完全相反的看法。

首相致爱德华·布里奇斯爵士、伊斯梅将军或是雅各布上校，以及首相私人办公室　　　　　　　　　　　　1940年9月14日

1. 让黑色和黄色文员①一次性全部撤出伦敦,这种想法我从未有过。除非伦敦中央政府确实不能再逗留,否则我是不会这么做的,这太危险了。而且用不了多久,敌方就会找到文员的新办公室,展开轰炸,大家要藏身,没有比伦敦更方便的了。

2. 将国家的最高领导机构从白厅搬到"围场"或是别的什么地方,完全是另外一个问题。中央政府必须要能井然有序、积极地运作。要在基本不间断的空袭中做到这一点,是不可能的。眼下务必要开始规划,如何分批将战时内阁及其秘书处、参谋长委员会、本土防卫部队总司令部搬到"围场"去,有些不那么重要的搬迁,不妨现在就开始做。战时内阁大臣应该到"围场"参观一下他们的新办公室,准备好一旦收到命令,便可立即动身。他们夜里要是想静一点,最好整夜待在那里。一定要下令禁止向民众谈及此事,虽然完全保密是不可能的。

白厅-威斯敏斯特地区在任何时间遭遇激烈空袭,都是正常的,我们应该对此有所准备。德国首先一定会击溃我们的中央政府机构,然后大肆进攻我们的国家。在其余所有地方,德国人都是这样做的。他们一定会空袭白厅-威斯敏斯特地区,因为这里的景致特点太突出了,泰晤士河与河两岸雄伟的建筑白天黑夜都那么明显。我们务必要做好准备,以防中央政府被击溃。

3. 海军部有很好的防空设施,目前还没必要搬迁。空军部却要开始搬了。陆军部和本土防卫部队司令部务必准备好随时搬迁。

4. 要将总人数在两三百以下的重要官员及其直接助手搬到新办公室,哪些安排是必不可少的,怎样才能一步步做好这些安排,请马上为此展开商讨。我打算周一拿出一个经过深入考量的方案

---

① "黑色"和"黄色"是一种官方分类方法,"黄色"文员可在"黑色"文员之前撤离,因为"黄色"文员负责的都是次要工作,而"黑色"文员则要留在伦敦,直到当地的环境让他们无法再工作下去。——原注

给内阁,所以这份报告请在周日晚上交到我手中。依照先前的规定,周一内阁开会的地点要么是内阁会议室,要么是中央作战指挥室。

* * *

只有在地下、地上建造各种牢固的据点,让政府行政机关和几千名官员在其中正常办公,我们才能继续坚守伦敦。我们曾为战时内阁设立了一处据点,称为"围场",它靠近汉普斯特德,其中有办公室,有卧室,还有能接收、发送电报的设施,以及装有防护的电话。为了让大家了解如何应对太过猛烈的轰炸,9月29日,我发布命令,展开实地演习。"在我看来,到'围场'去是相当重要的。鉴于此,内阁下周四的会议应该在那里召开。另外,政府其余各部门的主要成员也应演习一次如何转移到那里。应该为战时内阁大臣及出席战时内阁会议的人员准备午餐,当然前提是这样方便的话。"黎明之前,我们在"围场"召开了内阁会议,还让大臣们参观了他们的卧室和办公室,他们都很满意。为庆祝此事,我们一起吃了午餐,吃得十分开心,之后我们返回白厅。这是内阁大臣唯一一次使用"围场"。在"新楼"地下的作战指挥室与办公室顶上,我们浇筑了钢筋混凝土,厚度达六尺,我们还悉心安装了通风设施和供水设施,不过最完备的当属通话设施。这些地下办公室比泰晤士河的水位低很多,且与泰晤士河只有两百码的距离,为了避免河水进入办公室,我们做了一些工作。

* * *

进入10月份,风雨不断,天气既潮湿又寒冷,不过这种处于生死边缘的特别新环境,伦敦好像已经习以为常,有时甚至有些怡然自得。往返白厅的交通变得很不方便,因为白天空袭不断,上下班高峰期人流又多,铁路故障连连。我得想个法子解决这个问题。

首相致霍勒斯·威尔逊爵士　　　　　1940年10月12日

　　我怕文员一周工作四天这件事一旦公开，会影响到工厂，因此差不多在两个星期以前，我下令不要再议论此事。不过，眼下我提议一周工作五天，有四个夜里睡在办公室（最好就餐也在办公室进行），三个夜里、两个白天吃住在家里。这只针对那些家在郊外却在伦敦工作的人。在公交站台，我看见很多人在排队等候，快速往返伦敦的难度会越来越大，这是毋庸置疑的。各个政府部门都应制订一个计划，兼顾工作和员工的便利。务必要在五天内完成所有工作。应该将每天的车流均匀化，错开上下班时间，尽可能让大家在上下班高峰期到来前回家。

　　对于此事，你有何建议，在发到政府各部门的文件中，你又会提出何种对策，请告诉我。

　　这个计划在认真研究过后，被搁置了。

* * *

　　内阁因张伯伦先生病重退出，人员变动很大。赫伯特·莫里森先生作为军需大臣，做事大胆、强势，约翰·安德森爵士在应对伦敦遭遇的闪电轰炸时态度坚决，处理妥当。10月伊始，这座全世界最大的城市遭遇了前所未有的连续的激烈空袭，引发了很多社会问题和政治问题。面对这样的情况，我觉得将内政部（目前也是国家安全部）交由议会中一名经受过长时间磨炼的成员掌管，是相当有利的。敌方进攻的首要目标是伦敦。作为伦敦居民，赫伯特·莫里森对伦敦的行政了如指掌。他曾在伦敦郡议会中担当过领导，主持过郡议会中的很多事务，在伦敦行政管理方面，他拥有无人能及的经验。而约翰·安德森在内政部表现得极为优秀，我想让他在同一时间担任枢密院长，掌管权限更广的内政委员会，该委员会可分担内阁的很多工作。我个人的负担也会因此减轻，这会使我在指挥作战时精力更集中，同僚们希望我在这件事上拥有更多自主权的倾向好像越来越严重了。

  我请这两位高级内阁成员调换了彼此的职位。赫伯特·莫里森做的这份工作很不好做。我很难在这本书中描绘出伦敦行政管理的各种难题，有时候，一两万居民在一夜间失去了他们的家园；有时候，火势蔓延难以控制，只能靠居民站在房顶上像消防员一样不停岸望来预防；有时候，敌方会对医院展开空袭，全然不理那里满是断手断脚的居民；有时候，不够安全也不够卫生的防空洞会挤上数千甚至上万筋疲力尽的居民；有时候，公路运输和铁路运输问题不断；有时候，空袭炸毁了排水管道，照明、动力、煤气全都停止供应；即便是这样，全伦敦还要继续作战、工作、生活，为了让近百万伦敦人准时上班，每天早上要将他们送进来，到了晚上再将他们送出去。这样的情况何时才是尽头，我们不清楚。情况可能会变得更糟。莫里森在我的要求下出任内政大臣时，完全明白做好这份工作很不容易。他说自己需要几小时，把这件事想清楚，但没过多久，他就过来见我，说愿意接受这份工作，并为此感到自豪。他是这样的有担当，让我十分欣赏。

  内阁民防委员会在张伯伦先生执政期间就已成立了。那段时期，委员会每天早上为全面分析形势召开例会。我也每个星期（一般是星期五）组织一次会议，一切相关部门都要参与，以确保新的内政大臣能行使国家给他的所有权力。通常在会议中要讨论一些让人十分不快的问题。

*   *   *

  德国人在我们的内阁人员变动没多久之后，开始采用新的方法展开空袭，这对我们的总方针造成了影响。此前，德国人基本只用烈性炸药炸弹空袭我们；可到了10月15日晚上，他们动用了四百八十架飞机，投放了三百八十六吨烈性炸药炸弹和七万枚烧夷弹，这是我们在 10 月遭遇的最激烈的一次空袭。先前，我们曾催促伦敦市民躲起来，还对防护设施做出了尽可能的改善。然而，眼下我们被逼无奈，将"去地下室"改成了"去屋顶"。相应方法的制定，要由刚上任的国家安全大臣负责。

  没过多久，一个将伦敦完全囊括在内（不包括内陆各个城市实施的举措）的大型防火岸望哨和消防队建立起来了。防火岸望哨一开始只有志愿者，但这很快就变成了一项义务工作，因为工作需要的人实在太多了，并且所有人都深感应该轮班负责这项工作。该工作鼓舞了各个阶层的人。女士们也都争相想要参与其中。我们开办了很多培训班，教防火岸望哨对敌方的各类烧夷弹采用不同的处理方式。不少人都变得相当专业，大火在数千枚烧夷弹烧起来之前就被扑灭了。大家冒着被德国人轰炸的危险逗留在屋顶上，唯一的防护就是头上的钢盔，这样过了一夜又一夜，很快便习以为常。

*　　*　　*

  莫里森先生没过多久就做出决定，将一千四百个地方消防队合并成国家消防总队，除此之外，还有一支大型消防队，成员全是普通百姓，他们利用空余时间接受训练、工作。跟房顶岸望哨类似，这支民间消防队一开始也是大家自愿组成的，到了后来，大家也都认为应该把这项工作视为共同的义务。机动，训练标准、器械标准都是统一的，有正规级别，这些都是国家消防总队的优势。其余民防队都组建了地区分队，收到指令后，能在第一时间赶到任何地方。战前的"防空大队"现在变成了"民间防空队"。队员们大部分都发到了质量上乘的制服，他们感觉自己是皇家的第四支部队。赫伯特·莫里森在做这些工作时，从一位名叫艾伦·威尔金森的勇敢的女士那里得到了很多帮助，近日，这位女士去世了，我们为此很伤心。每天不分白天黑夜，防空壕中总有她的身影，在民间消防队的组建方面，她也立下了不小的功劳。女性防空志愿队在里丁夫人积极的引导下，同样功绩显赫。

* * *

若空袭不可避免，我情愿让伦敦遭遇空袭。伦敦可以承受巨创，即使身受重伤，也能存活、工作，俨然一头史前巨兽。安德森式家庭防空掩体在工人所住的两层楼房住宅区内随处可见，我们曾做出一切可能的尝试，让它们适宜居住，让雨水能排出来。其后，莫里森式防空掩体出现了。它能在一定程度上起到保护作用，它的外形像一张厨房用的大桌子，材质是钢铁的，相当沉重，周围用坚硬的铁丝圈起来，一座小屋塌下来都不会压垮它，依靠这种掩体，很多人得以存活。"伦敦毫不在乎"其余的损失。这些打击，伦敦人都承受住了，如果还有更严重的，他们也能承受。那时候，我们确实也只能眼睁睁地看着我们的首都被彻底摧毁。更何况，摧毁一座大城市的"收益递减"，这条规律我已在下院说过了。很快，在大片区域内基本找不到能烧、能炸的地方了，很多炸弹只能落在断壁残垣上，将那些破砖烂瓦炸得更烂而已。伦敦人居无定所，坚持工作，头脑灵活，意志坚定。在这种情况下，所有伦敦人都为自己感到骄傲。国内各地都很敬佩伦敦，国内其余大城市都振作起来，打算在空袭到来时竭尽所能，绝对不能表现得比伦敦逊色。很多人好像对伦敦的声名感到艳羡，不少人从乡间赶到伦敦，在这里过一两夜，"开眼界"之余，跟伦敦人同舟共济。我们只能禁止人们这样做，否则会影响城市行政管理。

* * *

我们在安置中央政府，确保其安全时，眼光要放长远，因为德国对伦敦的空袭可能将持续到战争结束时。

首相致爱德华·布里奇斯爵士　　　　1940年10月22日

  1. 敌军轰炸伦敦的大致程度，我们现在已经了解了，轰炸很激烈，并将持续很久。对白厅和政府中央地带的轰炸，实际上有可能到全部历史悠久或是不够牢固的建筑全被毁掉时才能宣告结束。所以要尽可能迅速地为行政机关的大量主要职员、官员，还有作为战斗指挥者的重要大臣和主要部门，在那些很牢固或是可以加固的民居和建筑内准备居所。这样做是很有必要的，因为我们已经下定决心，不能被德国人赶出伦敦，也因为我们要让陆军部及其余部门取代我们，住到英格兰西部地区为"暗自搬迁"而保留的房屋中去。我们一定要做出决定，到底是走还是不走，然后毫不犹豫地执行到底。

  2. 在现在这种情况下，我们不宜搬到"围场"的房屋中去。自己接连数周待在"围场"生活、工作，却让绝大多数下属待在条件不如白厅的地方，战时内阁成员怎么可能这样做？目前唯一适合的住处或是防空掩体，或是"围场"的房屋。当"乌鸦吉姆"拉响警报时，尼维尔厅的工作人员只能跑来跑去避难。除非万不得已，我们不要避到"围场"去，在那样的时刻到来之前，有些不必待在伦敦市中心的部门，可以搬去"围场"。

  3. 差不多所有政府机构建筑及其地下室都相当危险，或者只要被一枚炸弹直接击中，它们就会崩溃。那些建造得比较早的建筑都被炸塌了，以财政部为例，我们亲眼见证了它的倒塌，它的地下室也随之变得一点用处都没有了。而查尔斯国王大街两侧的外交部和贸易部的两座高楼都相当牢固，地下室也十分安全。我已下令，将一层非常牢固的屋顶保护设施安装到作战指挥室、中央作战指挥室办公室、贸易部大楼中的本土防卫部队司令部的屋顶上。工期只需一个月或是一个半月，前提是施工不能中断。务必要确保这项工程尽快完成。这样的保护设施并不能百分百确保安全。受目前条件所限，里奇蒙台的防护工程还有欠缺。贸易部已收到搬迁命令，在总的搬迁计划中，这一部门的搬迁不可避免，其后该部的大多数职员应搬到伦敦以外去住，这是自然的。

4. 伦敦有几栋现代钢筋混凝土建筑，在建造时就考虑到了可能会发生空袭，十分牢固。战时内阁及其秘书处可以搬到这里办公，重要内阁大臣可以住到这里，为此应该马上把这几栋大楼空出来，做好准备。对这种地方的需要，一定会不断增加，因此我们用不着害怕这种地方准备得太多了。务必要让政府的主要工作持续进行，同时确保其工作效率，这才是最重要的。

5. 我已提出要求，准备别的开会地点给议会。上下两院的会议室迟早会被空袭摧毁，议员在其中开会是非常危险的。但愿会议室被炸毁时，没有议员待在里面。若有一枚炸弹直接打过来，两院的地下室根本承受不起。敌方飞机来袭时，一个很明显的大目标就是威斯敏斯特宫和白厅，已有超过五十枚重型炸弹落在这周围了。内阁已经批准，两院可以尝试到别的地方开会。我的意见是，从下周四开始的两周，议会停止开会，但愿议会能利用这段时间，找到办法解决他们开会的问题。

6. 我觉得应该确定一位战时内阁大臣，负责密切联络财政大臣，统一指挥、监督那些紧急的、重要的、涉及面很广的工作。里斯勋爵及其掌管的部门，应该以此作为他们的工作目标，同时接受内阁监督。我想让比弗布鲁克勋爵（他已经开始这样做了）主管此事，当然前提是大家没有异议的话。

随后，我委托比弗布鲁克勋爵建造了大量抵御炸弹的据点，其空间足以供很多国家部门的所有主要成员藏身，这些据点中有十余个（有几个据点之间连着地道）保存至今。等到空袭结束后，部分据点还在建造中。1944年、1945年两年，敌军利用无人驾驶飞机和火箭再度前来空袭，也只有少数几个据点派上了用场。虽然这些据点被利用得极少,却让我们感觉有了保障。在近卫骑兵队操场对面,海军部建造了一座规模庞大的建筑,其墙壁用钢筋混凝土建成,厚度达到了二十英尺。等日后社会安定下来时,再由我们的后人去头痛如何拆掉它们吧。

*　*　*

10月中旬快要到来时,乔赛亚·韦奇伍德在议会大吵大闹,原因是我没有百分百安全的防空设备,以抵御夜晚的空袭。乔赛亚跟我是老朋友了,在达达尼尔海峡战争中,他曾身受重伤。他一直支持单一税制,后来他转变了观念,还加入了工党。他有个兄弟,担任铁路管理委员会的主席。战争开始之前,他们在皮卡迪利街上修建了一座规模庞大的地下办公室,颇有先见之明。曾有一枚炸弹在潮湿的土地中深入八十英尺,但地下办公室的深度及其地面上的建筑,足以确保办公室内所有人的人身安全,这是毋庸置疑的。我可以在这地方休息,大家都向我这样提议。最终,我应承下来,10月中旬到年底的这段时间,只要有空袭,我晚上就会到这里工作、休息,我休息得很好。若其余大部分人都身处危险之中,只有一个人相对安全,那这个人良心上就会很不安,这是自然的;可是我没别的选择,那么多人都要求我这样做。差不多四十晚过后,我又搬回去了,此时"新楼"已被加固。在这里,我跟我太太一直住到战争结束时,我们住得很舒服。这座楼房用石块建造而成,很是牢固,我们住得很安心,只去过底下的防空室寥寥几回。我觉得起居室的墙上最好不要挂东西,但我太太却想把我们为数不多的几张照片挂在上面。最终,她获胜了,照片挂到了起居室,结果证实这是很好的。天气清朗的晚上,能从"新楼"圆形房顶旁边的房顶上看见伦敦的风光,很漂亮。为了让我可以在月光下漫步,在空袭到来时观望火势,大家帮我在房顶上安装了能够抵挡弹片的顶栅。1941年,晚饭过后,我经常带着美国客人去那里,他们的兴致往往都很高。

* * *

  11月3日晚间,伦敦没有拉响警报,这种情况差不多有两个月没发生过了。对于这样的宁静,很多人心生疑惑,认为出了意外。第二天晚上,敌方对我们的岛屿各处发起空袭,并持续了一段时期。德国人再度改变了空袭的方法,将英国的工业中心当成重点空袭对象,同时不放弃伦敦这个关键目标。为了轰炸特定的重要地区,德国人特意培训了独一无二的轰炸机中队,并为其配备了新式导航设备。例如,他们为炸毁格拉斯哥市希林顿地区的罗尔斯-罗伊斯飞机发动机制造厂,培训了一支编队。这种计策是用来过渡的,只能在短时间内实行。德国人暂时搁置了侵略不列颠的计划,却没有开始入侵苏联,这种念头只有希特勒的亲信才会有。正因为这样,德国空军将利用冬季余下的时间做两个试验:一是试验夜晚轰炸技术设备,二是试验用空袭破坏英国的海上贸易、军用和民用生产。他们要是一次只做一件事,坚持到底,结果可能会比现在好很多,可是他们已经失败了。他们无法在短时间内确定自己想做什么。

  11月14日晚间,德国人对考文垂实施了闪电轰炸,这些全新的轰炸技术的应用就始于这一天。戈林期待着能毁灭各座地方城市或是军工厂,因为以伦敦作为进攻目标,范围好像太广了,要取得关键性进展相当困难。14日傍晚,空袭拉开帷幕,一直持续到第二天黎明,德国共出动了近五百架飞机,投放了六百吨烈性炸药炸弹,以及数千枚烧夷弹。在我们遭遇的所有空袭中,这一次的破坏力度最强。考文垂的中央地带被完全炸毁,在短时间内陷入瘫痪。四百人在轰炸中死亡,更多的人身受重伤。"考文垂遭遇的轰炸"将会在我国的其余城市上演,德国的广播电台这样宣布。在这种情况下,我们依然没有停止一切重要的飞机发动机工厂和工作母机工厂的运转。考文垂民众先前从来没有经历过轰炸,他们的活动也没有因此中止。之后不到一周,考文垂的运转就在紧急重建委员会的帮助下恢复正常。

11月15日晚上有很好的月光,德国人乘机再度对伦敦展开猛烈轰炸。伦敦损失惨重,教堂和其余古建筑尤其如此。随后是伯明翰,11月19日至22日,德国连续三次轰炸伯明翰,当地破坏严重,伤亡人数众多,死亡人数接近八百,受伤人数超过两千。然而,面对这样的考验,伯明翰的生活继续,精神不倒。过了一两天,我去伯明翰考察当地的工厂,同时想了解一下轰炸造成的后果,结果遇到了一件事让我十分欢喜和感动。当时正值晚饭时间,有个很美的少女冲着我的车跑过来,往车里扔了一盒雪茄,我立即叫停了汽车。少女说:"这周我拿到了奖金,因为我的工作成绩是最优秀的。一个小时之前,我刚刚听说您要过来。"她要花两三英镑买这份礼物。我开心地吻了她(站在首相的立场上)。随后,我去瞻仰了集体坟墓,它们排得相当长,很多市民及其子女才被葬到其中。伯明翰精神光芒万丈,一百万市民极具组织性和自觉性,且深明大义,在肉体的折磨面前毫不畏怯。

空袭的目标在11月最后一周及12月初转移到各个港口。布里斯托尔和南安普顿都遭遇了激烈空袭,情况最严重的当数利物浦。其后,面对轰炸,普利茅斯、谢菲尔德、曼彻斯特、利兹、格拉斯哥等武器生产中心都表现得毫无畏惧,顺利过关。我们的国家信念坚定,无论何处遭遇轰炸,都不改初衷。

12月29日,周日,伦敦再度遭遇这几周内最大规模的空袭。此次空袭中,德国人费尽心机积攒的所有经验都派上了用场。他们其实是在纵火,特征太明显了。伦敦的金融商业中心地区是轰炸的主要目标。潮水降至最低水位时,轰炸开始了。为了毁坏自来水干道,德国人一上来就投放了自带降落伞的重型烈性炸药包。有大约一千五百个地方烧起了大火,需要扑灭。火车站、码头都毁损严重。八座"雷恩"式教堂要么被毁,要么受损。火灾和炸弹摧毁了市政厅,圣保罗教堂却得以保全,这是民众勇于拼搏的结果。在大英帝国的最中心位置,直到现在还有一片面积广阔的断壁残垣。但是,之后英国国王夫妇亲临现场考察时，大家却仍旧用任何一个皇家大典都不可能引发的热忱，欢迎了他们。

这场漫长的考验，还有几个月才能走到终点，在此期间，英国国王时常待在白金汉宫。白金汉宫的地下室正在建造避难所，可是距离完工还有相当长的一段时间。另外，国王从温莎来到伦敦时，有好几回刚好遇上了轰炸。他跟王后有一回险些被炸弹击中。在国王的允许下，我将用他的原话记录下此事。

1940年9月13日，周五

我们〔从温莎〕来到伦敦，刚好遇到空袭。这是个阴雨天，雨下得很大。我跟王后到了楼上的小起居室（上次的空袭毁坏了我原先那间起居室的窗户，那间起居室因此不能再用了），从这里可以看到方形的院子。忽然之间，我们听见了一架俯冲轰炸机的声音，轰隆作响，音量不断提升，然后我们看到从白金汉宫对面飞来两枚炸弹，击中了方形院子。在大约八十码开外的地方，炸弹爆炸了，我们随即看见了烧起的大火，听见了爆炸的声音。我们正对着的窗户，有爆炸风涌进来，两个大弹坑在方形院子里显露出来。其中一个弹坑里的自来水管被炸破了，水从里面喷涌出来，通过被毁坏的窗户进入走廊。所有事情发生在短短几秒钟内，我们迅速跑到走廊里去。炸弹共计六枚：两枚在前院，两枚在方形院子，一枚击中了教堂，将其炸成废墟，最后一枚击中了花园。

国王先前参加过日德兰战争，当时他是一名海军中尉。眼前发生的这些事，让他觉得相当刺激，他很高兴自己能待在伦敦，跟臣子和百姓们共渡难关。那时候，我跟同僚们都没意识到这件事有多危险，这一点我得承认。如果窗户不是打开，而是关闭的，那么玻璃就会被震得粉碎，飞溅到国王和王后脸上，造成的伤害会是相当恐怖的。然而，他们却好像什么事都没有。当时到底发生了什么，像我这种时常跟他们及他们的随从会面的人,都是在许久过后,为写此书向他们询问时才知晓。

那段时期,我们想象着将要在白厅的断壁残垣上发生的战争,内心庄重又冷静。在白金汉宫的花园中,国王建了一个打靶场,他跟其余王室成员、他的侍从武官用手枪和冲锋枪练习打靶,练得很用功。没过多久,我送了一支美国短卡宾枪给国王,那是我从别人送给我的几支中挑选出来的一支极好的枪。

国王改变接见我的方式,差不多就是在这段时期。我刚上任的那两个月,他一般每星期都会选一天,在下午差不多五点钟正式接见我一次。如今变成了每周二午餐时,跟我一边用餐一边会面。商议重大国事,这确实是个不错的法子,王后有时也会跟我们一起。有几回用餐用到中途,我们被逼拿着盘子、酒杯转移到还未完工的防空室里去。一星期一次午餐,作为制度确定下来。起初的几个月过后,国王决定用餐时由我们自己招呼自己,一个用人也不用。接下来的四年半都是如此,期间国王对一切呈送上来的电报与公文都阅读得相当仔细,我能感觉得到。英国宪法规定,大臣负责的所有事务,君王都有权了解,同时君王有权向政府提出建议,不受任何限制。我留意将所有情况都上报国王,在每周跟国王的会面中,我经常发现那些我还没看过的文件,国王却已完全了解。这些年,英国处于生死存亡的关键时刻,很有幸能拥有这么好的国王和王后。而我以首相的身份,被国王如此亲切地招呼,让我这个君主立宪制的忠实拥趸感到无比骄傲。在我看来,国王与首相的关系如此密切,在安妮女王在位、马尔博罗掌权之后再没出现过第二例。

* * *

就这样,这一年走到了尽头。我已提早将战争全貌描绘了出来,以使情节显得前后贯通。大家会了解,一切动荡都将我们的淡然、镇定反衬得更加突出，而正是依靠这种镇定，我们的战斗得以继续，政策得以实施，外交活动得以进行。我一定要明确写出来，这些毁损确实没有让中央政府绝望，正好相反，它们让我们有了清晰的观念、忠诚的友情、英明的举措，发挥了相当积极的作用。不过，不要认为敌方的空袭若是比现在猛烈两三倍，甚至十倍、二十倍，也会造成一模一样的好结果。

第四章　巫术战

隐秘的战争——林德曼的功劳——雷达的发展——德国的射束——琼斯先生的汇报——分裂射束也就是"科尼克拜恩"的科学原理——让射束扭曲——愚昧又固执的戈林——X设备——11月14日、15日夜的考文垂——引诱敌军的光束——我们使尚未问世的Y设备丧失作用——德国空军失败——英国科技获胜——我们对将来的规划——火箭炮队——派尔将军的指挥与不列颠防空队——高空布雷网——近炸引信——反攻有多大胜算——完善防空举措

当英德两国的空军、驾驶员、高射炮、飞机，以及激烈的轰炸与英国民众的意志力展开殊死搏斗时，还有一场战争在逐步进行中。大家根本不会知道战争的结果如何，它是秘密进行的。就算到了现在，普通人也很难了解这场战争，仅有的例外是几名水准颇高的科学家。这种类型的战争，在人类历史上根本找不到先例。普通人不会明白对于这场战争的文字或语言描述，可我们不能让空军的拼搏、民众的牺牲白白浪费，因此我们不能只是匆忙浏览一下相关术语，而不深入了解其奥秘，并加以运用。我们原本可能会失败，并被彻底消灭，幸而我国的科技比德国更先进，幸而我们将科技奇妙的手段很好地应用到了这场事关生死的战争中。

有位智者在十年前写下了这样一句话："思想领域中的领导者已经拥有了人类最高极限的理智，但是他们跟我们交流时，却只能采用难

以理解的讯号,因为所有有线通信都失效了。"可是,对于这类信号的理解,对于就已知印象准确而及时地采取行动,却决定了我们民族的生死以及除此之外的很多事。我完全不了解科学,却了解一些科学家的事,而且我有丰富的经历,作为一名大臣对自己不了解的事做出处理。我对军事方面的事十分敏感,一样东西是好是坏都逃不过我的眼睛。我曾在防空研究委员会工作了四年,跟雷达有关的问题我都大致有所了解。于是,我开始竭尽所能对这场巫术战展开研究,而且我尽可能保证,至少在行动将要开始时,不会有什么阻挠那些有价值的成果的应用,或者至少它们不会被忽略。人们敬重弗雷德里克·林德曼,因为他的才识,他取得的荣耀,可是还有科学家比他的水准更高,这是毋庸置疑的。但他对我而言,有两个最关键的条件。第一,他跟我有二十年的交情,我很信任他,这一点前面曾提到过。我们共同留意、观察过全球灾难的爆发与进展,共同尽最大努力发过警报。如今我们已身陷这场灾难,我又手握军队的指挥大权,为了得到这种知识,我该做些什么?

说到这里,就该说他的第二个条件了。面对专家从很远的地方发来的信号,林德曼不仅可以辨识,还可以用简洁、易懂的话语解释给我听。一天有二十四小时,睡觉最少要用掉七个小时,用餐、休息还要用掉三小时。一个人若站在我的位置上,除非他想疲倦到死,否则是不会深入研究这类问题的,因为就算耗尽一生精力,也不可能将其研究透彻。实际研究结果才是我要钻研的对象,我会在林德曼告知我这方面研究的新进展时马上行动起来,至少要确保将其中那些很重要又很不好理解的成果应用到实践中。

* * *

雷达各部分技术的发展在 1939 年之后从未间断过,即便是这样,1940 年 7 月至 9 月的不列颠之战依靠的主要还是人眼和人耳,这点前面已经说过了。这几个月的最开始,我自我安慰:冬天,英国上空时常有雾和云,它们会遮掩我们的岛,像一件披风一样,特别是在夜里,就算是白天,它们也会让敌方的炸弹难以对准我们,从而给我们很大的保护。

德国的轰炸机有段时间主要依靠无线电定向信标来导航。这种定向信标外形好像灯塔,有数十座这样的灯塔树立在大陆很多地方,每一座的呼叫信号都不一样,借助一般的定向无线电台,德国人可以依照任意两束呼叫信号的角度找出其地理位置。没过多久,我们建立了一整套名为"玫康"的电台对付他们。这些电台将德国电台的信号截断、放大之后,再从英国某个地区发出去。敌方那些想借助定向信标导航的飞机时常被误导,它们的很多损失就是这样造成的。曾经有架德国轰炸机误将德文郡当成法国,主动在那里降落。

不过,6月份发生了一件让我相当惊讶的事。林德曼教授汇报说,他推测德国人正在研制一种新仪器,利用它,他们可以不分白昼黑夜与天气优劣,对我们发动空袭。眼下,德国人好像已经研究出了一种无线电射束,可以帮轰炸机准确指示目标,就像隐形的探照灯一样。定向信标能指引驾驶员,无线电射束却能指示目标。要它们准确指示某个工厂可能会有难度,但要它们准确指示某个城市一定没问题。于是,有月亮的晚上,我们要担惊受怕——这样的夜晚,德国的驾驶员能看得一清二楚,我方的驾驶员也是一样——在满天云雾的日子里,我们也要防备敌方飞机对我们发动猛烈空袭。

林德曼还说,我们可以找到方法让射束扭曲,但我们必须马上行动,而且我还要见一见几位科学家,R.V.琼斯博士是我的重点接见对象,他曾在牛津大学师从林德曼教授,目前在空军部情报研究所担任副所长。鉴于此,6月21日,我很忐忑地在内阁会议室举行了一场特别会议,包括亨利·蒂泽德爵士及数位空军司令官在内的大约十五人参与了这场会议。有位青年在几分钟后入场——之后,有人告诉我,他觉得肯定是人家在作弄他,才会忽然叫他到内阁会议室来——他进来时步履匆匆，在最后一个位子上落座。我让他第一个发言，这是事先规划好的。

他说，这几个月从欧洲大陆各方传过来的消息都证实了一点，德国人已经掌握了一种新办法，在夜晚发动空袭，对于这种新办法，他们都抱有很大期望。我方的情报人员数次提及一个密码"涅克宾"，这种新办法好像与这个字眼有些关联，可是他们解释不了。一开始，他们认为敌方派出了间谍来到我们的城市，想在这里安装定向信标台，借助信标台让他们的飞机得以返回，但之后有证据表明这种猜测不成立。几周以前，在敌人那边接近海岸的几个偏僻的地方，拍到了三两张照片，照片上是低矮、古怪的塔。它们跟我们见过的所有无线电或是雷达都没有相像之处。它们身处的地方同样不能证实我们的猜测。近日，我们击落了一架德国轰炸机，上面安装的降落设备，好像比洛兰兹射束夜晚降落时所用的设备更先进，但根据我们目前所知，夜晚降落好像是这种设备仅有的作用。综合这一原因及其余很多原因，他一步步得出结论：德国人有可能正计划着利用某个定向射束系统导航，投掷炸弹。根据这些线索，我们在几天之前对被击落的那架德国轰炸机上的一名驾驶员展开多次盘问，他被迫承认，他确实有所耳闻，他们正在钻研这类东西。琼斯博士主要就说了这些。

在二十分钟或者比这稍长一些的时间里，他平静地说出这些话。依照现在已知的情况，他层次分明地导出了结论，简直比福尔摩斯或是勒科克先生[①]的故事还让人信服。听他发言时，我不由得联想到了《英戈耳兹比传奇》里的几句诗：

> 眼下有位琼斯先生过来了，他立下誓言，要做出证明，
> 他十五年前去过斯通亨奇（为已故的约翰·索尼爵士在书里描绘的石头做实地考察

---

① 勒高克先生是法国侦探小说家加波利奥笔下的一位大侦探。——译注

> 途中听见呻吟声，
>
> 循着那悲苦的声音，他找过去，
>
> 看见一名少年鼓手的尸骸，正被一只乌鸦啄食！

众人听完琼斯博士的发言，都有些不相信。有个级别很高、很有权威的人问，假设真的存在这种射束，但是德国人为什么要用它呢？他们不是拥有很多种一般导航设施了吗？在两万英尺以上的高空中往往能看到星星。我方的驾驶员全都觉得自己是寻找航行方向和目标的好手，因为他们曾接受过很严格的专业训练。这件事好像吸引了其余在座者。

* * *

德国人的射束是怎样使用的，我方将怎样改变它的方向，我将用我能理解的词语对这两个问题做出解释。跟探照灯的光束一样，无线电射束也无法高度集中，一定会发散开；但要得到极准确的结果也不是不可能的，只要用"分裂射束"法就可以。假设有两道探照灯光束，它们彼此平行，一个亮着的时候，另一个必定熄灭。若是一架飞机前来进攻时，刚好飞到二者之间，那么光束就会不间断地照亮整个航程；举个例子，飞机若偏向右侧的光束中心，右侧的光束就会变亮，光束不停闪烁，就会提醒驾驶员飞机没有按照正确的航向飞行。除非飞机一直在两道光束的正中央飞行，两道光束的亮度相同，否则光束就会闪烁。在这条位于正中央的航线指引下，驾驶员可以找到他的目标。如此一来，可以让两个电台发射出的两道射束交叉于英格兰中部或南部任意一座城镇上空。德国驾驶员要做的就是循着一道射束往前飞，到第二道射束出现时，就把炸弹投放下去。这是我的解释！

上面说的这些就是分裂射束及著名的"涅克宾"设施的原理，这个设施承载着戈林的期望，他还成功说服了德国空军：他们再空袭英国城市时，可以不必理会阴云、雾霾或是夜晚，同时还能避开高射炮和战斗机的攻击。在德国空军最高统帅部看来，这个新发明可以跟磁性水雷一样击败我们，他们井井有条的大脑和对这个大计划的再三权衡，让他们有了信心，将这个新发明视为决定空战成败的最大筹码。正因为这样，当我们煞费苦心培训普通轰炸机驾驶员学习高难度的飞行技巧时，他们却停了下来。这个方法迎合了他们的观念与性格，因为它相当简单，且值得信任，对大批量培训很有裨益，能借助所向无敌的科技在战场上获得重大成果。德国的驾驶员就像德国民众追逐其元首一样，追逐着射束。他们也就只能追逐这个了。

但性格简单的英国人却因迅速收到提醒、马上展开行动，找到了对策。我们可以尽快在国内建造合适的电台，这样就能对德国人的射束造成干扰。敌方差不多能在第一时间发现这种干扰。还有一个法子比这更好。我们可以在某处安装重复发射器，只对分裂射束信号中的一束做出加强。如此一来，敌方飞行员就必须从准确的航线上偏离出去，以此实现两边信号的对等。这会导致大批量的炸弹被投放到距离城市十五或是二十英里的野外去，而这些炸弹原本能将城市严重毁损甚至彻底毁灭。作为首相，我在了解了这场神奇、可怕的竞争的原理后，用不着再细究什么，马上发布了所有必要指令，假设这样的射束已经出现，其余工作立即搁置一旁，先研究怎样抵御这种射束，若有任何人在执行该决定时有任何犹疑或是失误，都要跟我汇报。这项工作量很大，但我并未劳烦内阁和参谋长委员会。我会跟那些友好机构详述我遭遇的一切重大障碍，前提是真的有这种障碍。可是这小范围、那时简直可以说是神秘范围内的所有人，都在短时间内选择了服从，障碍极少，很容易扫清，所以根本没必要劳烦旁人。

德国人在迪埃普、瑟堡的周围刚刚建立了多处"涅克宾"的电台，差不多是 8 月 23 日这天，这些电台发出了指向伯明翰的射束，大型夜晚空袭随之展开。"初始阶段的难题"，我们自然要解决；然而，"涅克宾"电台的射束在短短几天之内就被扭曲或是遭到干扰，在此后的最危险的 9 月和 10 月两个月份，德国轰炸机在英格兰空中兜圈子，漫无目的地投放炸弹——他们确实被误导了。

不经意间，我想起了一件事。在伦敦遭遇空袭期间，我掌管的国防部中有位军官，将妻子和两个孩子送到了乡间，那里跟所有城镇都有十英里的距离。他们惊讶地看见三片农田外的地方接连发生了严重的爆炸。他们数了数那些重型炸弹，超过一百枚。他们很疑惑德国人竟会空袭这里，不过他们没有被炸到，他们为此而感激上帝。第二天，这名军官谈及此事，尽管他的职位距离机密很近，但是没有人能解答他的疑问，因为那件事要百分百保密，严禁对外泄露任何消息，只有极少的几个人了解内情。而这些人除了心领神会地笑一笑，没有更多表示。

很快，德国飞行员开始怀疑射束遭到干扰。听人说，这两个月内，没人有勇气将射束被扭曲或是遭到干扰的事告诉戈林。愚蠢的戈林坚信这种情况绝对不会出现。他向德国空军发表了特别演讲及警告，承诺射束百分百安全，任何人不得质疑，否则马上开除。我们曾在闪电战中损失惨重，可以说，无论敌方使用哪一种飞机，以哪一种方式进攻伦敦，都能取得成功，这一点上文已经说过了。空袭极少正中目标，这是自然的，只有少于百分之二十的炸弹被投放到了目标范围之内，这一来是因为我方的反抗举措严重干扰了敌机，二来也是因为敌机普遍的误差。敌机的命中率只有百分之二十，却严重干扰了我方的生活、工作。从这个角度来说，我们只能承认，敌方取得了巨大的成功。

* * *

德国人在内斗过后，最终改变了策略。他们很庆幸，有一支名为"第一百战斗小组"的队伍，用的射束是该队独有的，名叫"X 设备"。起初，我方的情报人员对这个神秘的名字深感疑惑。我们对这种设备有足够多的了解，并有能力设计与之抗衡的装置，是在 9 月中旬。然而，在接下来的两个月，"第一百战斗小组"还可以继续准确投掷炸弹，因为我们还没有办法造出抗衡装置来。德国人急忙让这支队伍做向导，往目标处投放烧夷弹，引发了严重的火灾，然后那些脱离了"涅克宾"信号指引的德国轰炸机，就可以对这些发生火灾的地区展开空袭了。

德国人利用这种新策略攻击的首个目标是考文垂，时间是11月14日到15日。我们的新抗衡装置当时已开始制造，但要真正投入使用，还要好几个月，因为在技术方面还有个误差没有解决。在这种情况下，我们掌握的跟射束相关的知识，依旧发挥了很大作用。我们可以参照敌方射束的方向与发射时间，预测出空袭的目标、时间、线路和高度。可惜那时候，我们的夜间战斗机受数目和设备所限，无法让这些情报发挥最大效用。不过，消防队和其余民间防空队却因这些情报获得了难以估量的好处。他们时常在即将遭遇轰炸的地方集合，提前发警报给当地百姓。我们的抗衡举措很快得到改善，完全能够应对敌方的进攻了。同一时期，为了误导大批前来进犯的敌方飞机，我们会在恰当的时间，选择恰当的空地，点燃很多堆大火（用暗语说，就是"海盘车"），这样做往往成效不俗。

我们能够掌握"X设备"是在1941年初。然而，几乎是在同一时期，德国人在认真研究过后，又开始运用一种名为"Y设备"的新型设备。先前的两种系统都是将交叉射束发射到目标上空，这种新的系统却只有一条射束，另外为了让驾驶员了解自己在射束指引下飞了多长的距离，他们还引入了一种特别的法子，可用无线电测量距离。在飞到正确的距离后，飞机便开始投放炸弹。在敌方将"Y设备"应用到实战之前的几个月，我们已经把它的准确操纵方法了解得一清二楚；后来他们打算用该设备为轰炸机引路时，我们已经找到能使其失效的对策了，这一来是因为我们很走运，二来也是因为我方相关的工作人员都很聪明、很勤奋。我方的新干扰设备在德国人使用"Y设备"的首日晚上就开始起作用。通过收音器，我们听见敌方的引路飞机与地面指挥站恶言相向，显然，我们的设备生效了。正因为这样，德国空军从最开始就对这个新设备完全失去了信心，之后他们又失败了很多次，以至于彻底放弃。我们在干扰 Y 射束时根本没想到，这会导致都柏林在 1941 年 5 月 30 日晚上遭遇空袭。

德国的这项工程指挥人是马迪尼将军，战争结束后，他承认了两件事：第一，这场"高频率战役"开始后，他未能及时发现；第二，他轻视了英国情报机构及研究抗衡举措的机构。在射束战争中，他在战略方面的失误为我们所用，成功将他们的大批炸弹从我们的城市上空引开，当时，我们其余的各种抵御措施要么失败，要么还不成熟。他发动的这些空袭随时可能毁灭我们，我们因此倍感压力，但要不是这样，我们不可能在这么短的时间内改善抵御措施。我们在战争爆发之初，就开始努力研究一种名叫"A.I."的雷达，可以装在飞机上。防空研究委员会从 1938 年开始研究这种雷达，期望能用它来探测、追踪敌方飞机，他们为此付出了极大的努力，收获颇丰。然而，这种雷达体积过大，结构过于复杂，驾驶员很难独立操纵，于是它先是被安装到了有两个座位的"伯伦翰"式战斗机上，之后又被安装到了"勇士"式轰炸机上，操纵工作交由观测员来做，驾驶员听其指挥做事，当遇上敌方飞机时——晚间双方的距离约为一百码——就向其发起进攻。我一开始用"嗅感器"命名这种雷达，盼着它能尽快投入使用，但这是急不来的。然而，终究还是开始了。我们建立了一个范围很广的地面操纵截击系统，正式投入使用。英国的驾驶员开着安装了八支重机枪的战斗机——很快又安装了加农炮——追击基本没有任何防御的德国轰炸机，先前追击只靠运气，现在却开始借助截击系统。

眼下，敌方对射束的利用反倒帮了我们。我们从他们那里收到关于空袭时间与方位的十分清晰的警报，我们在相应地区的夜晚战斗机中队和所有设备因此能够在短时间内有效发挥作用，让当地的高射炮部队可以做出缜密安排，在指挥作战时可以将自身的整套复杂科技系统付诸应用，接下来我还会说到这些情况。德国的轰炸机损失率在 3 月和 4 月不断攀升，他们的军事首脑为此深感担忧。他们意识到，希特勒低估了将英国城市"炸成废墟"的难度。到了5月,德国空军终于松了一口气,因为他们收到命令,放弃在夜晚空袭不列颠,转而为进攻另一个战场做准备。

如此一来,我们便成功击败或击退了德国人在攻陷法国后,为使不列颠臣服做出的三大努力。第一大努力是在7月、8月和9月,德国空军在不列颠之战中惨败。虽然他们的总人数远多于我们,但他们却遭遇了重大损失,想要毁掉我们的空军、机场、飞机工厂,从而毁掉我们命脉与前程的计划更成为空想。紧随其后的是我们取得的第二大胜利。由于没能获得制空权,德国人横渡海峡、侵犯不列颠的计划宣告失败。我方的战斗机驾驶员十分勇敢,而他们的组织也相当先进,这更增强了他们的勇气。在这样的前提下,他们建立了跟三百五十年前德雷克及其统率的英勇的小舰和海员建立的一模一样的丰功伟绩——二者的背景条件很不一样,很难用语言来描述——那时候,帕尔玛公爵在西班牙无敌舰队落败后,同样率领着强大的陆军停留在低地国,等船过来帮他们横渡海峡,除此之外,他一点办法也没有。

趁夜对我国的城市展开狂轰滥炸,是德国人做出的第三大努力。他们又一次失败了,这要感谢我方战斗机驾驶员的忠诚不贰与高超技术,还有民众无比强大的意志力,特别是站在最前面的伦敦市民及给他们援助的民间防空组织。然而,驾驶员和民众在空中和燃烧着大火的街道上做出再多的努力,若是没有这一章描述的英国科学与科学家发挥的永不磨灭的关键性作用,我们也不可能取得胜利。

* * *

"树再高,不会比天高。"这是德国的一句谚语。但我们完全可以预见,德国对我国的轰炸不会停止,而且会越来越强。我们没有任何依据预测空袭会慢慢变弱,直至终止,除非希特勒对苏联发起真正意义上的入侵。鉴于此,对于截止到现在一直在保障我们生存的举措与方法，我们要尽可能地予以改善，同时发掘出新的举措与方法。要将各类对雷达的研究与应用放在最高位。要大力招揽并组织科学家和技术员。无论是在人力还是物力方面，都要给他们最大的方便。除了这些，还要竭尽全力寻找新办法，击落敌方轰炸机。接下来的几个月，我们更加勤奋地工作，因为德国人对我国的港口、城市发动的激烈空袭，一直没有间断过。我要说说三个方面的发展（这些还会在本书附录中多次提及），我之所以对这三方面有特殊兴趣，同时借助自己的职权努力推进，一来是因为林德曼的鼓舞，二来也是因为这是战争开始之前，我们在防空研究委员会一起研究出来的成果。首先是发射密度很高的火箭，我方的防空炮威力可借助它得到增强；其次是设置高空布雷网，具体说来就是将炸弹用很长的铁丝挂在降落伞上，安放到敌方飞机过来的航线上；再次是研制一种极敏感的引信，一旦靠近飞机就能引爆，甚至用不着直接命中目标。在这三方面，我们花费了很多财力、人力和物力，一定要简单描绘一下它们。

1940年，这三种办法都还没有生效，此时距离它们生效至少还有一年。敌方在我们正准备将这些新设备和新办法投入到战争中时，忽然中止了空袭（我们就是为应对他们的空袭，才研制了这些新设备和新办法）。不仅如此，在此后近三年间，空袭几乎销声匿迹，所以我们所做的这些努力的价值，被大部分评论家看轻，而要证明这种价值，除非严峻的考验真的到来。此外，我们在这方面的研究，从来没有对相同领域内的其余工作造成任何影响。

* * *

不能只改变射束。只要德国轰炸机准确击中了目标，就能轻而易举找到前一晚它们利用炸弹纵火的地点，唯一的例外是受我方"海盘车"的影响，他们已经分不清目标了。不管怎么样，一定要击落它们，我们为此研制出了火箭与空中布雷两种新型武器。安装了雷达后，我方的防空炮能在敌方飞机沿直线匀速飞行时，准确找到其位置。当然，飞行员只要不是新手，基本不会飞直线的。它们的飞行路线会呈"Z"形，也可以说是"闪闪缩缩"地飞行，意思就是，它们会在炮弹从发出到爆炸之间的二三十秒钟内从射击地点飞离差不多半英里。

在事先预测好的命中地点四周布置大片高密度火网，便能解决这个问题。最好能制造大批量高射炮，同时为其配备足够的人手，一百门高射炮在恰当的时间和地点一起开炮。只可惜我们的人手根本不够。可以用简单又实惠的火箭（就叫它"不旋转投射弹"吧，真名不能对外公布）取代高射炮。克劳博士在防空委员会期间，就曾研究出一种两英寸与三英寸的火箭，射击高度跟我们的高射炮基本持平，当时战争还没开始。相较于三英寸的高射炮，三英寸火箭的弹头威力要大很多，只是若论命中率，后者比不上前者。火箭还有一项难以估量的优势：它能够快速、大量地生产，这是很简单的事，不会对繁忙的兵工厂造成任何负担。我们曾生产出上千支火箭以及数百万炮弹。从战争开始到结束，我方的地面防空炮一直由弗雷德里克·派尔爵士负责指挥，他是一位相当优秀的将军；他不像大多数职业军人那样，对新发明心存反感，他很喜欢这种能使他火力增强的新发明。他把这种新武器编制成炮队，每一队有九十六枚火箭，规模很大，炮队的大部分人手都来自国民自卫军，相较于高射跑，炮队的密集火力威力要大得多。

随着战争的不断演变，我跟派尔将军的合作变得越来越密切。他的反应相当快，让我觉得可以将那些重要任务分配给他做。他在指挥火箭炮队之余，还指挥别的军队，兵力最多时超过三十万，其中有男有女，还有两千四百门高射炮。扩充兵力的这段日子，他表现得非常优秀，我们击退了德国的空袭后，他的表现依旧如此。他在这段时期的任务，是从高射炮队的静态防御中尽可能抽调人手，尽量不用正规军和专业技术人员，而用女人和国民自卫军取代他们，以确保维持炮队的火力。我会再找个恰如其分的时机，描绘相关的具体情况。

我国科学家的研究成果对派尔将军的指挥工作帮助很大，后来在战争不断发展的过程中，我们所有的举措都要依赖这种帮助。高射炮队在不列颠之战的白日空袭阶段，击落了两百九十六架敌方飞机，而击毁或击损的飞机约为七十四架。然而，夜间空袭开始后，他们又遭遇了困难，只靠他们现在掌握的探照灯和声波定位器，根本不可能战胜这些困难。从10月1日开始，他们在四个月间击落的敌机约莫只有七十架。这一局势因雷达的出现被扭转。10月份，首批指挥炮火的雷达投入使用，为了解它们发挥的作用，我跟贝文先生观察了大半个晚上。探照灯射束到12月才开始安装。这种设备还有很多需要改进的地方，操纵它的人员要接受严格训练，积攒大量经验。在如此大范围内做出如许众多的努力，为我们带来了丰厚的成果，这时已到了1941年春季。

德国在5月的前两个星期，对伦敦发动了最后几次空袭。期间，他们有超过七十架飞机被我方击落，这个数目超过了冬天那四个月击落的敌方飞机总数。当然了，我们在这段日子拥有了更多的高射炮。12月，我们总共拥有一千四百门重型高射炮，六百五十门轻型高射炮；到了5月，前者增加到一千六百八十七门，后者增加到七百九十门，除此之外，我们还成立了火箭炮队，总数约为四十支。 科学家将大量新发明和技术改善提供给士兵，我方的防空炮因此威力大涨，而士兵们对这些新发明和技术改善的应用，使它们的价值得到了很大程度的发挥。

* * *

火箭炮队在1941年过了一半时才开始广泛应用于战场上，可惜能证明其效用的机会少之又少，因为当时空袭的次数已经锐减。不过，要在实战中击落一架敌方飞机，火箭炮需要的弹药只比高射炮多少许，而高射炮的弹药不仅稀缺，并且要贵很多。火箭能在很多方面发挥作用，可以补足我方其余防空举措的不足。

我们还是要加紧生产空中布雷，把它们用很长的铁丝系在降落伞上，投放到德国空军必经的航道上，因为炮弹和火箭要发挥作用，必须要投放到对的地方，然后在对的时间引爆才行。将空中布雷放到弹壳里是不可行的。而火箭外壳内部的空间相对很大，外壳也不厚。我们可以布置一片空中布雷区，在两万英尺的高空上，用七百英尺的铁丝悬挂三英寸火箭。为了抵御伦敦可能遭遇的大型空袭，我们生产了很多这类三英寸火箭。这样的布雷区能在长达一分钟的时间内保持威力，这使得它比高射炮更具优势。布雷不用像普通炮弹一样装备精准的信管，因为机翼的任意部位触碰到铁丝，都会将布雷拉上来，之后触碰到飞机，发生爆炸。

在空中布雷时，也可以借助飞机运载的火箭，或是直接利用小型气球使其升空，操作很简便。海军部对第二种方法很是支持。但在实战中，我们从来没使用过大批量的火箭。大规模空袭在我们大批量生产火箭时已宣告终止。战争最后三年，德国人竟未对这种方法做出改进，以抵御我方的大规模轰炸，这让我们很惊讶，也很庆幸。他们本可以在本国任意选择一个城市，在空中布置布雷区，这只需用到很少的布雷飞机，然后便可以将我方的部分轰炸机击落，他们若能布置更多的布雷区，便可击落我方更多的飞机。

* * *

另外还有一个方面也很重要。1940年，对我方的船舶和主要工厂而言，俯冲轰炸机好像是个很大的威胁。当飞机向船舶俯冲轰炸时，炮手可以忽略其移动距离，直接向其瞄准，有人据此推断击落这种飞机是很简单的事。然而，飞机若直接冲向下方，形成的目标是相当小的，而炮弹必须直接击中飞机才能触发信管，可惜直接击中的概率太低。我们不大可能借助定时信管，让炮弹刚好在与敌机擦身而过时引爆。0.1秒的时间误差就能造成数百英尺的距离误差，鉴于此，我们好像很应该研制一种新信管，不管炮弹有没有直接击中目标，只要抵达距离目标很近的地方就会自动引爆。

因为炮弹弹头的容积很小，大家开始留意三英寸火箭，它的弹头容积偏大。海军部曾于1940年极力推荐使用三英寸火箭，当时我也在海军部。应用光电管，光线变化的瞬间会产生波动，比如敌方飞机投下阴影。我们在1940年2月份制造出一个模型，我将模型带去内阁，趁内阁会议结束后，向大家展示。在信管旁边丢一只火柴盒，其指示灯便开始闪烁。首相及内阁所有大臣都兴致浓厚。但在做出这个模型后，我们还需要很长的一段时间，付出很多的努力，才能完善地大批量生产无线电信号机。在生产光电信管这件事上，我们同样付出了很多，但是同样的，当我们可以大批量生产时，敌方已暂时失去优势地位，对我们的威胁已不那么厉害了。

1941年，我们再度尝试制造近炸信管，跟此前那种很相似，当火箭飞到飞机近处时，就利用一架很小的雷达引爆弹头。初级阶段的试验曾在英国取得成功。美国人从我们这里学到了这种知识，最终研制出成品，体积大大缩小，所有装置都能安放在火箭甚至是炮弹头部。在战争最后一年，美国研制出的"近炸信管"获得广泛应用，有效抵挡了1944年德国空袭我国的小型无人驾驶飞机（V—1），以及太平洋上的日本飞机。

* * *

研制并改进我国反攻德国时要用到的雷达，构成了"巫术战"的最后一个阶段。从一定程度上来说，这些研制与改进都源自我方的经验和为防守付出的努力。在稍后几卷中，我会描述它们所发挥的作用。1940年9月之后，我们继续在空袭中艰难度日，近九个月后，情况方被扭转。我们在卓有成效地对抗现有威胁的同时，时刻关注着未来可能会出现的新转机，这就是我们那段时期的状态。

不列颠防空状况

1940 年—1941 年的拓展		
1940 年 7 月	1940 年 12 月	1941 年 5 月
重型高射炮		
共计 1,200 其中包括 4.5 英寸 355 3.7 英寸固定式 313 3.7 英寸移动式 306 3 英寸 226	共计 1,450 其中包括固定式 1,040 移动式 410	共计 1,687 其中包括固定式 1,247 移动式 440
轻型高射炮		
共计 587 其中包括 "双管自动"式 273 3 英寸（适宜 低空射击）136 20 厘米西班牙式 38 配置 2 磅炮弹 140	共计 650	共计 790
火箭炮队		
无	无	大约共计 40
探照灯		
共计 3,932	—	共计超过 4,500 （没有全部配置军队）
兵力		
共计 157,319 人	共计 269,000 人 其中包括女性 6,000 人 （炮兵队 3,700 人 以及司令部、 行政管理人员 2,300 人）	共计 312,500 人 其中包括女性 6,500 人 （炮兵队 3,500 人 以及司令部、 行政管理人员 3,000 人）

第五章　美国驱逐舰与西印度群岛基地

我请求获得五十艘美国驱逐舰——洛西恩勋爵发挥的作用——7月31日我发电报给总统——我们愿向美国出租西印度群岛据点——我不赞成在舰队问题上斤斤计较——8月15日我又给总统发电报——总统公然发表意见——8月20日我在议会演讲——8月22日我给总统发电报——8月25日我又发电报给总统——8月27日再度致电总统——我们的最终提议——我针对英国舰队做出的承诺——9月5日我在议会演讲

上文已经提过，出任首相后，我在5月15日向罗斯福总统发出第一封电报，提出请求："为补足我方现有船舰及从战争伊始我方就开始制造的大量新船舰在投入应用之前造成的空缺，想向你们借四十艘或是五十艘旧驱逐舰。我们的船舰空缺到明年这时候就能自己补足了。可是意大利若在我们船舰不足的这段时期，调集一百艘潜艇前来进犯我们，便有可能将我们击垮。"此后，意大利向我们开战，6月11日，我在电报中再度谈及此事。"得到你们重新装备的三十艘或四十艘旧驱逐舰，是我们现在最重要的事。我们会抓紧时间，把我们的潜艇探测器装到这些驱逐舰上。……这之后的半年相当关键。"我们在7月底已开始独自战斗，关系我们生死的空战也已拉开帷幕，我再次提出那个请求，因为德国人有可能在空战过后马上来侵略我国。每回在电报里，我都说得很坦诚，我完全明白总统的善意与难处，我努力让他明白，英国若是沦陷，整个欧洲及一切造船厂和海军就会落入希特勒的掌控，那会对美国造成巨大的威胁。

* * *

在对这件事展开讨论时,有一点显而易见,我在6月发的电报在美国高级官员中引发了强烈的反响,因为我在其中重点说明了英国被敌军征服后,美国将会遭受何等惨痛的损失。华盛顿让我们承诺,绝对不让英国舰队落入德国人手中,无论是在什么样的情况下。我们自然已经做好准备,郑重承诺。我们不惧承诺,反正我们已做好了牺牲的打算。但我不想让德国人了解我们曾考虑过这件概率极低的事可能会成真,助长德国人的气焰,毕竟这时候敌军就快登陆了,空战也进行到了最紧张的阶段。更有,我们的环境在8月末得到了很大改观。我们整编了所有正规军,并在很大范围内重新装备。国民自卫军投身战争,热情高涨。我们重创了德国空军,将自身能力提升到了比只能自保高很多的程度。6月和7月,我提出一些证据,证明我对抵挡敌军的进攻充满自信,这些证据在9月到来之前得到了更充分的印证。

* * *

这段时期,华盛顿有我方的一位大使,他能力出众,很有权威。我跟菲利浦·科尔相识,是在1919年劳合·乔治①执政期间或比这更早,如今他已承袭爵位,变成了洛西恩侯爵。我们从凡尔赛到慕尼黑,再到近来,对很多问题都持不同看法。在局势日渐紧张的这段日子,洛西恩全面掌握了局势,又极有远见。法国沦陷时,我给总统打了几封

---

① 劳合·乔治(1863年—1945年),英国著名政治家,曾在1916年至1922年间出任英国首相。——译注

电报，说到敌军若来侵略英国，并使英国臣服，英国舰队会如何。这几封电报的深刻内涵，洛西恩侯爵都认真揣摩过。他督促华盛顿诸位领袖对这件事予以高度重视，他们都很震惊，在对英国及英国的抗争心生怜悯之余，他们自然更关注美国本土的存亡与安全。

6月4日，我在下院发表演讲，演讲的最后一段内容让洛西恩很是担忧："就算我们的岛或岛上绝大多数地区都被征服，粮食短缺——我绝不相信，这样的情况真会出现——我们也绝对不会投降，英国舰队会为我们在海外的帝国臣子与百姓提供庇护，他们将继续作战，直至在某个上帝觉得合适的时刻，新大陆动用自身所有力量来解救我们的旧大陆。"在洛西恩看来，这段话会让"这类人"受到鼓舞，"他们毫不怀疑，就算英国沦陷了，英国舰队也会穿越大西洋，驶到他们那里"。我在私下里会使用与之截然不同的词汇，这点大家都了解。那时候，我将我方的立场向外交大臣和这名大使做出了说明。

首相致洛西恩侯爵　　　　　　　　　　　　1940年6月9日

我演讲中的最后一段内容，针对的主要对象自然是德国和意大利，现在他们只要一念及战争双方是两个大陆，且战争将持续相当长的时间，就会头痛不已；而自治领同样是这段话的针对对象，他们的权益都寄托在我们身上。但你说过的话，我从未忘记，在几封打给总统和麦肯齐·金的电报中，我还谈及了你的看法。英国被征服后，亲德政府建立起来，他们若想从德国人那里获得更多的自由，只需将英国舰队交给德国即可，这样一来，德国和日本就掌控了整个新大陆。这件事如此胆怯，英国国王现在的顾问断然不会做，但总统应该明白，若换作一个吉斯林式傀儡政权，他们一定会这么做，他们可能根本没有别的选择。你要向总统转述这个道理，让他明白，不要想着他们现有的政策能让他们从英国的残骸中捞到什么好处。结果刚好相反，敌方的海军实力将远胜过他们，他们会承担巨大的风险。此外，纳粹德军还必然会夺走那些让他们害怕的美国岛屿与海军基地。英国沦陷会让希特勒获得良机，称霸世界。

希望这些话会在你和别人商议此事时，对你有所帮助。

一个月后还是一点结果都没有。之后，大使打来一封电报，让我们精神一振。(7月5日、6日)他说，美国那些目光长远的人总算意识到，他们若在英国在战争中落了下风的情况下，继续维持中立，就有可能彻底失去英国舰队，但要让美国社会舆论考虑将美国的驱逐舰借给我们，我们必须承诺，美国加入战争后，若英国沦陷，英国舰队或残余力量会开到大西洋彼岸美国那里。

7月末，迫于各方对我不断增加的压力，我又将此事提上议程。

前海军致罗斯福总统　　　　　　　　1940年7月31日

上一回，我冒昧地以个人身份给你发电报，在那之后的日子里发生了很多事，有好有坏。先前我们向你们借驱逐舰、汽艇、飞艇，在现在这个紧急时刻，请答应我们这个请求吧。法国所有的海岸都被德国人占领了，从那儿，他们可以派出潜艇、俯冲轰炸机，对我们的商船、运粮船展开轰炸，不仅如此，他们还可能从英吉利海峡对我们发起进攻，从挪威对爱尔兰、冰岛、设得兰群岛、法罗群岛发起进攻，我方的海军要随时做好作战的准备。另外，为了阻止战争大规模扩展到非洲，我们还要掌控地中海的出入口，甚至要完全掌控内海——若我们的能力允许的话。

我们正在大批量生产驱逐舰与驱逐艇，但正如上回我在电报中跟你说过的，我们的船舰空缺将在三四个月后才能自行补足。最近，敌方的空袭毁坏了我方很多船舰。最近这十天，我方有"布拉曾"号、"科德林顿"号、"迪莱特"号、"鹪鹩"号四艘驱逐艇被炸沉，另有"猎犬"号、"朔风"号、"光辉"号、"格里芬"号、"蒙特罗斯"号、"沃波尔"号、"怀特西德"号七艘驱逐艇被炸损。

在敌人尝试登陆之前，就发生了这些事！驱逐舰极易成为空袭的对象，可是为了防备海上的进攻，它们又不得不在空袭区域巡航。现在这种损失，我们只能在短时间内承受得起，这一点其实很容易弥补，其占据的地位也并不重要，但若一直没有强大的援助提供给我们，这便会成为我们失败的原因。

我已坦言说出我们现在的处境，相信你已对我们的情况有了深入了解，必定会尽力把你们最陈旧的五十艘或六十艘驱逐舰送过来给我们。我们会安排它们到西面的航道上应对那些潜艇，为此我们会以相当快的速度为它们安装上潜艇探测器。这样一来，我们就能将那些较新、炸弹威力较强的船舰调到英吉利海峡去，抵挡前来进犯的敌军。在漫长的世界史上，现在最迫切要做的就是这件事，总统先生，我带着极高的敬意请你明确这一点。我们会在1941年生产出大量船舰，但危险来得远比那早。你会充分行使自身权力，这点我很清楚，但我认为，让你明白形势的严峻与紧迫，既是我的权利，也是我的义务。

若是你决定将驱逐舰送来给我们，那么汽艇和飞艇也请跟着送过来，它们会给我们很大帮助。

现在我有种预感，若此后的三四个月我们能熬过去，我们便很有希望在战争中取胜。空战方面，我们表现得很好，击退了德军的空袭，还反过去空袭了他们，让希特勒受到重击。但我们的驱逐舰在空袭中遭遇重创，没有能力再为大西洋上的运粮船和商船保驾护航。

最新一批运送步枪、大炮、弹药的船队，将于今天晚上抵达。有专车正等着运送这些武器给军队和国民自卫军，他们会一直将这些武器拿在手中，直到大批敌军倒在他们面前。相信你不会眼看着我们因为没有这些驱逐舰而在战争中陷入困境，毕竟海上的相关状况你已经很清楚了。

我在三天后联络了我方的大使：

1940 年 8 月 3 日

第二个法子是将部分〔本属于英国的〕基地〔转让给〕美国，应承他们也无妨，但相较于出卖，我们更愿意租赁，他们想租赁多久都可以。我们会因此马上得到驱逐舰和飞艇，这一点再清楚不过。对于这种要求，我们持赞成态度，请你转告诺克斯上校及其余人。……在最短的时间内解决问题，这才最重要的，你也这样说过。眼下，我们非要得到驱逐舰不可。我们已做好一切准备，收到驱逐舰后，约莫只需要十天就能为它们安装好潜艇探测器。我们还应为美国海军准备一些潜艇探测器，帮他们装好，告诉他们操纵方法。在这些原则的指引下，希望这个问题能迅速得到解决。

华盛顿对此事展开了深入探讨，这让人十分忐忑，通过洛西恩侯爵，美国在 8 月的首周向我方表示：若我们可以将西印度群岛的多处基地和百慕大的基地转让给他们，他们可以将五十艘停在东海岸各支海军船坞内、已经修缮完毕的旧驱逐舰给我们。这样，美国将获得这些海岛基地的使用权，从而在战略上获得恒久保障，而我们得到的这些驱逐舰却又旧又低效，在这种情况下，很难比较二者的真正价值。然而，我们无比急切地想要得到美国的驱逐舰，因为德国人随时可能攻过来，同时英吉利海峡也需要大批船舰。更何况，也只有对美国，这些海岛基地在战略上才是有价值的。它们先前是从欧洲或英国入侵美洲的垫脚石。如今，空军的强大，让美国更需要它们来保障自身安全，所以美国务必要自行掌控它们，或是让友好国掌控它们。可是作为友好国的英国很有可能做不到这一点了，英国人现在正为自身存亡跟敌人决一死战。英国的生死跟美国的生死密不可分，这是我一直以来的观点。把这些基地交给美国人掌控，我跟诸位同僚都认为很有裨益。所以我在看待这一问题时，并没有戴有色眼镜。

还有一个原因比我们对驱逐舰的需求或是美国对基地的需求，意义更大。美国在转让给英国五十艘驱逐舰后，再想保持中立就不可能了。德国政府完全可以根据历史上一切形形色色的标准，宣布向美国开战。面对复杂的难题，德国人会选择很简单的对策，总统觉得这种危险不会出现，我觉得德国人压根儿不会做出这样的举动。为维护自身利益，希特勒总是采取逐一击破的方式打击敌人。在对英国的战争结束之前，他绝对不愿跟美国开战。但美国选择在1940年8月转让给英国驱逐舰，必定会拉近美国与英国、与战争之间的距离，在大西洋不断增加的非中立行为中，这是第一个，我们从中获利极大。因为它的出现，美国不再是原先的中立国，而变成了非交战国。尽管希特勒在盛怒之余，并没有勇气说什么，但全世界都将明白此举的重要意义，这一点我们之后会了解。

战时内阁和议会在了解了这些缘由后，准许我们为获得驱逐舰，租赁给美国基地，我们唯一要做的就是，让相关的西印度群岛政府为了不列颠接受这一决定，他们得为此做出很大牺牲，忍受很多苦恼。洛西恩在8月6日打来电报，说总统迫切想知道英国舰队日后归谁所有。他期待我们能做出承诺，英国沦陷后，英国舰队保证不会投降，不会沉船以自我了断，他们会到别处，继续为不列颠战斗。听说，说服美国国会答应把驱逐舰转让给我们，这是最有力量的论据。在他看来，立法程序被完成的可能性越来越大。

我将自己的感想说给外交大臣听：

1940年8月7日

我觉得情势再清楚不过了。我们根本无意让英国舰队投降，或是沉船以自我了断。德国舰队或是其残余势力倒是更有可能落得这样的下场。我国严禁讨论本国沦陷后，我们该怎样做。现在，德国就要攻过来了，国内群情激昂，这种讨论可能会影响这种情绪。而且我们一定不会让美国政府有机会说这样的话："我们给你们驱逐舰时，双方有过共识，我们据此判断，眼下你们是时候让舰队开到大西洋彼岸来了。"

在此次交易中，我们要坚持只是将殖民地租赁给他们，他们发表的那类公告，我们断然不应发表。

我在同一时间发了封电报给洛西恩：

1940 年 8 月 7 日

希望我们迫切需要的那五六十艘驱逐舰能够送到。在此后的三四个月，这是美国所能给我们的最好的帮助。我们心甘情愿租赁西印度群岛的海军和空军基地给美国，这点你已经了解，而英国与美国海军、陆军必定存在的共同利益，则构成了这种无偿租赁的基石。所以诺克斯上校若提出这一性质或相似性质的提议，且在第一时间将我们要求的驱逐舰送过来，我们会很高兴地接纳。然而，这件事绝不牵涉任何关于英国舰队日后归谁所有的协商或是说明。我们很明显不可能针对这件事做出任何表态，或是让对方表态。我曾在发给你的密函以及发给总统的电报中再三申明：若敌军成功占领了英国，英国建立起吉斯林式政府，该政府为使在战争中存活下来的百姓活得更好而向纳粹努力争取，这会给美国带来怎样的威胁。我发觉大家已经意识到这种威胁的严重性了，你根本不可能让这种严重性减轻，这让我很欣慰。面对这种情况，美国有充足的理由感到忐忑，我们并不想让他们的忐忑得到缓解。更何况，我们站在自己的立场上，不想在现实中讨论英国沦陷这个问题。我几周之前就跟你说过，所有关于英国舰队开到美国或是加拿大沿海的问题都不应拿出来讨论，因为没有任何合理的依据。更进一步，我禁止一切参谋人员参与该问题的讨论，至于技术方面的准备，更不允许进行，我们甚至不能将其视作一个计划。你应了解，我们绝对不会为取得驱逐舰或是与之类似的东西发布这样的公告，这一点格外关键。请你马上表态：我方断然拒绝在行动自由方面让步，一点点都不行，而且我方断然拒绝发布这种公告，其失败主义性质会给我们带来相当不利的后果。

  在 6 月 4 日的演讲中，我曾指出让德国人发现无期限海战的未来，对我们是有好处的，但是中立的友好国对这个问题发表意见，却是我们不允许的。但美国若投身战争，成为我们的盟国，我们就会跟他们站在同一战线上，这场战争最后必将以我们的彻底胜利告终，在那天到来之前，关于怎样对兵力做出最佳安排，我们随时都可以主动跟他们商议。这一点在你首次跟总统商谈时就预料到了，那一次，你说你敢保证，我方绝对不允许将英国舰队的任意一个组成部分送到大西洋彼岸，除非美国真的参战，与我们结盟。

我发了这样一封电报给总统：

1940 年 8 月 15 日

  收到你的电报时，我有多宽慰，对于你竭尽全力帮助我们，我有多感恩，这些都不用说了。你很清楚，你给我们的每艘驱逐舰都将发挥无法估量的作用，所以我毫不怀疑，你会尽全力满足我们的要求。另外，你所提及的摩托鱼雷艇和尽量多的飞艇、步枪，我们同样需要。我们这里有一百万人需要配备步枪。

  你的政府和人民在如此危难关头，向我们提供这些新的援助，在人道主义方面具有极高的价值，我们对此感激不尽。

  你提出了几点要求，说这些能帮助你说服国会及其余相关机构，我们可以照你的意思做，但若我说我们这样做的前提是，你要确保我们的船舰和飞艇准时送达，你一定不会曲解我的意思。至于那个跟英国舰队有关的承诺，我会将我 6 月 4 日在议会说过的话，跟你重新说一遍。我们会利用舰队战斗到最后一刻，没有人打算让舰队投诚或是自沉，以此换取和平。我再三承诺这件事，你在引述这一承诺时，若是让人误以为我国的三个岛屿和海军基地是可以被征服的，那么从我们的观念看，这就变得很不好了，从你们的观念看，也许也是一样。我国群情激昂，民众信念坚定，超过了以往任何一个时期。上个星期发生的剧烈空战让他们对战争的信心大幅度增强，这是自然的。我很愿意接纳你租赁海军、空军基地九十九年的提议，相较于收买，这种方式让我们更易接受。我认为，在对原则方面的问题达成一致后，我们再探讨细节方面的问题时就能很镇定了。关于纽芬兰的基地问题，我们务必要跟纽芬兰与加拿大政府协商——加拿大的利益也牵涉在内。我们会马上行动，请他们答应此事。

总统先生，你对我们的援助与鼓励，对我们相当重要，因此请允许我再度向你表达谢意。

这封电报的遣词造句，在洛西恩看来十分恰如其分，他说现在刚好有个机会，总统可以将五十艘驱逐舰转让给我们，而不经过任何立法程序。虽然这件事还没确定下来，但他还是提议，我们应马上往哈利法克斯和百慕大派驻英国驱逐舰海军。若是美国准备好了驱逐舰，英国的海军却没有过去接手，开着它们返回大西洋这边，那我国给美国留下的印象就会大打折扣。另外，我国海军早早等候在那里，还会让美国国会产生情势危急的感觉。

总统在8月16日举行的记者招待会上宣布："美国政府正在跟大英帝国政府协商关于保卫西半球——特别是巴拿马运河——以此得到海军和空军基地的问题。美国政府同时还在为西半球的防守，跟加拿大政府展开协商。"

随后，总统又宣布，作为交换，美国会给英国某样东西，具体是什么，他尚不清楚。他曾多次强调，针对空军基地展开的商谈，绝不牵涉驱逐舰一事。未来的部署中，并不包含驱逐舰，他这样说。

* * *

为了百分百顾及美国国会与海军的意见，总统自然要尽全力说服民众相信，这项交易对他们很有好处：在这样的危难关头，美国只需用几支旧驱逐舰组成的舰队，就能换来安全保障。这确是事实，但这一说法对我而言却不够恰当。议会和政府一定会非常愤怒，我们居然把这些古老领土的任意组成部分租赁给了别国；若告诉英国民众，我们用本国领土换来了五十艘驱逐舰，整件事就是一笔交易，必然会引来强烈的异议。鉴于此，我便努力用最高水准权衡这笔交易，因为它展现且确保了英语世界永恒而共同的利益，我做出这样的努力是很应该的。

8月20日，我在总统许可的前提下，将这个问题提交给了议会，当时我发表的讲话在这么多年过后，可能依旧保有其意义：

> 我们在前不久得知，美国也在为他们大西洋沿岸的海空防御忧心，罗斯福总统在近日明确指出，他同意就在纽芬兰及西印度群岛发展美国海空、空军的设备问题，跟我们及加拿大自治领、纽芬兰展开商议。这里面没有涉及半点主权的转移，我们从来没有谈及过此事，也不会在相关殖民地答应之前，或是直接违背它们的意愿行事。但就我们而言，英王政府心甘情愿将防御设备交到美国手上，租期是九十九年，此举给我们带来的裨益，不会比给他们带来的裨益少，这一点我们很确定。此外，这对维护殖民地和加拿大、纽芬兰的利益也有好处。这些都是相当重要的举措。它们无疑标志着英国和美国这两个英文世界的民主大国，在一些事务上相互联合，以维护双方的共同利益。在我看来，这些举措拥有很好的前景。任何人都阻挠不了它们，我也不行。它会跟密西西比河一般汹涌向前。随它去吧！这温暖、汹涌的洪流挡也挡

不住，索性让它向前奔流，流向更加空旷的田野，更加美好的生活。

前海军致总统　　　　　　　　　　　　　　1940年8月22日

1. 你为我们做的所有事，都让我感激不尽。我从未想过，我们在处理这种事情时，需要签订合同、斤斤计较或是将其变成一桩买卖。事实上，即便你们不向我们提供驱逐舰及其余支援，我们也会在内阁会议上做出决定，将大西洋海岸的海军、空军设备交给你们。我们是一对同样处境艰难的朋友，理应尽最大努力帮助对方，这是我们的观点。我们可以不要任何交换条件，心甘情愿将上面这些设备交给你们，原因就是，我觉得这样做会对我们大家都有好处，所以即便明天你发觉移交驱逐舰等有困难，我们依旧会履行诺言。

2. 在我看来，眼下在我们的通信中指明或是借助任意一种方式承认，我们将上面这些海军、空军设备交给你们，你们作为回报，才提供给我们驱逐舰，是相当不妥的，更有甚者，会引发巨大的危机。若两国民众接受了这种观点，便免不了要对付出的和得到的锱铢必较。他们会把这些驱逐艇换算成钱，比较它们跟那些军事设备的价值，觉得值得或是不值得的都可能大有人在。

3. 除此之外，各个岛和各个地区的情况各不相同，这一点总统先生心知肚明。举个例子，若当地只有一个港口或是据点，那该如何切分区域与收益？面对这样的情况，我们愿意不计得失，向你提供我们觉得会使双方利益最大化的提议。

4. 我们期待着能用我们名下任意能确保你们安全的设备，让你在大西洋对岸获得安全感；不过，你只有得到长期租赁的确实保障，才能为推进其大规模发展做出投资，这是自然的。所以我愿意继续坚持昨日我在议会上发表的大致声明，以明确这件事和舰队的前程。如此一来，你若想得到更加详尽的列表，明示你得到了什么，我们会马上把你们能做的事说给你听，我们的专家随即会在技术与法律层面做出必要的安排。至于你觉得可以提供给我们的武器装备支援，你和美国民众决定什么，我们就接受什么。美国完全可以自主决定这件事，决定的依据是他们对此次世界大战的观感，战争对他们自身利益的影响，还有战争要保护的事业。

5. 最近几日，空袭明显变少了，我方很多方面的实力都在与日俱增，尽管如此，我还是觉得凶徒伸出来的拳头尚有所保留。若你可以马上将五十艘驱逐舰送过来，能帮我们一个大忙，在目前我们仅有的一条通往大洋的定期航道西北航道中，正有很多商船在空袭中受创。

洛西恩此时发来消息，说他听萨默·韦尔斯先生说，受宪法规定的地位所限，总统只可以将这些驱逐舰作为"交易条件"给英国，"根本不可能"作为心甘情愿送出的礼物。不管是海军参谋长还是海军总部，都无法参照现有法律证实美国国防不需要这些船舰，在这种情况下转让它们会违背美国法律，除非他们能证实，他们以此换来了一项具体的能维护美国安全的举措。总统想过走其他渠道，奈何根本找不到。

前海军致总统　　　　　　　　　　　　　　　　1940 年 8 月 25 日

1. 因为在法律和宪法上遭遇难题，你想签订一份正式的书面协议，这一点我完全了解，可是我能预测到走这样的程序会遭遇怎样的阻碍甚至是危险，我这样冒昧，还请原谅。你要求我们将纽芬兰到英属圭亚那的所有岛和陆地的使用权转让给美国，不附加任何条件，这是"以美国的判断为依据确定下来的"，只有这样，我们才能得到先前我们在那张表上列举出的极度渴望的东西。若面对你的专家提出的那些要求，我们选择了拒绝，我们就会因违背了代价已支付的合同而受到批判吧？我们要担负无限的义务，你却只需担负有限的义务。我们不想因为这些驱逐舰，承担被美国误解或是跟美国激烈争辩的风险，尽管我们对它们充满了渴求。若要在协议上明确这件事，就一定要明确双方的义务，一定要比之前更加明确地列出我们的义务，可这会造成时间方面的延误。

我们主要是想用这些驱逐舰补足我们的新船舰在投入使用之前造成的空缺，这点我已说过很多次了。战争爆发之初，我们就开始生产这些新船舰。其数量颇多，举个例子，我们即将在2月末验收的船舰包括：驱逐舰和新中型驱逐舰二十艘、可帮海军追击潜艇的轻型驱潜快艇六十艘、摩托鱼雷艇三十七艘、摩托反潜艇二十五艘、"费尔迈"式木制反潜巡逻艇一百零四艘、长度为七十二英尺的汽艇二十九艘。数目更庞大的一批船舰，将在随后的半年完工。你的五十艘驱逐舰，在9月到2月末这批新船舰建造期间，才是价值连城的。时间相当紧要，因为一旦拿到这些驱逐舰，我们就能为西北航道的商船保驾护航，同时在地中海以更加强势的态度面对墨索里尼。可我们绝不会只为了熬过这个船舰不足的时期，就允许别国任意使用我们在大西洋的所有属地；尽管这段时期会出现比现在还要多的危机与困难，我们还是坚持只依靠自己的力量。我已经相当坦诚地说出了我们面临的难题，你肯定能明白。

2. 这件事可以照以下程序解决吗？为明确我们准备转让的区域范围，我会马上指明一些清晰划分出来的设备，针对这些设备或是其余可能增加或减少的设备，两国专家可以展开协商；另外，我们转让的设备，最终决定权还在我们。做这些事时，我们不会有任何顾忌，而美国民众是不是愿意帮助我们，完全取决于他们的大方与善良。但英王政府已经决定，为保障美国在大西洋沿岸的安全，在有必要时，马上将确实、高效的设备转交给你们。我已经安排海军部和空军部把我们打算交给你们的设备初步确定下来了，还留下了空间，让你那些专家可以有其他选择。我的意见是，将我方的初步决定在两三天内送过去给你，另外选择合适的时机，将这件事对外公开。如此一来，争执就不会出现了，并且美国民众会明白，我们作战是为维护整个世界的正义，我们非常关心他们的人身安全与切身利益，他们会因此对我们怀有更大的热忱。

3. 若你准备提供给我的支援，名义上一定要是给英国的"交易条件"，因为你们的法律是这样规定的，或者你们的海军是这样要求的，那英国政府完全可以拒绝这种支援。美国若不能借助某种回报，让海军把从英国得到的和回报给英国的连为整体，那我们赠予你们的这份厚礼，你就会很不好意思接受，这就是你的想法吧？

4. 我很清楚，你一直都是我们的挚友，你如此竭力争取，让我感激不尽。非常抱歉给你带来了这么大的麻烦。

前海军致总统　　　　　　　　　　　　　1940年8月27日

1. 你们想获得的设备，洛西恩侯爵已在电报中说了个大概。我方的海军、空军专家站在你们的立场上研究了一下，最后得出的结论跟你们的结论没有太大出入，他们另外指出，可以把安提瓜用作飞艇基地。我们很愿意把安提瓜交由你们使用。让美国在大西洋海岸的安全得到"百分百"保障，这就是我们确定的方针，你可能还有印象，"百分百"这样的话出自何人之口。①

2. 参照这一纲领，我们准备马上提一个积极的意见给你。我们本应在第一时间开始协商相关的细节问题，但双方若有不同意见，我们不想用仲裁方式来解决，原因我在上一封电报里已经说了：我方是赠予的一方，我们务必要以赠予的设备总范畴作为依据，保留对礼物的最终决定权，且从头到尾坚持让美国的期望获得最大限度的满足。

---

① 这是威尔逊总统在1917年说的。——原注

3.我对洛西恩侯爵写给国务卿的两封信没有半点异议。我们不允许将第二封信发布出来,只有一个原因:我觉得,德国政府的舰队未来更有可能选择投诚,或是让整支舰队或剩余力量沉水,自行了断。他们曾做过这样的事,这你是知道的。你应该有印象,几个月前,我曾在给你的私人电报里提及,我们所有人都认为,只有懦弱的人才会做这样的事。

4.得到我们的设备后,你若觉得先前提及的"工具"①或是别的适宜的东西,可以送来给我们,那这件事就能被视为对我们竭尽所能维护美国安全的认可,而非对我们的弥补或是援助。

5.总统先生,这件事近日变得更紧急了,墨索里尼开始对希腊蠢蠢欲动。若我们在处理这件事时能把目光放长远,并怀有高尚的善心,那我们还来得及让这个历史悠久的小国家免受敌军的入侵与征服。哪怕是之后的两天两夜,都是相当关键的。

首相致伊斯梅将军　　　　　　　　　　1940年8月27日

要是想以我们的名义对外公开洛西恩侯爵转述的罗斯福总统提出的要求,一定要使用第一人称。举个例子:"英王政府向美国总统提出以下草拟建议:'满怀友情与善心,我们预备马上跟你方代表会面,探讨如何将以下岛屿中可发挥作用的海军和空军基地出租给你们。'"诸如此类,不一而足。

请以此为参照,草拟一份文件给我,让我可以口头发一份电报。文件一定要在今天上午送过来。

我在随后发出了这样一份电报:

英王政府向美国总统提出的草拟建议如下:

---

① 这同样出自威尔逊总统之口。——原注

满怀友情与善心，我们预备马上跟你方代表会面，针对在以下地区租赁海军、空军基地，为期九十九年的问题，跟你们展开协商。这些地区包括：纽芬兰、安提瓜、百慕大、圣卢西亚、巴哈马群岛、特立尼达、牙买加、英属圭亚那。

以后我们再商议具体细节……

我提议发布时附上下面这封电报——为让我做出他希望我做出的承诺，美国总统特意发了这封电报给我。

据说，1940年6月4日，英国首相正式告知议会，英国舰队在此次英国与英国殖民地共同参与的战争中，若无法保住英国三个岛屿附近的水域，便将赶赴海外，为英国其余地区的安危作战，绝对不会投诚或是自行沉船了断。

以上公告是否说明了英国政府的既定政策，美国政府严肃地寻求解答。

总统向我发出了这样的电报，我给他如下回复，该回复我跟他事先都没有异议。

我在1940年6月4日对议会宣布，英国舰队绝对不会投诚或是自行沉船了断，总统先生问这是不是"说明了英国政府的既定政策"。答案自然是肯定的。但在我看来，这种假想的意外不会发生在英国舰队身上，而更有可能发生在德国舰队或是其舰队剩余力量身上。

所有问题就这样轻松地解决了，我在9月5日正式向下院宣布此事，用词十分严谨，得到了他们的默许，更准确的说法是一致认可：

上一回，我在议会发表演讲，已经预测到将会有一件大事在英国和美国之间发生，这件事眼下已经解决了。这件事的解决，英国和美国大部分民众都觉得很满意，我们在世界各地的友人也因此受到激励，这是我的看法。不要尝试深究两国政府的意见往来，挖掘表面意思以外的东西。我们之间的交换，完全是两个友好国在互帮互助，其精神基础是信任、同情以及善意。这些互助举措组合起来，形成了正式的合同。在了解其含义时，务必完全依照这些举措本身的意义。有些人觉得美国给英国驱逐舰，最低限度是对国际法的违背，或最低限度对美国的非交战国地位造成了影响，这些人都相当愚蠢。

　　此次驱逐舰的转让，希特勒先生肯定会很不高兴，只要有机会，他肯定会报复美国，因此眼见美国的海军、陆军、空军前线沿着宽广的弧线一直延伸至大西洋，让他们在本国数百英里之外的地方都能抵御危险，让我深感欣慰。海军部也一度跟我们说，为了确保船舰不足的这一阶段不会出问题，他们急切想得到那五十艘驱逐舰。先前在本院我曾说过，这个船舰不足的阶段是免不了的，直到我们战争规划中那大批量的新船舰投入使用。

　　明年，我们在海上的实力会远超过现在，这一点相信议会已经了解，现在我们的实力要应付眼前的任务也绰绰有余。我们要将美国驱逐舰整编到我们的现役舰队中，不要有半分拖延；英国海军这时候已经等在各个移交港口了。你们不妨用有所准备的巧合来形容这一情况。对于此事，我能说的都说了。眼下这种时刻，根本不适宜在言辞方面玩什么花样，不过，我想忠告议会，还请大家不要阻止我：若你已得到了你想要的东西，就不用再刨根究底，听之任之就好。

　　美国的五十艘驱逐舰，就这样送到了我们手上。我们准许美国租赁西印度群岛，以及纽芬兰确定的海军和空军基地九十九年。我在随后再度向总统承诺，英国舰队绝对不会自行沉船或是投诚。这些在我眼中是地位平等的给予与接收行为，而之所以会有这样的善举，不是出于物质利益的考虑，而是因为其发挥的功效。总统认为，要降低国会批准的难度，有必要将它们综合成整体，提交给国会。我们两国都觉得很满意，相互之间没有分歧。在欧洲，这件事产生了极为深远的影响。

第六章　埃及和中东

1940年6—8月

墨索里尼打算入侵埃及——我们同时为本土和埃及担忧——北非的意大利军队——调集军队到埃及边界——珠链——我方掩护军队占据主动地位——我对兵力分散提出指责——肯尼亚作战前线——巴勒斯坦——地中海上的近路——只能从好望角绕行运送坦克——计划从海上截断意大利沿海马路——内阁中东委员会——韦维尔将军返回本土协商——与他之间的讨论既庄重又紧张——8月16日发布的指令——尼罗河兵团的汇集——兵团的战略方针——索马里发生的插曲——一场让人烦恼的失败——意大利派兵支援阿尔巴尼亚——我将总体局势告知澳大利亚与新西兰总理

墨索里尼看到法国从战争中退出，英国又在本国领土上与敌人展开殊死搏斗，可能会因此产生一种美好的预感：他很快就能掌控地中海，重建古罗马帝国了。他为入侵埃及，组织了一支大型军队，现在他可以再度扩充这支军队了，因为他已经不用去对抗突尼斯那些法国人了。世界各地的人都在关注进攻英国的德军集合情况，德国与英国抢夺制空权战争的发展态势，以及英国本土的命运走向。而我们最关注的也是这些。很多国家都觉得我们在苟延残喘。朋友们在对我们的冷静与坚持表示敬佩的同时，觉得我们并没有牢固的基石，去维持这种冷静与坚持。在这样的情况下，战时内阁还是决定，为抵挡一切入侵埃及的敌军，从本土的关键战争中抽调出所有可抽调的力量。海军部说，局势更加恶劣，空袭的威胁让军事运输船队都无法从地中海经过。全部船舰只能从好望角绕行。这很可能造成这样一种结果：既帮不到埃及战争，又损伤了不列颠之战。那段时期，所有相关人员都十分冷静、欢快，但一切结束后，他们再回顾这段经历时却深觉恐惧，这可真是匪夷所思。

＊　　＊　　＊

1940年6月10日，意大利宣布开战，英国情报机关估测意大利在埃塞俄比亚、厄立特里亚、索马里派驻军队之余，还在北非沿海各个省份派驻了二十一万五千大军，现在我们已经知道我们估测对了。这批大军的分布情况是这样的：有六支正规师、两支民兵师分布在的黎波里塔尼亚，两支正规师、两支民兵师分布在昔兰尼加，另外还有边防军，规模等同于三个师，全部加起来是十五个师。英国在埃及约有五万兵力，包括第七装甲师、三分之二的第四印度师、三分之一的新西兰师、十四支英国营、两支皇家炮兵团（还没有编进更高一级的单位）。我们只能从这些军队中抽调人手，防御西部边境，保护埃及，所以在战场上，我们的兵力远不及意大利，而在飞机的数量方面，我们同样跟意大利有巨大的差距。

意大利七八月份在很多地区积极开展行动，造成的威胁从卡萨拉延伸至西部的喀土穆。肯尼亚人生怕意大利远征军从埃塞俄比亚出发，向南朝塔纳河、内罗毕方向挺进四百英里，因此举国忧心忡忡。意大利军队大规模开进英属索马里，可是显而易见，意大利正准备对埃及发动最大规模的进攻，跟这个比起来，其余一切担忧都显得微不足道。墨索里尼前段时间接连调集军队到东边的埃及去。战争开始之前，他就沿着海岸，以的黎波里的重要基地为起点，经的黎波里塔尼亚、昔兰尼加，最终到埃及边境，修建了一条宽广的马路。这条马路上的军事运输几个月来一直很繁忙。他还在班加西、德尔纳、托布鲁克、拜尔迪耶、塞卢姆一步步建立了军火库，里面都装得满满当当。这条马路总长度超过了一千英里，好像一条珠链子，沿途全是意大利军营与供给站。

意大利悄悄在马路邻近埃及边境的那一头，逐渐集合、布置了一支总人数达七八万的大军，配有大批量的现代化装备。这支大军前边是埃及，他们闪闪发光的抢夺目标。后边是长长的公路，一直延伸到的黎波里；再往后就到了大海！这支大军经过很长的时间才慢慢汇聚起来，若它能击败一切想要阻拦它的军队，向东继续推进，就能迎来十分理想的未来。若它能占据三角洲的沃土，便不用再原路返回了，那可是相当长的一条路。但它若是不走运，只怕极少有人能活着回去。秋天到来时，野战军加上海岸上众多大型供给站里的意大利人，总数达到了最少三十万；纵然我们不阻挠他们，他们在向西撤时，也要花费数月时间，分批、零散地撤离。若他们在埃及边境战败，若前线溃败，若他们遭遇穷追猛打，那他们便只能战死沙场或沦为俘房，一个都逃不掉，可是这场战争中哪一方更占优势，在1940年7月还是个未知数。

马特鲁港的兵站基地，是当时我们在最前线的防守据点。从那儿到西面的迪巴拉尼，中间有条很不错的马路，可惜没有一条通往塞卢姆的马路，能让我们在很长的一段时间内，持续向边境派驻大军。我们用正规军中的部分精锐之师，第七骑兵团（配有轻坦克）、第十一轻骑兵团（配有装甲车）、第六十来复枪旅的两个汽车营和一支来复枪旅、两个皇家摩托化骑炮兵团，共同组成了一支机械掩护小队。他们已收到命令，在开战的第一时间向意大利在边境上设立的前哨据点发起进攻，为此，第十一轻骑兵团在一天一夜间就穿越了边境，向那些还未听说开战的意大利军队发起突袭,抓住了一些战俘。他们在6月12日，也就是第二天晚上再度取得胜利；他们和第七骑兵团、第六十来复枪旅的一支连，在6月14日占据了卡普措、马达莱纳边境上的碉堡，另外俘虏了一百二十名意大利军人。他们在16日再度深入敌军内部，毁掉敌方坦克十二辆，在托布鲁克－拜尔迪耶马路上阻截了一支运输队，还抓获了一位将军。

我方军队自觉在这场小规模的激烈战役中占据了优势地位，并且没过多久，他们就发觉他们将会变成沙漠的主人。他们像进入了一个没有人烟的所在，可以随心所欲到任何地方，并在激烈的交战中得到了大量战利品，直到他们碰到敌方大军或是防御据点。情况在两方大军碰面时发生了天翻地覆的转变，我方只掌控了当下占据或是休息的一点区域，其余区域全在对方掌控之中。在波尔战争中，我也有过相似的经历，波尔人在那里可以随心所欲去任何地方，我们却只能在军营和宿营地火力网之内的一点点区域活动。

敌军在这段时期，从西面调集了越来越多的军队，7月中旬，借助两个师和另外两个师的部分力量，他们重新建立了边境线。8月伊始，第七装甲师的援助部队，包括第三科尔德斯特里姆警卫队、第六十来复枪旅第一团、第二来复枪旅、第十一轻骑兵团、第六皇家坦克营的一支分队、皇家骑炮兵的两支机械化炮兵中队——其中之一配有反坦克炮，他们共同替代了我们的掩护军。在漫长的六十英里战线上，这支小部队继续同敌军作战，获得的战果不断增加。意大利在战争刚开始的三个月对外公开的伤亡人数，差不多有三千五百人，包括被我们俘虏的七百人，我方却只伤亡了一百五十多人。于是，我方在意大利对英国开战之初，就占据了优势地位。

* * *

要在马特鲁港的关隘阵地周围，等意军过来进攻我们，以韦维尔将军为代表的中东司令部这样提议。在我们的能力足以集合一个团之前，除了这以外，好像没有别的行得通的法子。据此，我列出了这样几项任务：首先，调集所有可能调集的军队，跟意大利入侵者对抗。我们需要在其余很多方面承担风险，才能完成这项任务。我们的军队竟然允许分散力量，真是可惜。在喀土穆、青尼罗河加派更多的军队，以防备已被意军占领的埃塞俄比亚边境，这是理所应当的，可是把包括南非联邦旅和两支西非精锐旅在内的两万五千军队放在肯尼亚无所事事，却是出于什么考虑呢？我曾在1907年底，到塔纳河北面的一些地区旅游。那里是一片旷野，景色优美，却没有充足的事物。真滑稽，居然有人会觉得意大利会准备派出一万五千至两万名远征军，带着大炮和现代武器装备奔波四五百英里，到内罗毕去。肯尼亚前线后方就是乌干达的宽轨铁路，我们已掌控了大海，还能借助海路和铁路运送军队，十分方便，而敌军所能借助的只有陆路，跟我们有天渊之别。为了有效利用我方占据的交通优势，我们在跟意大利远征军队交战时，要尽可能接近内罗毕与宽轨铁路。所以，此处对大批军队的需求并不强。倒是埃及三角洲，对这些军队的需求更迫切。在所有地区都设立防线，这种观点很不清晰，在与此进行了长时间激烈对抗后，我的建议才部分被采纳。

我曾绞尽脑汁从新加坡调集兵力，当时已有澳大利亚的师进驻新加坡，我将他们先调集到印度，在那里接受完训练后，再调到西非的沙漠。巴勒斯坦跟这不一样。在巴勒斯坦各地，分散着我们的很多精锐之师，包括一支澳大利亚师、一支新西兰旅、我们英国优秀的义勇骑兵师，这些军队全部配有装甲车，部分还没配的，也很快会配上；另外还有骑马的近卫骑兵，他们热切盼望能配备现代武器装备；最后还有很多行政工作人员。特拉维夫的犹太人若有合用的武器，必会跟所有侵略者战斗到底，我准备向他们发放武器，结果遭到了各种类型的阻挠。抵抗脆弱的意军和来自空中的巨大威胁，让地中海航行顺畅，以确保马耳他岛百分百安全，这是我心心念念的第二件事。我认为，没有什么事比让军事运输船队，尤其是坦克、大炮的运输船队可以不用绕道好望角，直接从地中海通行更重要了。只要能实现这个目标，哪怕要承担巨大的风险，都是值得的。英国向埃及输出一个师，需要兜个大圈子，取道好望角，耗费整整三个月的宝贵时间，这是多大的浪费，再者我们也没有多少个师。此外，我们本土的岛屿也面临着被侵略的危险。我们到底能为保卫中东调集多少军队？

*　　*　　*

1940年7月之后，我对中东的形势越来越担忧，这点在我的电报和备忘录中都有所表现。我始终记挂着海岸线上那条漫长的公路。有好几次，我都想派出武装轻便、战斗力强的军队，通过海路登上陆地，截断这条路。可惜当时我们还没有合用的坦克登陆艇，这是自然的。不过我们应该可以研制出一种工具，支持此次行动。有种做法会对我们很有帮助，那就是在大战期间采取行动，让敌军不得不将前线的部分军队派到别处去。

首相致伊斯梅将军　　　　　　　　　　　　1940年7月10日
　　请向参谋长委员会提交以下事务：
　　从利比亚调集大批军队赶往埃及边境，截断敌军的沿海马路——他们的各类供给大多都靠这条马路运送，此事是否已有规划？若只是空袭或者从海上轰炸，并不足以实现这一目标。但若我们派出几支优秀的旅，占领敌军交通线上的数座城镇或是别的合适的据点，再借助海军的力量，就能在长时间内干扰敌军。他们为应对我们，便需调集大量兵力，我们等他们过来后马上离开，转而进攻别的地方。这种行动要生效，前提必须是大多数敌军已过了截断点，这是自然的。敌军或许可以借助沙漠，方便地运送供给。但这是不是真的，我很怀疑，若是真的，他们倾尽所有建造这条漫长的马路，又是出于什么考虑呢？

直到现在我也没弄清楚，为什么没能制订一个合适的计划。我方在中东或是突尼斯的军队领导，实际上从未被劝说做出这样的尝试。然而，巴顿将军在1943年攻克西西里的战争中，却曾做过几次类似的尝试，并取得了成功，成效显著。而我直到1944年，才在安齐奥尝试了一次。这次的规模自然要大很多；我方成功登陆，但我方期望实现的关键成效却并未出现。那是另外一个问题了。

* * *

那些拥有丰富战争经验、密切关注中东战局的大臣，若能积极对这一战局发表意见就好了。

首相致爱德华·布里奇斯爵士　　　　　　　　1940年7月10日
　　我认为，最佳举措是让陆军大臣〔艾登先生〕、印度事务大臣〔埃默里先生〕、殖民地事务大臣〔劳埃德勋爵〕共同组建一个大臣级别的小型常设委员会，一起对中东战争的指挥工作展开商讨（此事与三人都关系重大），然后将国防大臣理应提交给内阁的提议汇报给我。请安排好这件事。陆军大臣已表示，愿意出任主席一职。

艾登先生将中东兵力、武器、物资不足的状况上报该委员会，帝国参谋总长也满心惴惴。委员会督促将已驻扎到埃及、力量却远未达到标准的装甲师全面武装起来，另外，只要国内的军队可以调动了，就将第二支装甲师派驻过去，越早越好。对于这个结论，参谋长委员会没有异议，帝国总参谋长的意见是，调动军队务必选在国内危机越来越轻微，国外危机越来越严重的时候。7月31日，艾登先生指出，在未来几周内，我方可从国内调动一些坦克，要将这些坦克及其余装备在9月末送抵中东，只能从地中海通行。在德国入侵我国的形势越来越严峻的情况下，这个提议我依然百分百认可，不仅如此，这个相当令人为难的选择，我曾向内阁提出过好多次了。

中东其余领域的事务，我同样很关心。

首相致伊斯梅将军　　　　　　　　　　　　1940 年 7 月 23 日

南非联邦旅总数为一万人，这些人在什么地方？为什么中东的战场上没有他们的身影？我们在今天达成一致意见：再度向南非空军提供支援，包括"旋风"式飞机及其余新型飞机。大家在中东战争中配合得怎么样了？不久前，我下令组建了大臣级别的中东委员会，他们做了哪些事？既然现在我们已准备在地中海地区发动大型海战，那么利用各类方式推动、配合攻击埃塞俄比亚阵地的意大利人，就变得更有必要了。我想在周四早上思考这件事，届时请一定将描绘当地情势的报告送到我手上。

我想针对利比亚沙漠急需解决的重要问题，跟韦维尔将军展开商讨，时间越快越好。这名军官如此优秀，肩负着如此重要的职责，我却从来没跟他见过面，我请陆军大臣一找到合适的机会，便安排他回国待一周，跟我们议事。8 月 8 日，他回来了，跟参谋人员翻来覆去地商讨，又跟我和艾登先生聊了好几次，每次持续时间都很长。当时，中东司令部的工作中夹杂了很多成分相当复杂的问题，涉及军事、政治、外交、行政等多方面，这一点很不同寻常。在超过一年的时间内，我跟同僚们历尽曲折，终于意识到只有分清楚总司令、国务大臣、殖民地行政长官这三人在中东的职责，供给问题才能得到解决。物资的享有和支配大权，现在归韦维尔将军掌控，尽管我对此存有一定异议，但依旧觉得让他来掌控这项大权是最佳选择。他的美德让我景仰，另外，我也很感动，大伙儿那么信任他。

这几次商讨有口头形式也有文字形式，但都很郑重。我将自己的意见用文字记录下来，这是我的习惯。

首相致伊斯梅将军转呈韦维尔将军　　　　　1940 年 8 月 10 日

　　你向我详尽描绘了埃及与索马里的局势，对此我满怀谢意。我们还要讨论一下肯尼亚和埃塞俄比亚的局势。你在肯尼亚拥有一支实力相当强大的部队，我先前曾谈及过，其中包括：联邦旅，其成员都是南非白人，共计六千人，如果说现在仅有一支适合在空旷的田野上战斗的精锐之师，应该就是他们；还有东非移民军队，总数必定在两千人以上，他们对当地的自然环境已百分百适应；还有两支西非旅，共计六千人，从西海岸运送他们过去时，克服了很多难关；除此之外，最少还有两支隶属于英国国王的非洲来复枪旅；全部加起来，最少也有两万人。亚历山大或苏伊士运河的战争，将决定中东的命运及其余很多事情的结局，在这样的时刻，为什么要让这些军队待在肯尼亚无所事事，白白浪费那么多时间，眼看着意军从埃塞俄比亚出发，克服路上的种种难关，南下入侵，或是眼看着我方军队同样克服路上的种种难关，前去攻击埃塞俄比亚？

　　当地的实际情况如何，我自然不清楚，然而，我觉得恰如其分的安排是将东非移民军队与国王的非洲来复枪旅派驻到肯尼亚去，让意大利不能顺利南下入侵。从头到尾，我们都能出其不意并及时地派出援军，毕竟相较于意大利人从陆路运送军队，我们走海路要方便很多。南非联邦旅和两支西非旅经过这样的安排，便能马上被派驻到埃及三角洲去，如此一来，在关键战场上的危急时刻，你就能得到相当珍贵的支援。制海权不就是帮我们运送军队在不同的战场之间来回穿梭吗？南非联邦旅的此次调兵肯定能得到史末资将军的批准，我有信心能说服他。时间紧迫，也许你可以在明天晚上告诉我你对这件事的看法。

首相致伊斯梅将军转呈韦维尔将军　　　　　1940 年 8 月 12 日

　　1. 让南非联邦旅和西非旅待在肯尼亚的安排，让我相当不满。

这种安排会导致这些军队在现在对埃及、喀土穆、索马里的紧急进攻中，变成无用之师。让大量军队在别的地方正展开殊死搏斗时无所事事，此举无论在何时都会被视作军事部署中最严重的缺陷。听说南非联邦旅不能参与战争，因为他们从未接受过训练，我不会接纳这样的结论，除非有新的证据证实。纳塔尔卡宾枪队在战争开始之前，接受了远比英国本土防卫队更严格的训练，并且他们的成立好像是在宣战之后。说南非联邦旅整体比不上英国本土防卫队的理由是什么，我不明白。不管怎么说，他们的实力足以对抗意大利人。二者组织和训练的详尽资料，我已开始搜寻。

2. 在我看来，巴勒斯坦的大量军队并未得到恰如其分的利用。观察当前的局势，最重要的是让殖民地的犹太人获得武器装备，使其自身力量强大到足以抵御敌军，这样一来，到了关键时刻，英国只需派出极少的军队，就能在短时间内抵御巴勒斯坦各地遭遇的进攻。我们应该提议，马上将包括义勇骑兵师在内的大多数驻军抽调出来参战。截止到现在，澳大利亚与新西兰的军队已经在巴勒斯坦接受了最少半年的训练，为什么派到埃及参战的只有一支旅？在那边，他们有多少人，训练得怎么样了？为了把他们从澳大利亚运送到巴勒斯坦，我们动用了很多资金，他们是首批被选中到欧洲参战的勇士。他们中的很多人一早就接受过军事训练，战争开始后，他们又接受了近一年的训练。若这支关键部队只能派出一支旅参与这场事关埃及存亡的战争，全因我们对他们做出了不合理的安排，那可真是奇耻大辱！

3. 借助苏丹港口，可将两支西非旅运送到喀土穆，这一点毋庸置疑。将各个地区的土著军队整合在一起，可以让他们监视彼此不要违反纪律，堪称明智之举。为了让印度的师抵达以后，能在第一时间到埃及或是索马里参战，应该马上派这两支旅赶赴苏丹。若这两支旅只是用来驻守肯尼亚的，那将其调离西非又是什么原因，我不明白。

4.请统计一下肯尼亚当地有多少白人移民已到了服兵役的年纪，并告知我。我们是不是觉得，他们尚未为保卫当地领土成立任何地方军队？若果真如此，就应尽快让他们了解自己所处的境况。现在能允许驻守肯尼亚的，只有那些移民和英国国王的非洲来复枪旅。我们任由本土陷入危险与艰难之中，以支援埃及，在这危难关头，我们怎能允许不对当地军队做出最大限度的利用？

5.请向我汇报两支驻守在埃及三角洲的英国师的详细状况。在那里，思考问题不能以师的数量作为唯一依据，也不能让这些正规的精锐部队闲置，以他们的装备还不充足为借口。

6.我们需要对这样一种说法展开深入探究：敌军的装甲部队与装甲车可以像在沿海公路上一样，在沙漠中自由行走。这里所说的或许是装有履带的车，但沙漠质地疏松，又有很多岩石，若一定要这种车在其中长时间行驶，对车本身的损害肯定很大。总之，车在沙漠中很难行驶，除非为其安装上沙漠专用的宽型特殊印度橡胶轮胎。意军的车有没有安装这个，安装到何种程度？

7.你打算怎样让我方用不到的水井或是水源长时间"受污染"？有没有预备好足够的延时爆炸引信，以便在将要弃置的马路上铺设地雷？一定要用首艘开赴埃及的船只运送延时最长的引信，其最少能延时十四天（我期待着能比这时间更长）。要毁掉我们弃置的柏油马路的沥青路表，是不是能选用重石油的化学反应或是别的方式，请研究一下。

8.请将中东全部军队详尽而准确的报告送过来给我，波兰、法国已抵达那里的军队及其志愿军也包括在内。

希望能在今天晚上就上述问题展开讨论。

* * *

8月10日，参谋人员商讨过后，在艾登的强烈支持下，迪尔给我写了封信，说陆军部正准备将下面这些军队马上派驻到埃及：一支巡逻坦克营（配有五十二俩坦克）、一个轻坦克团（配有五十二辆坦克）、一支步兵坦克营（配有五十辆坦克），另有反坦克炮四十八门、轻型双筒自动高射炮二十门、能发射二十五磅炮弹的野战炮四十八门、轻机枪五百挺、反坦克来复枪两百五十支，还有相应的弹药。全部装上船后，马上启程。是兜个大圈子走好望角还是涉险走地中海，这是唯一不确定的问题。我竭尽所能想要说服海军部走地中海（下一章会有描述）。我们讨论了很多次。就在同一时间，内阁准许装甲部队上船、出发，等船队接近直布罗陀海峡时，再最终决定其航线。我们在8月26日到来之前还有选择权，意军在各地的进攻有多急迫，到那时我们会有更明确的认识。不能再拖延下去了。这样的决定在我们振作起来应对事关生死的危机时，马上变得极端重要又切合时机了。所有人都表现得很果决。

* * *

最终由我草拟了以下指令，这是我们一起商量出来的结果，内阁和参谋长委员会见解相同，一点都没修改就批准了。

首相致陆军大臣、帝国总参谋长　　　　　1940年8月16日

给中东总司令的总指令

第一部分

1. 敌军可能在任意时间，从利比亚大规模进攻埃及，我们一定要有所准备。要竭尽全力，在西部边境和周围地带部署一支规模最大的军队。所有政治、行政方面的问题，在这个部署面前，都要恰如其分地服从。

2. 眼下，我们在敌军的逼迫下从索马里撤军，不过，从战略角度看，这会给我们带来方便。我们应把原先驻守在索马里或是即将调去索马里的军队，全都调到亚丁去，或是通过苏丹港口调到苏丹去，或是调到埃及去，视情况而定。

3. 保护苏丹要比保护肯尼亚重要。埃及、苏丹脱离危险后，我们自然能借助海路和铁路，在意大利任意一支大型远征军抵达塔纳河之前，及时给肯尼亚支援。相较于意军从埃塞俄比亚或是意属索马里调兵，我们支援肯尼亚肯定要更方便。

4. 所以应该马上将那两支西非旅或是那两支英国国王的非洲来复枪旅调到喀土穆去。我正在向史末资将军发布命令，为维护内部稳定，应将南非联邦旅全部或是大部调到苏伊士运河区及埃及三角洲去。要安排他们继续接受训练。我正向海军部下令，让他们把从印度洋、红海通行的可行性制成报告。

5. 现在有件很重要的事，就是要增强我国驻守亚丁的空军的力量，因为在占据了英属索马里后，意军很有可能会加紧空袭红海。

6. 眼下，正在巴勒斯坦候命的一支正规军旅和一支澳大利亚旅应该马上赶赴埃及三角洲，扫除巴勒斯坦的所有交通障碍，方便其余后备军的调集，等他们装备完毕后，立即就能负责战地勤务，或者等他们组织妥当，可以维持内部稳定后，调动工作就能随即展开。

7. 为了让苏伊士运河区的三个正规营成为三角洲野战集团军的总后备军，应将该区域的必要防御工作转交给三四个没有马的英国骑兵团负责。

8. 在这种情况下，其余驻守在巴勒斯坦的澳大利亚军队，共计六个营，在收到通知后，〔同样〕能在五天内赶赴三角洲，负责维持内部稳定，或是承担别的紧急任务。那支波兰旅和法国义勇军要是方便的话，也应该离开巴勒斯坦，奔赴三角洲，成为总后备军的一分子。

9. 那个印度师此刻要么在登船，要么已在中途，他们应该竭尽所能加快速度。因为其他地区急需这个师，所以他们应该马上赶赴苏伊士，加入三角洲集团军（其后改名为尼罗河集团军），唯一的例外是觉得要援助苏丹，那部分从索马里撤离、亚丁又用不上的军队和肯尼亚派过去的志愿军队已经足够。另外，要派出最少三个英国炮兵营马上从印度乘船赶赴苏伊士，虽然这些炮兵营是用马做运输工具。此举要用到的船，海军部会做出安排。

10. 9月15日到10月1日中间，以上调兵工作中的绝大多数都应宣告完成，届时三角洲集团军的组成将如下所示：

（1）英国在埃及的装甲部队。

（2）八个营，包括马特鲁港的四个英国营、亚历山大的两个营、开罗的两个营。

（3）三个从运河区过来的营。

（4）英国后备旅，来自巴勒斯坦，其中包括英国正规步兵营十四个。

（5）新西兰旅。

（6）澳大利亚旅，来自巴勒斯坦。

（7）波兰旅。

（8）部分联邦旅，来自东非。

（9）第四印度师，如今正在马特鲁港后方。

（10）新印度师，尚在运送途中。

（11）一万一千人的别动队，很快将抵达苏伊士。

（12）炮队（有大炮一百五十门），部分在中东，部分已经从印度出发过来。

（13）截止目前，能够参战的埃及部队。

11. 以上军队要整编成三十九个营，最后限期是10月1日之前，总人数是五万六千人，其中包括装甲部队，此外还有两百一十二门大炮。这里面不包含内部治安军队。

第二部分

12. 海军部从英国抽调了一支装甲旅，其中有三个坦克团，希望他们被运送到中东时，走的是地中海。若此路不可行，他们需绕道好望角，那希望他们能在10月份前两周抵达。其实我们迫切盼望这支军队能在9月份抵达，为此我们甘冒巨大的风险。

第三部分

对以上军队的战略安排：

13. 将马特鲁港从头到尾加固一遍，期间工作效率一定要达到最高。为统一军队，应该让三个英国营代替三个埃及营，负责扇形区域内的防御工作。一定要这么做，哪怕埃及政府准备撤掉三个英国营的大炮。要跟地中海舰队的总司令商量好，敌军在进攻三角洲途中经过马特鲁港时，我们能不能通过海路向马特鲁港提供支援，同时将敌军的交通线路截断。另外还有个不错的法子，就是进攻塞卢姆的交通线路或是稍微偏西的地区。

14. 务必要"污染"①马特鲁港和亚历山大防线中间的所有水源。这方面还有一项专业附件。该地区近海岸有些水井，千万不要尝试留下少量军队保护它们。应该让第四印度师撤退到亚历山大去，或者通过海路撤离，如果有这种需要的话。若要放弃从塞卢姆到马特鲁港的马路，特别是从马特鲁港到亚历山大的柏油马路，应使用延时地雷或是采用化学方法破坏路表的沥青，让马路无法继续使用。

15. 一定要预备（实际早该预备了）一道主防线，从亚历山大顺着耕地边缘地带及三角洲的灌溉水渠一路延伸过去，其防御

---

① 抱歉使用如此卑劣的词语，那段时期我们就是用这个词来取代"无法饮用"的。——原注

工作就交由三角洲各地的军团和经过合理布置的后备军队负责。这需要最坚不可摧的混凝土、沙袋、碉堡工事，而这些工事应该建筑在海岸与耕地、灌溉水渠干道中间。要在防线前方以最快速度铺设好管道。要阻挡各类坦克，最好用的屏障是三角洲，加固三角洲很简单，只要建造沙袋工事就行，这样便可以形成一条相当牢固、漫长的侧面保护线，守卫埃及和亚历山大防线。应对尼罗河水的泛滥加以利用，通过阿斯旺掌控水位，制造一条宽四五英里的浸水带。在浸水带中间或是后面，应该建造多处坚不可摧的据点，并配上大炮。

16. 做好这些准备后，三角洲集团军将恭候意大利前来进犯。意军会发动大规模进攻，这是可以预见的，除了水和汽油的供给，他们没有任何受限的地方，可是这仅有的限制已经很要命了。意军必然会派出实力雄厚的装甲部队到右侧去，围攻或是打退我方实力不足的部队，除非我们能抓紧时间从英国调集装甲部队前来支援。就算意军无法进攻我们，也可以对马特鲁港造成阻碍。可我们若能倾尽全力，加固三角洲主防线上的防守工事，同时坚定地抵御他们的进攻，他们的部队就会被迫分散，很难再得到充足的水、汽油、食物、弹药供给。我方可趁着分散后的敌军与我方激烈交战之际，从马特鲁港发起进攻，从海上炮轰，进攻塞卢姆乃至更往西的地区，毁坏敌军的交通线路，给他们沉重一击。

17. 对三角洲保卫战的部署如下：亚历山大和腹地之间的左翼部队负责防守，右翼部队出动，同时派出海军，对敌军的交通线路发起进攻。另外，期待〔我方活跃于〕马耳他岛的志愿军能够阻挡敌军不断从欧洲往非洲调集援军——可能是意大利援军，也可能是德国援军。

18. 若我们的时间充足，10月1日之前就能做完这所有事。如若不然，便只能尽力去做。一切接受过训练的军队或是正规军都要参与三角洲保卫战，无论其有没有完全做好准备。一切获得武器装备的白人、印度或其余国家的军队，一定要用来维护其内部稳定。在援助三角洲前线的战争中，务必要让埃及军队参与其中，如此一来，除了暴动的民众，埃及就没什么问题需要应对了。

请根据上面各项内容处理此事，跟我的详细商谈安排在8月16日下午4点30分。

带着这一指令，韦维尔将军在8月份的第三周返回了开罗。

* * *

那段时期，战事中出现了一个很小的插曲，但在当时的环境中相当惹人反感，我必须在这里描述一下。借助远在我方之上的兵力，意军将我们从索马里赶走了。我应该说一说这件事的经过。

在跟意大利交战的过程中，我方的方针是撤离索马里，这一方针一直持续到1939年12月。然而，帝国总参谋长艾恩赛德将军却在这个月发表声明，要将守住索马里当成我方的保底招数，同时柏培拉也不能失守。为守卫贯通丘陵的特格阿琴峡谷，我们打算建造防御工程。8月伊始，我们就召集起了一个英国营（"苏格兰高地人团"）、两个印度营、两个东非营、索马里骆驼队、一个非洲轻炮兵中队、反坦克炮与高射炮军队的小分队等。7月21日，韦维尔将军给陆军部发来电报，说还没开战就放弃索马里，会降低我方的威信，另外，日后反守为攻时，索马里会变成一个有用的据点也说不定。战争在他停留在伦敦这段时期爆发了，他便跟内阁中东委员会说，失去索马里不会影响我方的战争进程，却会损伤我方的威信。

意军于8月3日进入英属索马里，这些意军包括三个步兵营、十四个殖民地步兵营、两个山炮大队和数个支队——配有中型坦克、轻坦克及装甲车。这支大军8月10日开始进攻我们，刚刚走马上任的英国指挥官戈德温·奥斯汀将军于11日晚上抵达战场。他接到的指令是这样说的："阻挡意大利人穿过主阵地，是你要完成的任务。……如有需要，可以选择撤退。"战争在12日、13日继续，我方承受了敌方猛烈的炮轰，四个重要据点中的一个失守。戈德温·奥斯汀将军15日晚间做出了撤退的决定。他表示："我们要避免彻底失败，全军覆灭，只能这样选择。"这一决定得到了中东司令部的批准，在强大的后卫"苏格兰高地人团"的保护下，他们成功撤退。

此事让我很不满意，这是我们唯一输给意大利的一场战争，它将被记录在历史中。身处这一保护国中的英国军队与索马里军队利用自身的武器装备，做了最大程度的努力，且遵从了他们收到的指令，因此此次战败不会对他们造成任何损伤。意大利人全都欢欣鼓舞，墨索里尼欢喜不已，他觉得尼罗河平原肯定会成为他的囊中之物，韦维尔却觉得当地战况惨烈，以此帮当地司令官说话。

我想到我们将要一起完成的大业，便不再将我的看法强加给陆军部或是韦维尔将军了。

* * *

我方这一阶段的情报显示，阿尔巴尼亚的意军人数以极快的速度在增加，危及了希腊。而我们对集合了大批驳船的德国、荷兰河口和法国港口的轰炸，却不能减少，因为德国为侵略英国做的准备工作越来越多，越来越明显。我还没想好如何从本土调集轰炸机中队。不管怎么样，明智的做法就是要制订详细的规划。除了在空中，空军比其他军种都要笨拙，这真是匪夷所思。空军中队飞到目的地只需要几个小时，可是装备它要用到的设备、仓库、油、零件、修理车间，却需要数周乃至数月。

（当天就要开始行动）
首相致空军参谋长、伊斯梅将军　　　　　　　　1940年8月28日请提交一个方案给我,针对在计划派出的军队以外,再派出最少四支轰炸机中队前往埃及这件事。若在意大利的胁迫下,希腊不得不出战,那这几支中队就应该尽可能在方便作战的前提下,从希腊的前线据点启程,投身战争。可以在那里加油过后,再空袭意大利。空袭的好目标有很多,很容易打到的,比如意大利舰队。希腊出战后,相较于在没有防守的马耳他启程,在希腊启程更好。方案中只要简单介绍一下方法、难题、目标、时间表就好,篇幅要简短。方针将由内阁国防委员会确定,因此方案中不必涉及方针问题。竭尽所能制订最好的计划,并不意味着这一计划必然会被空军部或是别的什么人采纳,不过,计划中涉及的难题,必须要尽量解决。

* * *

本章最好用 8 月我给澳大利亚、新西兰总理发去的局势报告来结尾,该报告补足了 6 月 16 日我那封电报内容的缺失。

首相致澳大利亚、新西兰总理　　　　　　　1940 年 8 月 11 日

联合参谋部正就太平洋的局势起草相关文件,不过,我现在就想跟你简单探讨一下这一问题,我如此冒昧,还请原谅。在那些可能会造成我们与日本军方关系破裂的事件上,我们一直退让;而在那些后果不这么严重的事件上,我们又有自己的立场,例如〔日本人〕抓人的问题。通过这样的方式,我们尽全力避免跟日本开战。日本应该不会对英国开战,除非德国成功入侵英国,这是我的看法。在我看来,若是日本见到德国被击败或是没有勇气侵略英国,那就预示着太平洋战场的局势会出现转机。面对日本的胁迫,我们抑制住心中的愤怒,选择让步,这时候你们的利益、安全都是我们顾及的对象。

若是日本非要跟我们开战不可，那荷属东印度群岛应该会成为他们在黄海之外的首个进攻对象。日本这么做会惹得美国很不高兴，这是显而易见的。我们无法预测美国会如何应对，他们尚未表示会援助我们。不过，日本海军部必定会因美国在太平洋上的主力舰队感到忧心忡忡。英日战争爆发后的初始阶段，我们要保住新加坡，这是自然的，它若遭到进攻——这种情况好像不会发生——应当在敌军的长时间包围中坚持下来。自然，我们还要往锡兰调一艘战列舰、一艘快速航空母舰，日后，澳大利亚、新西兰全部的巡洋舰、驱逐舰都会返回你那边，这些加起来便能对敌军的巡洋舰造成巨大威胁。

为增强东地中海舰队的力量，我们会分配给他们更多一级战舰。当然，该舰队可在任意时间接受调动，通过苏伊士运河进入印度洋，或是为新加坡提供援助。可我们不想这么做，哪怕日本真向我们开战；我们这么做的唯一理由是，你们的安全受到巨大威胁。这么做就等于将中东地区拱手让给了敌军，同时将我们在地中海战胜意大利的可能性降为零。用不了多久，埃及就将遭遇猛攻，要想退敌，只能依靠东地中海舰队的帮助，这种预感我们一定要有。敌军的此次进攻若能取得成功，就会逼得我们的东地中海舰队从苏伊士运河或是直布罗陀海峡撤出地中海。若这两种情况出现，我们就能派出大半舰队去保护你们。可是我们期待着能在埃及停留下去，让东地中海舰队可以在英日战争（若此战真会爆发）之初，继续驻守在亚历山大。以后会出现什么样的情况，没有人能预料得到，我们唯一能做的就是在今天预测明天的变化，将我们现在拥有的人手和物力利用到极致。

日本宣布开战后，会不会派出大军对澳大利亚或是新西兰发起进攻，这是我们最后的问题。我们的看法是应该不会，首先，现在日本正陷在对中国的战争中无法自拔；其次，日本想在荷属东印度群岛敛财；再次，若让本国的主力舰队到遥远的南面去，美国舰队就会将这支舰队和日本本国分隔开,日本不会冒险这样做。若日本非要这样鲁莽,弃自身利益于不顾,向澳大利亚和新西兰发起大规模进攻,那我可以向你们承诺,我们会放弃地中海的所有利益,完全不考虑这会给我们带来多大损失,在只确保英伦三岛(这是我们所拥有的一切的基石)的防守与供给的前提下,适时派出一支舰队援助你们,该舰队能使所有闯进澳大利亚海域的日本船舰受创,拦截住所有入侵军队,或是必定能将侵略军和日本本土间的交通路线截断,我的这一承诺是内阁明确委托我做的。

我们终究不愿看到事情发展到这一步。要在现在这种凶险的局势中自保,还有一种方法也许会有效,就是跟日本人拖延时间。相较于5月份我给你们打电报时,英国国内的实力大大增强。我们拥有了一支规模相当大的军队,正在武装。海岸线的防御也已加强。我们用英国的正规军和澳大利亚、新西兰、加拿大的分遣队,共同组成了一支机动后备部队,实力雄厚。另外,为了从正面给所有成功登陆的敌方军队以沉重打击,我们还有一些装甲师、装甲旅随时候命。美国支援了我们很多武器,差不多有大炮一千门,来复枪六十万支,还有足够的弹药,这些我们都已运回来了。我们的部队越来越强,武器和弹药越来越多,因为我们已不必再肩负保护法国的重任了。另外,我们还拥有国民自卫军,共计一百五十万人,有不少是退伍军人,大部分人都拥有来复枪或是其余类型的武器。

皇家空军有一项长处,就是个人技术比敌军更优秀,他们会在交战中继续展现这一长处,我相当期待他们赢得胜利,这一点在我6月16日发给你们的电报里已经提过了。昨天,英吉利海峡发生了一场大规模空战,结果证实我们可以打败人数是我们三倍的敌军,不仅如此,我们每损失一架飞机,就能换来敌军损失三架半。在研制最先进的飞机这件事上,比弗布鲁克勋爵又有了令人惊叹的新成果。相较于上回我给你们发电报时,我们现在的战斗机、轰炸机实力差不多增长了一倍，另外我们还拥有了大量作为后备的飞机。无论是从数量还是从质量方面来说，我都相信我们的空军能够抵挡德国空军的进攻。

海军的实力同样在逐月增强，宣战时，我们订了大量船舰，如今已开始验收。超过五百艘船舰——有大有小，很多重要的船舰也包含在内——将在1940年6月到12月间编进我们的舰队。德国海军的实力降到了历史最弱。受损的"沙恩霍斯特"号与"格奈森诺"号都留在了船坞，"俾斯麦"号尚未开始试航，而要再等三个月"提尔皮茨"号方能制造成功。两周以内是关键时期，过了这两周，敌军就错失了登陆的最佳时机，可这种时刻，敌军手上却只有一艘袖珍战舰、两艘"希佩尔"号——配有八英寸口径的大炮、两艘轻巡洋舰，可能还有二十多艘驱逐舰。敌军只能想办法运送大批军队过来，否则不可能成功登陆，可在护航基本缺失的前提下，他们根本不可能在我方的海军和空军眼皮底下运送大批军队过海，他们势必会被我方海岸上实力雄厚的军队攻击，而更难解决的是这支大军登陆后的武器弹药和粮食供给问题。另外，在天气骤变之前的这段时间，若希特勒未能成功登陆，攻占不列颠，那就表示他遭遇了首次失败，他有可能会因此走向毁灭。

鉴于此，我们相当镇定，越来越有自信，坚信我们能在保卫自身的战争中取胜，接下来的一两年，我们会成功熬过去，最终获胜。

第七章　从地中海通行

新局势——法国撤兵，意大利进击——海军上将坎宁安身在亚历山大——在靠近卡拉布里亚处打赢了一场海战——海军的担子越来越重——从地中海通行有太多顾忌——7月12日我的备忘录以及第一海务大臣的回复——7月15日我的备忘录——海军上将坎宁安对从地中海运送支援的见解——7月23日第一海务大臣的备忘录——"帽子"计划——为从地中海运输坦克，我想尽办法——8月13日我的备忘录——海军部没有被我说动——实施"帽子"计划——冒险行动取得成功——9月8日我致电海军上将坎宁安——为支援马耳他空中防御历尽艰辛——海军上将萨默维尔的远途运输——开通塔科拉迪运输路线，目的地埃及——逐渐累积，由少变多——马耳他的地位始终是最重要的

　　地中海在法国溃败前，由英国舰队、法国舰队共同掌控。为守卫直布罗陀，我们在那里派驻了一支小型舰队，配有巡洋舰和驱逐舰。我们在东地中海用亚历山大港口作为基地，安置了地中海舰队。我们在当年年初增强了该舰队的实力，其总共拥有四艘战列舰、七艘巡洋舰、二十二艘驱逐舰、一艘航空母舰、十二艘潜艇，而我们之所以这样，是因为当时意大利变得十分强势。法国的地中海舰队有五艘主力舰、一艘航空母舰、十四艘巡洋舰，还有不少小舰。如今法国从地中海退出，来了意大利。意大利舰队拥有大量船舰，其中有六艘战列舰，两艘的式样是最新的（"利特里奥"号），配有十五英寸口径大炮，式

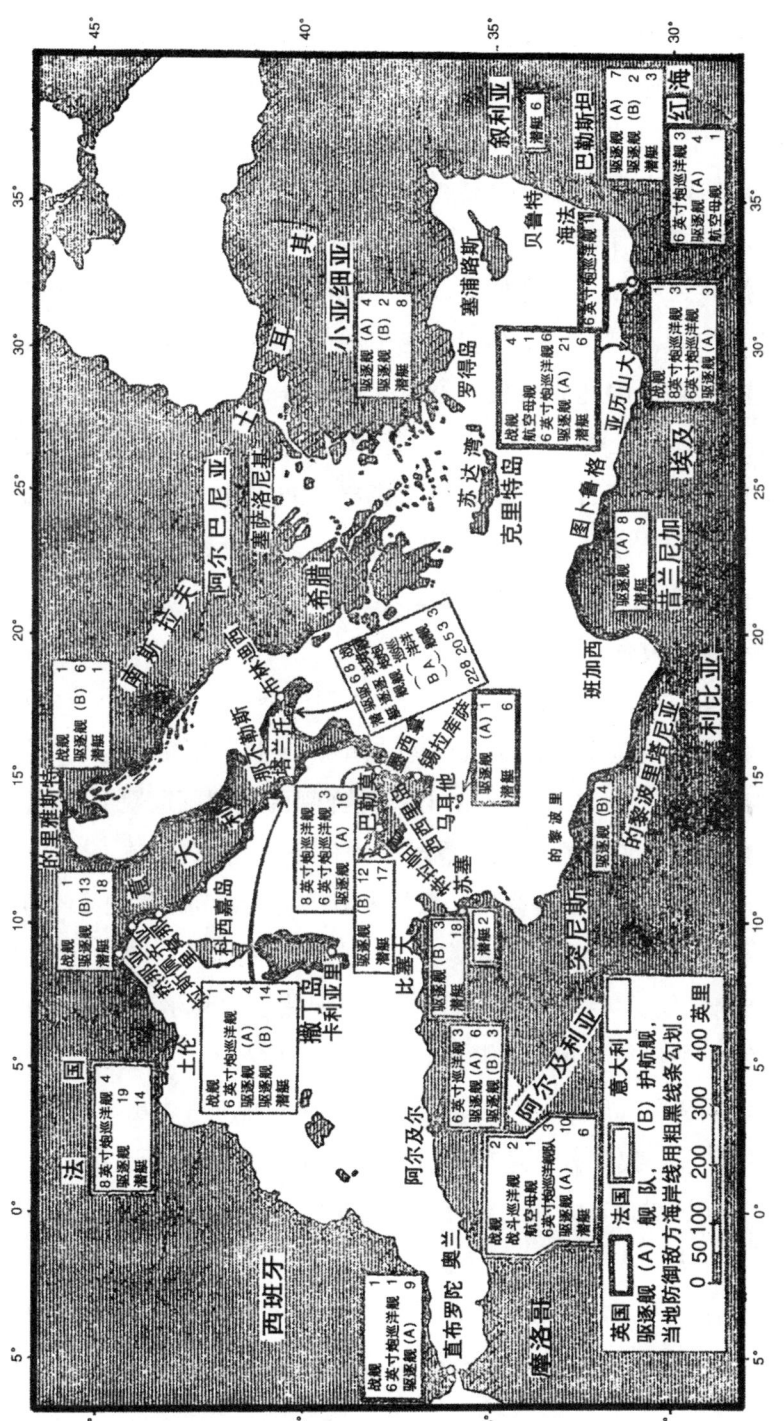

地中海主力舰队的部署，1940年6月14日

（照原图译制）

样偏老的战列舰有两艘在改装，还需要一段时间才能投入使用。另外，意大利舰队还拥有十九艘现代巡洋舰，有七艘配有口径为八英寸的大炮，还有一百二十艘驱逐舰、鱼雷艇，超过一百艘潜艇。

不仅如此，我们还要面对实力雄厚的意大利空军。我们的处境在6月末变得相当艰难，海军部甚至想调集一切力量保卫直布罗陀，将地中海弃之不顾。尽管从意大利表现出的实力来看，这种想法有其立足的依据，但这不符合我记忆中的战争精神，并且这会导致马耳他岛的沦陷，因此我持反对意见。就这样，我们下定决心，一个都不放弃。参谋长委员会7月3日起草了一份跟地中海相关的文件，着重指出中东战场有多重要，但又指出，防守应该是我们当前的主要策略。德国有多大概率会侵略埃及，我们一定要认真思考一下，但只要能让该舰队长驻东地中海，无论哪种局部侵略，我们的军队都能应对得游刃有余。

6月末，萨默维尔海军上将指挥的"H"舰队在直布罗陀组建起来，过程已经说过了。该舰队拥有"胡德"号、"坚定"号、"勇敢"号、航空母舰"皇家方舟"号，还有巡洋舰两艘和驱逐舰十一艘。利用这支舰队，我们曾在奥兰完成了一项任务[①]。我们发觉，东地中海上的坎宁安海军上将品格高尚，又相当勇敢。意大利宣战的第一时间，他便起锚去海上进攻敌军。皇家空军对托布鲁克发起进攻，还将意大利旧巡洋舰"圣乔治"号击沉。我方舰队从海上对拜尔迪耶展开炮轰。我方和敌方的潜艇都用得很频繁，我方在6月末之前击毁了敌方的十艘潜艇，损失了三艘潜艇——都是因为在深海碰上了水雷。

7月8日，我方有支运输船队从马耳他启程，开赴亚历山大，我方舰队为其护航，当时坎宁安海军上将发现了实力雄厚的意大利舰队。很明显，意大利人也正在走军事上很关键的一步，要不然他们的空袭不会那么激烈，那时候，他们的计划是引诱这名英国海军上将去海上

---

① 具体参照《法国的沦陷》十一章。——原注

某个地方，然后集中空军和潜艇的所有力量向他发起猛烈进攻，这一计划我们现在已经了解了。坎宁安上将当时马上先下手为强，不顾数目上己方舰队远落后于敌方，做出了一个相当勇敢的举动：插入敌方军舰与敌方基地之间。

双方在第二天开战，隔着很远的距离相互炮轰，英国舰队一点损失都没有，却换来了敌方一艘战列舰、两艘巡洋舰被击中。敌方无心恋战，逃走了，坎宁安上将追过去，最后追到跟意大利陆地相距不到二十五英里的海面，因敌方速度比较快没有追上。意大利在这天和接下来的两天，不断空袭我方运输船队，但船队最终还是安然抵达了亚历山大，意大利人白忙一场。此次战斗让英国舰队深受激励，确立了其在地中海的优势地位，同时挫伤了意大利的威严，此后意大利再也没能振作起来。过了十天，英国驱逐舰队在澳大利亚"悉尼"号巡洋舰的配合下，将意大利一艘巡洋舰击沉。第一次跟新敌人意大利交手，我们觉得他们不过如此。

海军部这段时期背负着相当重的负担。他们需要调集大批小型舰队和小型船舰去英吉利海峡和北海，以防备敌军进犯英国本土。8月，敌军开始从比斯开湾的各个港口开出潜艇跟我们交战，结果敌军损失很小，却沉重打击了我方的大西洋运输船队。意大利舰队的实力究竟有多强，此前我们从来没有体会过。这段时间，我们还一直牵挂着日本有没有可能宣战，我们在东方的殖民地会在战争中受到何种影响。所以，所有想将我方军舰调派到地中海承担巨大风险的行为，都会让海军部忧心不已，而在直布罗陀与亚历山大坚决只守不攻，才符合他们的心意。但为什么从最初就不允许大批驻守地中海的船舰积极投入战争，却让我很是疑惑。对马耳他的支援，只能交由一些空军中队和陆军执行。尽管暂时禁止了所有商业运输——这道禁令很合理，所有开赴埃及的大型运输船队也都只能从好望角绕行，但是完全禁止开放这片内陆海的做法，还是让我很不理解。我的真实想法是，我们可以计划派几支特种运输船队到地中海去，以此激怒意大利舰队，让他们跟我们开战。我盼着这场战役真会爆发，盼着我们能在德国进入地中海战场（我一早就在担忧这件事）之前，合理地安排一些防御军队到马耳他岛上去，同时为他们配上飞机和高射炮。我在夏天和秋天的数月间，接连不断地跟海军部商议我们在该地区的战争部署，在这一过程中我表现得既友好又认真。

首相致海军大臣、第一海务大臣　　　　　　1940年7月12日

　　将"光辉"号调到地中海去，取代"皇家方舟"号的位子，这是我的意见。如此一来，大量"旋风"式飞机就可能借助"光辉"号运送到马耳他去。为什么我们不能把"旋风"式飞机交给马耳他岛上驾驶"斗士"式飞机的飞行员驾驶？反正我们现在多出了很多"旋风"式飞机，我国本土的空军实力不会因此变弱。

　　德国人不会太看重对〔波罗的海〕吕勒奥的战役，毕竟法国整个国家和比利时的矿区都已被德国掌控。务必要对地中海的战役保持关注。

　　你们准备撤掉地中海小型舰队，代之以续航能力强的驱逐舰，相应的计划书你们原本要送一份给我的。能不能在送计划书的同时，告诉我舰队交替的日期？

庞德海军上将当天通过海军大臣回复我：

　　我们利用东地中海舰队在西地中海展开空战，这一过程让我们积攒了经验，这场战役结束后，我们可以马上对我方在东地中海将要面对的局势做出判断。

　　"H"舰队和东地中海舰队将要面对的作战环境无疑都相当恶劣，因为我们不能借助战斗机为其保驾护航，就像我们保护北海轰炸区的船舰那样。

　　一方面要往马耳他运送飞机和高射炮，另一方面还要往亚历

山大运送飞机，是我们当前迫切需要解决的难题。船在运送这些东西通过地中海时，会不会承担巨大的风险，我无法做出判断。若答案是会，那我们选择较为稳妥的做法，花费多一些时间，绕道好望角，是不是更好？

"光辉"号的问题也要我们思考一下该怎样解决，但由于它一定要先回本土一趟，运载满船的"海燕"式战斗机过来，所以这个问题我们可以延后思考。

目前，我们正准备撤掉直布罗陀的驱逐舰，用一些续航能力比较强的驱逐舰取而代之，不过后者该在什么时候启程，可能要由什么时候可向它们提供护航来决定。

首相致第一海务大臣　　　　　　　　　　1940年7月15日

1. 三周前，我否定了那个从东地中海撤离、将坎宁安海军上将的舰队调派到直布罗陀去的计划。希望这个计划不会被重新提上日程。我们在中地中海要承受多大的空袭风险，所有人心知肚明。有时，我们一定要承受这样的风险，因为有充足的理由。军舰不投入战斗，那还能称为军舰吗？我曾在去年10月份提议对"皇家君主"级别的船舰做出改进，安装厚厚的防空甲板，减缓速度，扩大船身，若这一提议那时能获得支持，我们现在应该有完全不一样的处境。各个阶段的难题都难以解决，我的想法因此也难以获得实施，相较于一年前，我们现在并没有多大的进步。要是我们为"皇家君主"级别的船舰安装了厚厚的防空甲板，装好了所有或是部分大炮，那我们再轰炸意大利沿海时，就不用有任何顾虑了[①]。海军部属下的各机构在战争开始之前过分低估了空袭带来的威胁，还自信满满地对战列舰抵挡空袭的能力高谈阔论。如今，这些人的观点又走向了另外一种极端，觉得不应让国

---

① 我在《晦暗不明的战争》第四章曾谈及过此事。——原注

王的军舰承担空袭的风险，但是空袭是军舰出去跟敌舰交锋一定会碰到的。

德国人到来后，敌军必将在地中海发动更猛烈的空袭，这一点毋庸置疑。

2. 有件相当重要、紧迫的事，就是在马耳他建筑十分牢固的防空工程，并将战斗机中队的几支精锐之师派过去驻守。我看见各类文件中都提到了防守力量，其总体规模有多大，希望能告诉我。炮位一定要马上确定好。我听说我们已经得到了一批数量不算多的高射炮和"旋风"式飞机，重要装备也要开始运送了。月末从我国本土的防守力量中调动大量军队过去，是很现实的。运送急需的首批军队去马耳他，越快越好。为了避免一艘船被击中，导致所有要用到的物资都被毁，应该将物资分别装到好几艘船上去。若因为船队要绕行好望角，耽误了很多时间，是我们绝对不能容忍的。我很疑惑，绕行是否真能避开风险，我可不觉得相较于从直布罗陀到马耳他，从亚历山大到马耳他的风险更大——就算真的有风险的话。

3. 说说"光辉"号。在北海、大西洋，我们都重守不重攻，另外也无人建议将"光辉"号调到多佛尔南北的狭窄水域去（在这片区域，我们拥有很好的海岸基地，还拥有飞机）。既然如此，我国领海中的航空母舰可以将作战地点定在远离敌方海岸的地方。然而，我们在地中海对付意大利时，一定要进攻，尤其是要将马耳他重新变成特殊时期的海军基地。最佳选择是将有装甲甲板的"光辉"号调到地中海去，同时将"皇家方舟"号调返本土海域。"光辉"号参战已拖了很久，什么时候能将"海燕"式〔高速战斗机〕装载并运送过来，"皇家方舟"号什么时候才能被"光辉"号取代，请将答案告诉我。

4. 我很希望看到调派那些航程比较远的驱逐舰去直布罗陀，另外调航程比较短的船舰返回英国本土。

* * *

海军部这段时期又极细致地研究了一下他们的策略，7月15日，他们打电报给地中海舰队总司令，再次强调了要在东地中海维持雄厚军队实力的目的。他们在电报中说，击败人数远多于我们的敌方海军，是我国在东地中海最重要的任务。"H"舰队会在西地中海掌控地中海西面的出口，另外进攻意大利沿海。整体而言，这种强势政策我很认同。海军部让地中海舰队总司令点明这两只舰队所需的重型军舰数目；若需要重新划分船舰，请他参详一下，交换船舰时，地中海和好望角两条路线哪条更合适。

他在回复中提出要求，将"勇敢"号和"巴勒姆"号战列舰交给他，让他能拥有四艘射程最远、速度最快的战列舰。如此一来，他就可以舍弃那艘时常让他提心吊胆的"皇家君主"号了，那艘军舰的甲板防御功能欠佳，速度也很慢。除此之外，他还需要包括"光辉"号在内的两艘航空母舰，两艘配有八英寸口径大炮的巡洋舰。第一海务大臣觉得这样一支舰队就能满足西地中海的需求，其中包括"胡德"号、"皇家方舟"号、一艘或两艘"R"级战列舰，而他也认同这种说法。若能用战斗机严密保护马耳他岛，同时在亚历山大港口建造供给基地，那么掌控地中海，只用这两支舰队就绰绰有余，而且还能让东面那片海域永远不致落入他人之手，这是他的意见。在结论中，他这样说道："如果行动时能相互配合，达成一致，那么应该可以从地中海获得援助。不过，所有的援助任务最好能集中在一次。"

所以，我们在海军部的商谈中基本达成了一致。一定要给坎宁安海军上将的舰队送去一艘战列舰、一艘航空母舰、两艘巡洋舰，作为补充。另外，要利用这次机会，护送运送物资的船队从亚历山大港口到马耳他，这是我们共同的意见。之后，第一海务大臣在7月23日写给我跟海军大臣的备忘录中这样说道：

我们已全面、深入地权衡过了能否从地中海过去支援，除了东地中海舰队所需的战斗舰外，支援船舰还包括商船，后者用来运送舰队需要的后备武器、弹药，马耳他要用的高射炮，以及中东要用的飞机。舰队总司令很确定，这种时候让装满了珍贵物资的商船从地中海经过，非常不安全，若是其中一艘或是几艘商船受创，不得不减速，那我们就只能将它们沉海。我也是这样想的。

所以，之后代号为"帽子"的关键作战计划中没有内容涉及商船的航行。不过，我们还是向意大利在地中海的舰队和空军发起了挑战，这全靠坎宁安海军上将的鼎力支持。目前，我对海军部的重要决策毫无异议，我期待着双方能进入决战阶段。所以我们在积极地为各方面做准备。

几周后，在参谋长委员会百分百认可的前提下，战时内阁开始行动，此举十分勇敢，且影响深远：我们把将近一半的最好的坦克运往埃及，不顾本土被侵略的风险；这导致我们要面对比从前更加严峻的地中海通航问题。运坦克过去这个提议，我自然一点异议也没有，但我很担心绕道好望角会耽误时间，最终白忙一场，对这场关系埃及生死存亡的战争一点帮助也没有。一开始，第一海务大臣想不顾风险，尝试一下，可在深入研究过后，觉得这会扰乱"帽子"计划——这是海军部当前工作的重中之重。原因就是，这样做至少需要两艘高速摩托运输舰（速度为十六海里每小时）从直布罗陀到马耳他，在他看来，这样做比从亚历山大港口运送过去危险系数还要高。更深入的探讨，由此引发。

首相致伊斯梅将军转呈参谋长委员会　　　　1940年8月11日
　　这一提议〔绕道好望角运送坦克到埃及〕我无法同意，现在我们身处最关键的时刻，它从我们身边拿走了这些珍贵的物资〔五十辆步兵坦克，即"I"式坦克〕，却不能将它们及时送到中东，满足当地的紧急需求。鉴于此，海军部一定要起草新的提议，还要解决各种难题。将相关人员安排到各艘驱逐舰上——已经派出"H"舰队中规模比较大的一支驱逐舰队去了东地中海——之后派六艘驱逐舰去西地中海，之后再叫它们回来，就跟坎宁安海军上将目前正在做的一样，如果有必要的话，这样安排不行吗？

我同意在运送第三轻骑兵团（一支坦克团）时绕道好望角，原因就是，韦维尔将军这段时间只要得到了自己需要的轻坦克，就能安排好相应的〔坦克〕人员，当然这种安排是暂时的。若是坦克手已分别上了各艘船舰，我打算在运送这五十辆步兵坦克时，冒险走地中海；由于若绕道好望角会让这些坦克和坦克手在两个月间一点作用都起不了，所以我根本不会考虑走好望角。那些不可或缺的人手要从地中海走，其他的绕道好望角。

更深入的计划，请明天（周一）一定送到我手上。

首相致海军大臣、第一海务大臣　　　　　　1940年8月13日

1. 达尔朗海军上将曾在法国即将退出此次战争时，白天对热那亚发起炮轰，没有安装潜艇探测器的驱逐舰或是飞机为他的军队保驾护航，军队回到土伦时竟然毫发无伤。东地中海舰队三度深入地中海中部地区，再返回亚历山大港口，除了"格罗斯特"号一艘军舰中了一枚炸弹外，没有任何损失。一支快速运输船队和一支慢速运输船队几周以前从马耳他动身，航行期间仅有两天遭到了意大利飞机的干扰，最终安然无恙抵达亚历山大港口。

2. 目前，海军部提议从亚历山大港口派出六艘驱逐舰，加入"H"舰队。这六艘驱逐舰将落在大量停在本国基地的意大利高速巡洋舰队的空袭范围之内，肯定会被敌军从空中发现。地中海舰队总司令和海军部都认为这种调派风险巨大，他们这样认为是有原因的，他们都猜到了意大利海军的目的。

3. 眼下，有人告诉我们，利用我们实力雄厚的舰队，为两艘欲前往东地中海、速度仅有十五海里每小时的摩托运输舰保驾护航，相当冒险。可我们又在同一时间收到指示，为抵挡海军部口中有可能发生的进犯——有一万两千人要在吉伦特河〔或是〕圣纳泽尔上船，赶赴目标地点，途中没有一艘军舰为他们保驾护航——我们要花费大量资金，在不列颠西海岸的大部分区域加固防御工程。若说敌军能在强大的英国海军眼皮底下，将一万两千人运送到爱尔兰或是不列颠西海岸登陆，而不依靠任何军舰护航，那在估测地中海的危险时，我们采用的也是同一种标准吗？

4. 对埃及的主攻将在什么时间、什么地点开始，没有人了解。但有一种可能发生的概率很高：若德国人在进犯英国时受挫，或是完全不准备进犯英国，那他们便会积极怂恿意大利入侵埃及，并为其提供援助。9月份应该会很关键。

5. 若在这样的前提下将装甲旅通过好望角运送过去，便会让他们在9月既帮不了英国，又帮不了埃及，这就完全安排错了。

6. 派出最少两艘摩托运输舰支援东地中海的问题，我认为必须要重新考虑一下。相关人员能乘坐不同的军舰过去；纵观整场战争，相较于运送装甲旅时绕道好望角造成的无法及时参战的风险，两艘摩托运输舰走地中海承担的风险还是要小一点。安排相关人员乘坐军舰，只要做到了这一点，之后装甲车若真的受损，我愿负起全部责任。

海军部没有听我的意见，从地中海运输装甲旅，或是退一步，运输装甲旅的车。这件事让我心痛之余，又很生气。虽然我跟庞德海军上将一直是好朋友，虽然我一直很相信他的判断力，这两点从未改变过，但我跟他的争辩却一直没有间断，且十分激烈。他应该承担起专业方面的责任，并且他是跟我一起工作的海军军官中最喜欢冒险的人。我们曾经一起工作了那么长时间。他是唯一会这么做的人。而我是唯一可以说服他的人。我不能逼得他们过了头，或者逼得我相当看重的故友、伙伴庞德或是海军大臣过了头，因为对于海军部，我了解得实在太深。我不想用向内阁提起正式控诉的方式，损伤我跟海军部这么好的关系。

我最终在 8 月 15 日将这一问题提到了内阁，我表示自己一度想说服海军部，在"帽子"计划中加入这两支装甲旅。若运送坦克队时取道地中海，那么抵达亚历山大港口，会在 9 月 5 日左右；若绕道好望角，会比这迟大约三周。不过，帝国总参谋长和韦维尔将军都觉得意大利不会在短时间内发起大规模进攻。为了走近道，能做的我都做了，很遗憾，之后我只能勉为其难地答应绕道好望角，因为我觉得战时内阁的职责不包括否定司令官的决定。但参谋长委员会还确定了一个待选的法子可走近道，若中东的局势在"帽子"计划实施之前忽然恶化，便采用这个法子。两艘快速摩托运输舰运载着巡逻坦克和"I"式坦克，即将跟随舰队取道地中海。应该在支援舰走到直布罗陀之前，最终确定航线。若在看过中东的报告后，判定待选的法子没有实施的必要，那运输船队就将坚持原来的路线，从好望角绕行。

8 月 30 日至 9 月 5 日，我们将"帽子"计划付诸实践，取得了成功，且损失为零。8 月 30 日，坎宁安海军上将从亚历山大港口启程，他的空军在 31 日黄昏时分报告说，前面有一支敌军舰队正在靠近，他们有两艘战列舰，还有七艘巡洋舰。坎宁安上将等人想跟敌军交锋，结果双方却连半点冲突都没发生，因为很明显，意大利那方不是为挑战而来的。我方的飞机在第二天夜里又遇上了敌军，后者眼下已撤退到塔兰托。坎宁安海军上将的船舰此后在马耳他东南自由航行，有敌方飞机前来骚扰，也都成不了什么气候。运输船队到达了马耳他，除了一艘船因空袭受损外，其余都安然无恙。同一时期，在萨默维尔海军上将率领的"H"舰队保护下，支援的船舰，"英勇"号（"巴勒姆"号，它那艘没有改进过的兄弟舰并不包含在内）、航空母舰"光辉"号、两艘安装了防空设施的巡洋舰正从直布罗陀驶来。"勇敢"号和巡洋舰将所需的武器、弹药安然运送到马耳他，到了 9 月 3 日，它们又跟随坎宁安海军上将出发往东去。该舰队在回到亚历山大途中，对罗得岛和卡尔帕索斯岛发起攻击，另有快速鱼雷艇前来进攻他们，被他们轻而易举地击退了。萨默维尔海军上将的舰队返回了直布罗陀，一路平安。

这些都让我坚信，试着从马耳他海峡运送我们的装甲旅，冒这样的险是值得的，而更值得的原因在于，我们是在德国人随时可能入侵我国的前提下，从我国本土冒险抽调了大批装甲部队，若我们真冒险从那里走，可能就不用多花那三周，现在已经抵达埃及了。这三周，埃及是没有出现大的灾难。不过，我们过度畏惧意大利空军，确实影响了我方海军在战争中的表现。事情的发展已经证实我的观点是正确的，这是我当时的想法，放到现在，我也是这么想的。萨默维尔海军上将在差不多11月末时，带领"H"舰队保护一支运输船队从西方到马耳他，走到撒丁岛附近时，他们跟部分从塔兰托逃出来的意大利舰队展开了小规模交战。该运输船队中的一艘船和三艘从马耳他过来的运送物资的船，在支援东地中海的船队的护送下，继续朝亚历山大驶去。意大利加入战争后，这是头一回有商船走过地中海全程。在下一册书中，大家会读到我国海军在1941年德国空军遍布西西里岛时，在运送坦克去埃及途中，怎样克服了一个更大的困难。

首相致海军大臣　　　　　　　　　　　　　　　1940年9月7日

1."帽子"计划实施到现在，我坚信运输装甲车不从地中海走的主张是错的。我曾在备忘录中列出各种应从地中海走的原因，只要你读一下，就会发觉最近发生的事情将我的那些原因变得更有力了。……

首相致海军大臣　　　　　　　　　　　　　　　1940年9月7日

我在担任海军大臣期间，多次提议为抵抗敌方轰炸，为"拉米伊"级军舰增厚甲板装甲、扩大舰身体积，若你可以将这些提议做成篇幅很短的摘要，我会很高兴的。若我这些要求当时就获得了批准，那我们现在就拥有可进攻意大利海岸的利器了，在政治和军事方面，这很有可能发挥最大作用。哪怕到了现在，大家还是倾向于不这样做，同时也不找出可以替代这种做法的法子，而我们明明是非这样做不可的。

今年我们可用于轰击的船舰短缺，为使这种情况在明年得到改观，我再度提起了这个改造计划，将其写在给你的备忘录中，可是你直到现在也没回复我。我看了一些文件，重新想起了那些过去，现在我希望能跟你商量一下这件事。

要解决这一问题，必须要考虑新船舰的其余紧急需求。我的愿望无法达成，就是因为触碰了这块暗礁，跟原则方面的不一致没有关系。

首相致伊斯梅将军　　　　　　　　　　　　1940年9月8日

首相兼国防大臣写给东地中海舰队总司令安德鲁·坎宁安爵士的备忘录如下：

恭喜你近来在地中海东部和中部地区取得的胜利，恭喜你领导的舰队拥有了我方最好的两艘船舰和别的能派上用场的船舰。可是我很抱歉，还要等三周，保卫埃及与亚历山大急需的装甲旅才能送到战场上。你若能以你在"帽子"计划实施过程中和"光辉"号、"勇敢"号抵达时获取的经验为依据，再估量一下当前海军的局势，那就太好了。在估量意大利海军数据方面实力的同时，还要估量一下他们最高会反抗到什么程度。随着时间的推移，德国对意大利指挥作战机构的掌控会越来越有力，从而大大改变当前的局势，所以选在今年秋天进攻意大利是相当重要的。我们准备为加固马耳他岛上的防御工程付出最大努力，另外，为了开展实验，我会很快将一批带着我满满期待的新武器运送过去。我有信心，马耳他可在1941年4月之前成为可供我方舰队临时停靠的安全基地。这段时间，你要将所有跟进攻有关的提议送到海军部。

我国陆军和空军准备对意大利在利比亚的交通线路发起进攻，若进攻的时机合适，无论意大利对埃及发起何种类型的大规模进攻，我们都能阻挡得住，我非常希望你也能参与这项计划的实施。很明显，占据主动地位会带来巨大的收益。但愿大家对"海燕"式〔一种快速战斗机，总算安装到了我们的航空母舰上〕的评价是好的。这段日子，战况依旧激烈，空中霸权依旧不知花落谁家，可是我们坚信最终一定会取得胜利。

很奇怪，在战争开始之前，英国政府和他们的专业顾问未能更加清晰地预见在我方争夺地中海掌控权的过程中，空军会发挥非常重要的作用。不管怎么样，我方在数量方面远落后于对方的空军都要成为保卫我国的主力，原因就是，在空军竞赛中，我方已经被德国远远抛在后头了。现在，我们每次都是走投无路才支援飞机给地中海和埃及，这种情况要延续到我们在不列颠之战中取得关键性胜利的那天。就算是冬天的那几个月，我们自以为可以在白天掌控本土领空了，但我们的战斗机要在激烈的闪电战中受命飞往马耳他或埃及，还是相当困难。还有一件事让人觉得非常惋惜，就是将那些用来抵御敌方飞机的高射炮和炮弹，从被轰炸的城市、主要港口、兵工厂运出去，绕道好望角送去埃及，或是直接送去马耳他，途中要承担巨大的风险。

经历了接二连三的受损和受挫之后，我们还是一步步增强了马耳他的防空力量，先前我们一直没重视过这件事。萨默维尔海军上将的舰队要在直布罗陀执行一些任务，其中一项是用一艘航空母舰运送战斗机到一个地方，战斗机可从该地直接飞到马耳他。8月伊始，他们进行了首次尝试，"阿尔戈斯"号航空母舰运载了十二架"旋风"式飞机，后者从前者上面起飞，飞到了马耳他。此前，马耳他岛上仅有三架"斗士"式飞机保卫其领空，这三架飞机被当地居民亲切地命名为"自信""希望""仁爱"。11月，我们再度尝试此事，结果十分悲惨。"阿尔戈斯"号航空母舰将十四架飞机运送到马耳他以西四百英里处，这些飞机随后起飞，由于风向变了，其中九架飞机的燃油耗尽，坠入海中，机上忠诚的飞行员也一同遇难。之后，为确保该航程的安全，我们为其留下了很大的空间，这样的悲剧在其后多次同类行动中，再也没有出现过。

* * *

我们一定要想办法运送飞机到中东，不能取道地中海，因为风险太大，也不能绕道好望角，因为会耽搁太多时间。若能走西非的陆路，也许可以省下很多珍贵的时间，省下一些船。可以用航空母舰运送飞机到某处，然后让飞机自己飞到岸上，或是将飞机拆开，装到箱子里运过去，到了港口再将其组装起来，重新起飞。至于港口，有拉各斯和塔科拉迪两处可供选择。

我们在认真斟酌过后，选择了塔科拉迪，一队工作人员在1940年8月31日就抵达了该地。整条道路长三千七百英里，途中先后经过卡诺、喀土穆，最终抵达开罗。一定要在塔科拉迪建造大量修车间以及各类设备，各式各样的加油站与休息站也是道路沿途不可或缺的。9月5日，十二架"旋风"式和"伯伦翰"式飞机被拆卸装箱，从海路运送过去。第二天，三十架"旋风"式飞机又借助"阿尔戈斯"号航空母舰飞过去了。9月20日，首批空中运输从塔科拉迪启程，四天后抵达喀土穆。借助这种积水成渊的方式，我们不断将飞机运送到埃及，截止到年末，我们成功运送了一百零七架飞机。

尽管这条路很快就为我们所用了，但真正将它安排妥当，却花了我们几个月的工夫。负责拆箱和组装飞机的工作人员，因塔科拉迪的气候和肆虐的疟疾饱受折磨。因为别的方面也急需用航空母舰，所以我们在利用航空母舰时很受限。也没有适宜飞行的好天气。途中留下了很多飞机，因为零件还没有修好或是缺失无法使用。飞机的寿命也缩短了，因为从荒无人烟的大沙漠上空飞行，会大大损失飞机引擎。工作开始之初，积攒了很多难题。这种运送飞机的方式，在1940年还没取得什么效果，可若没有这一年的积累，1941年，尼罗河集团军和他们的所有勇敢之举就会被各种各样的悲惨经历打倒。

*　　*　　*

英国海军在1940年末，再度在地中海站稳了脚跟。马耳他的防御力量也获得了很大提升，这要归功于萨默维尔上将把高射炮等设施千里迢迢运送过去。坎宁安海军上将在东地中海的进攻战术同样成绩斐然。意大利空军实力再强，我们还是时刻掌握主动权的一方，在战况不断发展的过程中，马耳他岛所占的地位一直很重要，它可以作为一个据点，帮助我们进攻意大利与他们的非洲驻军间的交通线路。

第八章　九月的紧张战局

空战高潮——战斗机飞行员耗尽所有精力——有证据显示侵略将要开始——空袭敌军集合的驳船,但结果不尽如人意——英国如临大敌——军需策略——我下达总指令——调查1941年的物资需求——持续时间为八个月的一项计划——10月份我发布了跟优先权相关的备忘录——"低水平武器"问题——英国本土与埃及都进入了最紧张的时期——雾引发的危机——对德·王尔德厂生产的弹药的需求——飞机生产部门取得的成绩——将组建突击队的政策落到实处——格拉齐亚尼元帅统领的军队9月13日向前进军——军队在西迪拜拉尼驻足——马耳他情势危急——担心的灾难没有发生

在不列颠之战的指挥者看来,9月份是一段捉襟见肘、紧张至极的时期,跟6月份类似。空战的结局决定了我们的全部,这点前文提及过,眼下空战依旧猛烈,并慢慢进入高潮。再回顾往昔,能看到9月15日那天,皇家空军取得的胜利是关键性转折的标志。但在那时候,这一点尚不够明确,我们也很难说空袭什么时候才会停止,还有没有更激烈的空袭。晴天很适合在白天发动大规模空战。我们直到现在依旧是喜欢空战的,可是在9月的第三周,我去第十一战斗机大队指挥部探访帕克空军少将时,却发觉这种喜欢已发生转变,十分细微,又十分显而易见。我询问他们天气,他们说未来几天的天气应该都会很好。然而,大家对好天气的喜爱,已变得不像本月

伊始时那么强烈了。若是天气冷不丁恶化，大家也不会觉得很糟糕，这一点我能清晰感觉到。

一名军官将空军部的通知送过来时，我正跟几名军官待在帕克的办公室里，通知上说德·王尔德工厂储备的弹药都用光了。战斗机驾驶员最爱用这个厂出产的弹药了。弹药的生产工厂已被炸毁这件事让帕克很受挫，我看得出来。但他吸进一口气，稍做停顿后便说："从前我们没有这样的弹药也可以打仗，现在自然可以继续往下打。"说得十分洒脱。

周末，道丁空军中将经常开车从阿克斯布里奇来到契克斯，我跟他说话时，清楚感觉到空战司令部现在的状态有多紧张。每星期的数字汇报，我都相当留意，从中能看出，我们现在拥有的飞机已经够用了，但前提是敌军不会增强空袭的力度。可是飞行员的精神和身体有多紧张，在汇报中却都看不出来。虽然他们精神高尚，敢于牺牲，击败人数时常是己方五六倍的敌军，虽然他们已经察觉到己方接连获胜，重创敌军，占尽优势，但这些都改变不了一个事实：没有人能拥有无限的意志力，人人都会感到筋疲力尽，不管是在精神方面，还是在身体方面。我记起了滑铁卢之战的那个下午，惠灵顿这样想道："希望今天晚上上帝能降临，如若不然，便让布吕歇尔[①]赶到这里。"但我们这回却用不着布吕歇尔了。

这一时期，越来越多的证据表明，德国将要侵略我国本土。我方在空中拍摄的照片显示，共有超过三千艘自动推进驳船，在荷兰、比利时、法国港口与河口汇集。在莱茵河口或是波罗的海——该海目前仍连接着基尔运河，中间没有任何阻碍——有没有汇聚规模比较大的后备船，我们还无法判定。我在研究德国进犯的问题时，已列出论据证实我的一个坚定不移的想法：我们在他们过来进犯时，给他们以重击，

[①] 布吕歇尔（1741—1819），普鲁士元帅，在1815年6月18日的滑铁卢战役中，给拿破仑率领的法军沉重一击。——译注

就会使他们跟先前一样，暗自等待时机，而不再出击。然而，每个星期我方在空中拍摄的照片和谍报人员的汇报，都在显示敌军正紧锣密鼓地为侵略做准备，这让我感到恐惧。人会渐渐被这种恐惧操纵。令人恐惧的敌军除非已有把握会取胜，而且已利用德国人缜密的思考能力规划好了一切，否则不会前来进犯。这次他们是不是也会选择突袭？是不是会有坦克登陆艇或是别的更厉害的应急举措？还有什么是他们缺的？我们夜里的轰炸，针对的都是德国入侵时启程的港口，每晚他们好像都在那儿利用驳船等船只进行演习，演习内容既包括上船，也包括下船。我们轰炸港湾或码头附近大量驳船的成果，可以从空中拍摄的照片上看出来，有好几回我都很不满意。

首相致空军大臣　　　　　　　　　　　1940年9月23日

很明显，轰炸机的能力有限，根本无法击中聚集在那里的大量驳船，这是这些照片给我的感觉。我认为，要引发混乱，只需往那些排列成矩形阵列的船队中接连投掷几枚爆破弹就行了；我发觉，绝大多数驳船都平安无事，井井有条，只有港口入口那里的几艘驳船明显受损，这样的结果实在叫人失望透顶。

莫非真没有可以改善的法子？

参谋长委员会一直觉得德国人马上就要来入侵我国了，我却对此持怀疑态度，还说出了与之相左的想法，这一点我曾在上文提及过。即便是这样，我依旧无法克制心中的紧张，这种紧张源自长时间对重要事件的思考。我们所有的神经确实都紧绷着。遇到事情时，我们的司令官都表现得相当谨慎、聪明，现在我们的军队实力雄厚，时刻保持高度警觉，所有民众也都意气风发，所向披靡，这一切都让我们在各个方面、各个细节上准备就绪。

* * *

眼下应该从英国已经被剔除出欧洲大陆这一角度,对我国在战争时期的生产工作和该工作占据的优先地位进行全新的审核。我在做这一工作时,要不停地跟军需大臣和其余相关人员讨论。这个月伊始,为了对1941年我国的军需工作做出指引,我帮内阁草拟了一份跟军需相关的总指令,我周围有几个人为此付出了很多努力,并认真做了审核。

军需情况
首相备忘录

1940年9月3日

1. 能击败敌军的只有空军,海军也许会让我们失败。所以我们一定要竭尽所能,在空中取得绝对的优势地位。战斗机可以拯救我们,然而,能帮我们取胜的却只有轰炸机。所以我们一定要壮大空中的实力,以装载逐日增加的炸弹飞往德国,毁灭敌方所有工业和科技机构——这是敌方作战和生活的基石,另外要阻止敌军靠近我国本土,让他们与我们保持合适的距离。现在德军的实力如此雄厚,我们不能期待会有别的法子击败他们,德国就算向非洲战场或东方战场进军,接下来的胜利也还是属于他们的,我们阻挠不了。所以要在遵从以下条件的前提下,将空军与空军的大型行动放在第一位,放在海军与陆军之上。

2. 封锁这种老法子对德国没什么作用,他们可以从已被他们占领的那么多国家中抢掠,或是威胁当地居民帮他们谋取好处。我们也不能通过控制某种重要物资,左右德国的战争计划,因为这种物资现在根本找不到。海军目前在保障交通线路通畅无阻的工作中有些力不从心,不过这种情况应该能得到很大改善,原因就是,海军部采取了新举措,美国驱逐舰已经过来了,而且我国的造船厂生产出了越来越多的潜艇。海军部要留意战争中的进攻计划，在炮击敌军或其占领的海岸，尤其是地中海岸时，要十分留心。要用最快的速度生产反潜舰只，在收到别的命令之前，绝不能有半点松懈。海军的计划跟空军没有太多矛盾，另外为了生产坦克，应该将部分装甲板空出来。

3. 好像用不着再重新权衡将陆军尽快扩大到五十五个师这一决定了。这其中包括十个装甲师，有五个春天就要组建起来，夏天时再组建两个，1941年末增加到十个。兵工厂要竭尽全力，满足这些军队的需求。军需大臣〔赫伯特·莫里森先生〕对如何处理军需问题的方案，我从原则上很认同，而且我觉得，1917年至1918年的开炮射击规模不能应用到此次战争中。

4. 武装我国本土和中东的军队时，一定要付出巨大的努力。坦克、轻兵器的弹药，特别是特殊类型的弹药；反坦克炮、反坦克枪，特别是其弹药；迫击炮，特别是其炮弹；来复枪——这些都是我们最大的弱势所在。我们想再从美国获取二十五万支来复枪，结果却被告知，截止到1941年末，最多能再生产五十万支，真是不走运。在我国的大量正规军赶赴别国期间，为保卫我国本土，对国民自卫军和卫戍军队的人数要求自然会远多于现在。我们非常有必要提升来复枪的生产能力。

5. 进入冬天后，德国依然有可能前来进犯我国，等到明年，德国对付我们的手段可能会翻新。敌军在战况不断演变的过程中，越来越觉得有必要打败我们，他们也许还研制出了各式各样的渡海工具，我们连见都没见过。我们应该持有这样一种观点，我国遭受侵略的危险一直都在，但只要我们在本土安排重兵防守，这种危险不一定会变成现实。另外，中东是1940年至1941年间仅有的能够预测的主战场。我们一定要竭尽所能将英国、澳大利亚、印度的军队投入到中东战场，不过前提是不能超出海运与当地供给的最大限度。我们应该能预测到我们之后可能要上的战场，包括埃及与苏丹、土耳其、叙利亚或是巴勒斯坦，以及伊拉克、波斯。为了应对这些战争,我们要预备英国师十五个、大洋洲师六个、印度师最少六个,不过这些师并非为了补足上面提及的五十五个师。此次武器、弹药的总支出,只差一点就跟上次大战持平了,这出乎大家的预料。战场上的主力军将由空军和机械化部队共同组成。

6. 我们或许会选取两栖作战的方式,对付敌军及敌军在欧洲或是北非占据的地区。但要从上面谈及的武器与物资中拨出一部分,满足此次作战需求。

7. 军需大臣提醒过我们,此次战争的任务非常艰巨,想想德国那样大规模地武装自己的陆军、空军,就知道这个提醒是对的。然而,此次战争并不是由大量人和炮弹堆积起来的。要应对在人数上占据优势的敌军,最好的法子只有一种,就是研制新式武器,特别是要有科技做指导。例如,眼下我们正致力于一组研究,研究成功后,不管视力好坏,都能在空中或是地上发现并打中敌军飞机。若这些研究真能如我们所愿,便将显著改善战争局势与军需状况。若能将弹药、导向器及别的辅佐装备安装到发射不旋转投射弹的武器上,将其命中率提升三四倍,就能大大推进从地上占据空中的工作进程。海军为保持进攻姿态,会再度得到很多行动自由和力量,他们过去也曾拥有过这些。陆军不会遭遇"纳姆索斯"①险情,他们可以在很多地方登陆。所以我们一定要将拥有很多精密装置、无限前景的无线电测向器〔雷达〕的所有领域放在重要位置,就像将空军放在重要位置一样,前者其实是空军的重要组成。我们首先应该考虑并努力推进这样一项工作:增加高级科技员的人数,培训可以掌控这种新型武器以及能够进行相关研究的人员。尽管现在时间还早,不必着急改变目前的计划,但这会从很大程度上节约高射炮及弹药,是可以预见的。

---

① 在纳姆索斯,对敌军从空中发起的进攻,一点防备都没有。——原注

8.1941年春到来之前，我们找不出有什么情况会消耗大量费用或是武器、弹药，除了不一定会发生的敌军大规模进犯。尽管激烈且关系生死存亡的战役随时可能在中东爆发，但当地却无法得到尽可能多的兵力与军费，因为往当地运送支援军队和军需物资是一件相当艰难的事。所以我们将会获得八个月的时间，对武器装备的生产做出巨大改进，稳定、快速地生产军需物资在这八个月内会成为可能，当然前提是没有外力阻挠我们的话。我们一定要将所有贷款、原材料，特别是技术人员，全都投入到这件事上。

这项政策提出后，所有同僚都很支持，各个部门马上据此采取行动。

* * *

10月，我发觉各个部门为争夺优先权竞争激烈，拼尽全力，为此我认为针对优先权做一份补充性质的备忘录是很有必要的。

优先权
首相的备忘录

1940年10月15日

1.应该让我们所说的无线电部门掌握人力、物资两方面的最高优先权。科学家、无线电专家、技术娴熟的各级别工人以及高级材料，都是该部门不可或缺的。这一领域的发展进步，很大程度上决定了我们将来能不能在战场上取得成功，我们应该在战场上采取何种战略，尤其是海军部该采取何种战略。为了更好地保护我们的军舰与港口，我们一定要让高射炮的命中率大幅度提升。我们要从各个方面推动研究与实验的工作进程，在这一过程中要充满自信，同时在生产方面也要拼尽全力，我们在经历了多次失败后，一定能走向成功。

2. 我们应该将至高无上的优先权赋予飞机生产，以保证已获批准的计划得以实施。相关部门工作人员要尽量避免对该优先权使用过度，或是对别的重要部门造成原本可以避免的阻碍，这是这些工作人员的职责所在。为了将本部门用不到的人手与物资在第一时间供应给别的部门使用，相关工作人员要按照季度，甚至按照月份——若他们的能力允许的话——对他们所需的人手与物资做出规划。飞机生产享有优先权，并不意味着一切有限物资都要归它。若飞机生产部门已获批准的需求量，相当于某种有限物资供应量的全部，那么务必要从这些物资中分出一部分，满足其余部门或是其余方面的最基本需求，尽管这样做会影响飞机生产。若有谁不同意这种划分，应该向内阁提出来，请求内阁裁决。

3. 现在我们要组建五个装甲师，还要组建相当于三个以上的装甲旅。只有这些还不行。我们一定要给他们配备大量装甲车，因为在兵力方面，我们根本不是敌军的对手。我们要在1941年末组建十个装甲旅。所以陆军要认真调查一下他们需要多少辆摩托车，然后从美国购买。在国外参战的各个师要用到的交通工具，负责保卫这座小岛的本土防卫就得不到了，毕竟岛上的交通已经相当发达。他们遇到问题，要根据实际情况自己想办法。参谋人员若太理想化，只懂得不断提出更高的要求，以至于国家无法满足他为数众多的要求，那他就不会对国家做出任何贡献。应该做一份报告，针对摩托车和第一、二、三防线上的以下英国师：

（1）国外作战部队，

（2）本土防卫部队，

（3）海岸警备部队。

在这个物资匮乏的时期，所有小题大做、制造麻烦的意图都对我们没有好处。

在英国，为了补充摩托车数量太少造成的空缺，要尽量用马拉车。先前我们卖给德国很多马，真是糊涂，好在爱尔兰还有不少马。

4. 要特别支援一下"低水平武器"的生产，有时候也不妨让其在短时间内享有优先权，尤其是下面这两种"低水平武器"：

(1) 来复枪。

(2) 轻武器弹药——尤其是特殊弹药。要让新工厂开工，为此努力想办法。若在战争开始十六个月也就是本年末到来之前，情况还没有什么改善，那就太糟糕了。建立一家弹药生产厂，一年就足够了。要不是万幸我们先前预想的军队参战的情况并未出现，那由这种失误导致的最严重的后果，我们是不可能躲过的。

一定要想办法改进迫击炮和反坦克炮的炮弹生产，这两点最让人不满。

这类"低水平武器"的生产，应该列入提交给我和生产委员会的周报里。

5. 海军应该在生产小舰艇和反潜舰时，行使目前拥有的优先权。商船、登陆艇的生产同样应该这样。应允许所有无法在1941年完工的大型船舰延时。所有不妨碍优先权的工序与零件生产都要向前推进，为此务必要做出一个规划。钢板与装甲板要尽可能从美国订购。

9月中旬，不能再将重要的军队调到东方去了，因为敌军的入侵已迫在眉睫，尤其是调兵时只能从好望角绕行。我在考察过多佛尔严峻的局势后，决定暂时不要将新西兰军队和剩余的两个坦克营调派到中东，等几周再说。另外，为了在紧急情况下能快速横渡地中海，我手上拥有了三艘快速运输船，它们就是所谓的"格伦〔公司〕船"。

首相致伊斯梅将军转呈参谋长委员会　　　　　　1940年9月17日

无论发生了什么情况，都不能将新西兰旅从多佛尔海角前线撤离。那两个巡逻战车营也是一样。有个更好的法子，先不送走澳大利亚军队，到10月份第三周才让运输船队全体出发。简而言之，军队从好望角绕行，对埃及随时可能爆发的战争一点帮助也没有，因为他们抵达时已经太迟了。然而，他们若待在这里，便能发挥巨大作用。可能海军部到10月份第三周，已经做好准备承担比较大的风险了。但无论如何，我们很难容忍10月由头到尾，新西兰军队及这几支坦克营都不能上任何一个战场。

首相致伊斯梅将军　　　　　　　　　　　　1940年9月19日

我们希望能在值得冒险的紧要关头，走地中海运输支援的装甲部队，因此请留意别让"格伦船"开走。我不希望那一刻真正到来时，却听说没有可用的船。

若我们打算在10月第三周，从地中海西部运送一支运输船队到东部，还有哪些船可供使用，请告诉我们。

我在这个天气晴好的9月，依然担忧会出现大雾天。

首相致雅各布上校　　　　　　　　　　　　1940年9月16日

第一海务大臣将这份报告〔关于敌军在雾天登陆〕送过来，请将其副本交到参谋长委员会手上，转呈本土防卫部队总司令，另外在报告中加入以下内容：由于雾天会妨碍空战，对我方炮队造成不利影响，使我方海军难以展开系列轰炸，同时对敌军运用潜入战术创建登陆据点大有裨益，据此，我判定雾天是对我们最大的威胁。若真遇上雾天，一定要在晚上和凌晨将最激烈的空中弹幕投放到敌军入侵时启程的港口。在下面这两种天气中，海军计划利用小舰队在晚间和黎明采取怎样的行动，请告知我：(1)英吉利海峡靠近英国这边的雾气厚，靠近法国那边的雾气薄；(2)

两地的雾气厚薄程度相等。

"我们能不能提议在导航中加入无线电相助?"

"敌军会在连续轰炸中因长时间等待耗尽所有精力。但雾天作为我们敌人的状况不会改变。"

虽然有这么多危险,让士兵精疲力竭仍是不可取的。

首相致伊斯梅将军　　　　　　　　　　　1940 年 9 月 18 日

若是天气糟糕,视情况把一级警报降格为二级警报,是不是不可以,请就这一问题征求参谋长委员会的意见。相关报告请提交给我。

首相致伊斯梅将军　　　　　　　　　　　1940 年 9 月 18 日

将某种易燃的油料撒到敌军入侵时启程的一个或是几个港湾中是否可行,请代为打探。火烧战舰这招历史悠久,西班牙无敌舰队时期,在敦刻尔克已经用过了,现在只是为其加入现代元素,做了些改进。海军部肯定能想出法子来的。

首相致军需大臣　　　　　　　　　　　　1940 年 9 月 18 日

德·王尔德厂的弹药重要至极。工厂遭到轰炸,使第十一战斗机大队深受打击,这点显而易见。那周,你为了养病,从伍尔维奇离开,结果产量降到了三万八千发,我非常清楚为什么会那样,我相信产量会回到原来的高度。请告诉我你对之后四周产量的预计值。我们可以为此动用小部分后备物资,前提是产量有望恢复。

首相致军需大臣　　　　　　　　　　　　1940 年 9 月 25 日

统计局为最近这段时期轻武器弹药的生产状况编制了统计表格,我来说说我的看法。相关数字让我深感忧虑,尤其是损失最惨痛，作用却最大的德·王尔德厂的弹药。我认为，需要竭尽全力的方面有很多，包括第七、第八号子弹的全部范畴，好像也包括德·王尔德厂的弹药及穿甲弹，你所面临的困境，我感同身受。你在哪些方面遇到了难题，想让我帮你，请告诉我。

关于下文中将要提及的这份备忘录，还请大家海涵。

首相致军需大臣　　　　　　　　　　　　　　1940 年 9 月 18 日
　　你想买一面新海军旗，我当然批准。每天早上，那面脏海军旗都会让我看得不舒服。

* * *

我因为新建立的飞机生产部取得的成就，感到一阵轻松。

首相致比弗布鲁克勋爵　　　　　　　　　　　1940 年 9 月 21 日
　　5 月 10 日到 8 月 30 日，各类战斗机的生产数量获得了巨大提升，你将相应的数字提交给我，我看过后非常高兴。若你可以对马上到来的 9 月 30 日做出相同的数字规划，交给我，那我就不用在内阁中传阅了，直接宣布就行。若你要到 10 月份才能编制好 9 月的数字表格，那我就在内阁宣布〔你已提交给我的这份数字〕。
　　你和你领导的部门为国家做出了很大的贡献。

首相致比弗布鲁克勋爵　　　　　　　　　　　1940 年 9 月 25 日
　　我一定要请你把英国国王政府最热忱的感激与祝贺，转达给你领导的飞机生产部成员，因为你们在越来越艰难的环境中，竟创造出了如此令人惊讶的成果。

     *   *   *

  在突击队或是冲锋队这一问题上,陆军大臣跟陆军部和陆军一贯的看法产生了分歧;我努力帮助陆军大臣解决这一问题,该过程贯穿了夏秋两季。

首相致陆军大臣   1940 年 8 月 25 日

  那天晚上,我们在一起交谈,抛开一切顾忌,这段时间我一直在回想我们说过的那些话。另外,据说有人对突击队这个整体的地位提出了质疑,我据此认为应该写封信给你。"不用再招募新成员了。"有人这样跟我们说,并且突击队员的前程未卜。所以我觉得我应该通过信件让你知道,我深切体会到,不管是在上次大战还是这次大战中,德国对冲锋队的利用都恰到好处。1918 年,德国就是利用冲锋队,对我们发起了渗入战,给我们造成了巨大的威胁,而在 1918 年最后四个月,很多安排恰当、作战英勇的机关枪阵地的士兵,成了最终保卫德国的主力。这些元素在此次战争全部得到增强。一批人数很少、装备优良的德国精锐之师打头阵,就导致了法国战败,简直不可思议。随后德国陆军大部队赶过来,对已经臣服在他们脚下的土地加以整顿,实施占领。我们若想在 1941 年开战,务必要将水战与陆战结合起来,到时肯定会打很多小型战役,要在其中取胜,关键要靠那些行装简单、灵敏机智的军队,他们行动时不能好似正规军一样,而要像一队猎狗,登陆时让敌军完全预想不到。所有紧急战争都很难使用正规军队,因为他们发展到现在,已经变得组织严格,装备烦琐,运输设施也大得惊人。

  因为各种各样的原因,我们一定要将组建冲锋队或是突击队的念头付诸实践。我已提出要求,调派五千伞兵过来,另外我们还需要这类能参加突击行动的小"兄弟团",总人数最少也有一万人。有些据点一定要用这样的法子才能征服，之后受过严格训练的正规军队才有机会大规模开战。

所以希望你能提早给我一个机会，跟你讨论这个问题，不要等到你已改变了之前的策略，或是让聚集在一起的全体志愿者左右为难时。

陆军部坚决反对，军衔越低，越是反对。大量"非正规军队"身穿便衣，不守纪律，还看不起正规军的能力与勇气，一想到这些，正规军就气愤不已，他们可是将一生的精力都倾注在了常备军的正规训练上。在我们最优秀的那些团里，很多团长都相当恼火。"他们能做的事，有哪一件是我们做不到的？全体陆军的威严和最一流的将士都因这一计划流失了。1918年我们没有这样做，现在却要这样做，原因呢？"我们就算不同情这种感慨，也能毫不费力地理解他们的心情。这种抗议之声被陆军部接纳，我却不肯妥协。

首相致陆军大臣　　　　　　　　　　　　　　1940年9月8日

我所表达的对这些特种军队的看法，你毫无异议，另外，你还要让他们的地位确定下来，你这样跟我说。然而，直到现在，这些军队依然不知道他们会被怎样处理，他们真是不走运。我们已不准备解散他们了，他们却还蒙在鼓里。尽管申请者都列在了名单上，招募工作却已全面停止，连那些已通过考核的志愿者，都不允许召过来。尽管这些军队的成员全都是我们军队中最出色的，并经受过严格的训练，但若让他们加入反抗入侵的大战，只怕根本发挥不出他们的作用来，因为他们现在只配备了来复枪这一种武器。希望你可以承诺，你发布的命令能在第一时间得到执行。如若不能，请告诉我，你的决策到底受到了何种阻碍，才没能付诸实施。我在军事部门工作过很长时间，经常遇到这种情况，本部门的低级官员总会在违背了军队成见的事情上提出抗议或是拖延时间。我们只能用杀鸡儆猴的方法解决这一问题。这样一来，你再指挥工作时，就能游刃有余了。

今天晚上，你若能跟我一起享用晚餐，可能会把这件事的结果告诉我。

首相致陆军大臣　　　　　　　　　　　　　1940 年 9 月 21 日

突击队的武器装备情况未能让我满意。给他们的训练装备不够，作战装备更少，这是对高素质人才的浪费。

请向我提交一份报告，对以下几点做出说明：

（1）已发放了何种装备给各支突击队？

（2）突击队需要多少武器装备？

（3）可马上发放何种装备给他们，帮助他们训练？

希望每星期都能有一份详细列明各突击队装备状况的统计表送到我这里。

首相致本土防卫部队总司令〔阿兰·布鲁克爵士〕

1940 年 9 月 21 日

我们经常听人说起，德国人会怎样侵犯我国宽广的海岸，据说他们登陆时，准备调集二十五万人，之后还要建立登陆基地，这对他们之后的行动很有帮助。看上去，我国海岸上的防御组织布置得相当不错，足以应对敌方的这种进攻。敌军调集精锐之师，对某一处发起猛攻，是很多海岛抵挡海上进攻的难点所在。然而，敌军若大大分散开，即便他们中的大多数都能登陆，也会遭遇我们部署在沿海各地的军队的反抗，后者的实力跟他们持平甚至超过他们。如此一来，就出现了这样一种局面：两条力量不足的战线相互对峙。我的脑海中可以马上浮现出这样的画面：敌军再向前进攻时，会把力量集中起来，然后再动用大军，向我方脆弱的防线发起进攻。但我不明白，敌军为了登陆，派出了很多小队，但每支小队的实力都无法击破我方严密的海岸防线，既然这样，他们为什么还要这么做？若他们在渡海时失去了十万人，被围堵在海岸上的又有十五万人，用这种方式登陆必然会让他们损失惨重，而这时候，我方还没让后备军参战呢。所以，要是德国真打算利用这一传言中的计划登陆，那就太好了。他们若选中了几处特殊地点，集中兵力进攻，倒会给我们造成很大威胁。

你应该愿意在我们下次见面时聊聊这件事吧！

* * *

眼下我们已经了解了，指挥意大利军队入侵埃及的格拉齐亚尼元帅对此次入侵的忧虑甚至超过了我们。在日记中，齐亚诺这样写道：

1940年8月8日。格拉齐亚尼过来了，他说自己把对埃及的入侵视为一件相当严峻的事，还说我们业已完成的准备工作距离完备还差很远。他攻击巴多格里奥，声称他没在领袖积极进取时进行阻止——从此事可以看出"对于一个对非洲有真正了解的人来说，他一定是犹豫不决，甚至可以说是包藏祸心。当地远没有充足的水源。在沙漠里失败一次，便会以极快的速度全线崩溃，我们会成为失败的一方"。

我向领袖汇报了这件事，他非常头痛，因为上回他跟格拉齐亚尼会谈时，觉得后者似乎最近几天就会发起进攻了。可跟我谈话时，格拉齐亚尼并没说过几时会进攻。他打心眼里不想这么做，或者说在最近两三个月内没有这样的计划。会谈进入尾声时，墨索里尼说："格拉齐亚尼只关注一件事，就是怎样保住他元帅的位子，这项任务应该交给那些至少想升一级的人。"①

---

① 摘自《齐亚诺日记》，第281页。——原注

元帅在一个月过后，请求再拖延一个月，墨索里尼却说，他若不想被撤换下来，就必须在周一发起进攻。元帅领命。"从未见到一场战争开始时，总司令这样不情不愿。"齐亚诺如是说。

9月13日，意大利主力军跨越埃及边境，往前进军，此次行动他们盼望了很久。[①]他们总共派出了六个步兵师、八个坦克营。我方派出三个步兵营、一个坦克营、三个炮兵中队、两个装甲车队作掩护。他们依照指令，一面作战一面后退，这种作战方法很适合他们，因为他们素质高，又对沙漠的环境很适应。意军的进攻始于对我方边境城镇塞卢姆周围据点的狂轰滥炸。硝烟粉尘散去后，意军整齐至极的阵形暴露在我们眼前。前边有摩托车队整齐地排在前后左右各个方位，轻坦克和数排摩托车排在后边。当时的景象俨然是"奥尔德肖特下辖的长谷举办的国王生辰庆贺会"，一名英国上校这样说。第三科尔德斯特里姆警卫队面对如此整齐的阵容，慢慢撤离现场，而面对堂而皇之摆在眼前的数不清的目标，我方炮兵则在同一时间展开了猛烈炮轰。

有两支敌军纵队正在南面朝一条连绵起伏的山脉南边的广阔沙漠行进，该山脉的走势跟海岸线平行，要从山脉中穿过去，只有一个地方能走，就是人称"地狱火山口"的哈尔法亚，我们在之后的多次战役中都从这里走过。每支意大利纵队都让炮兵走在前面，步兵坐在卡车上，走在中间，每队拥有数百辆车，还有坦克和反坦克炮。这种阵型他们用过好多次，我们将其命名为"刺猬"。我方军队在面对这支规模庞大的队伍时，选择了撤退，然后抓住一切机会，向这支诡异又迟疑的敌军发起进攻。格拉齐亚尼之后解释道，在最后的时刻，他改变了作战计划，放弃在沙漠中包围我方，改为"为使军队沿着海岸线迅速抵达西迪拜拉尼，而将他们全体调集到左翼"。于是，这支意大利大

---

① 参见第545页地图(此书为原书页码,参见中文版第30页地图。——译者)。——原注

军便沿着海岸上的公路,在两条平行线上缓慢行进。他们派出步兵一批一批过来进攻,步兵们坐着卡车,每批有五十辆。科尔德斯特里姆警卫队在四天的时间内,从塞卢姆撤到了彼此相连的阵地上,动作相当灵活,并在这一过程中痛击了敌军。

意军 17 日抵达西迪拜拉尼。我方用四十人的伤亡换来了敌方十倍的损失,同时敌方还有一百五十辆车受损。意军抵达西迪拜拉尼后,交通线路延长了六十英里;他们准备在此处停留,驻扎三个月。他们物资供给难以为继,这是我们的机动小纵队连续攻击他们的结果。齐亚诺说,一开始,墨索里尼"非常高兴,将此次入侵的全部责任都揽到自己身上,还说自己的做法是对的,说这话时他非常骄傲",可是他的兴致却在随后的几个月渐渐消磨光了。然而,我们在伦敦观察战局,却预感一定会有一支远多于我方大军的意大利军队,在未来两到三个月内为占据埃及三角洲发起第二次进攻。不仅如此,德国军队也随时可能赶来参战!格拉齐亚尼来到这里后,肯定要有所行动。我们完全可以预测,将会有一场大战在马特鲁港爆发。我们急需的装甲队,在之前的几周已经从好望角送过来了,没有因时间延误造成恶劣影响。

首相致陆军大臣 1940 年 9 月 14 日

希望装甲旅可以及时送达。我一度坚信,为了让装甲旅及时送达,可选择走地中海,一样能保证安全。但不要忘了,海军、陆军和空军总司令曾发表声明,说鉴于埃及当前的局势,还不值得冒这样的险,韦维尔将军对此表示赞同。要不是这个声明,我一定会毫不犹豫地推翻海军部的反对呼声。

(当天就要付诸实践)

首相致陆军大臣 1940 年 9 月 19 日

(请给伊斯梅将军看一下。)

眼下,支援的装甲队已经到了亚丁湾。我们坚信,韦维尔将军为了让他们及早参战，已将所有相关事务都安排妥当。希望真是这样。我很遗憾，码头上没有像比弗布鲁克勋爵这样的人送他们到前线。我们一定要竭尽全力。下面这种较为稳妥的方法，不知你有没有想过：将这些车通过苏伊士运河运送到亚历山大，临近前线时，将其卸载下来，或是将专列、车皮、起重机等设施调集到苏伊士去。对这两种方法的审核，就交给你们来做了。审核之前发一封电报，调查大家对这两种方法的看法，还有韦维尔将军已经做了哪些部署。一定要抓紧每天乃至每小时的时间，处理这件事。

马耳他岛好像一点防守能力都没有，这让我始终放心不下。

首相致伊斯梅将军，转呈帝国参谋总长　　　　1940 年 9 月 21 日

我对马耳他的担忧，因这份〔马耳他总督和驻军总司令发来的〕电报得到证实。每支营队平均要守卫十五英里的海滩防线，没有实力足以发起反攻的后备军，这导致在登陆的敌军面前，这座岛连一点应对的办法都没有。马耳他四周的海域还不在我们的掌控范围内，这点请谨记。所以该岛现在相当危险。原本我以为要四支营队才能够，但现在只有两支，我们也只能将就了，毕竟运输船走西地中海太难了。不过，我们一定要找到两支优秀的营队。很明显，调动上遇到的难题一定可以解决。

* * *

我在回想这所有的担忧时，念及一位老人的故事，弥留之际，他在床上说，他这一生担忧过很多事，可绝大多数都是白担忧一场。我在 1940 年 9 月也有了相同的经历。在不列颠的空战中，德国失败了。他们也没有试图渡海侵犯不列颠。这段时期，希特勒其实已将东方当

成了新的进攻目标。意大利并未增强对埃及的攻势。坦克旅虽然绕道好望角，最后也及时送到了，被用到之后一场对我更有帮助的战役中，而非9月马特鲁港的保卫战里。我们在马耳他岛遭遇激烈空袭之前找到了支援的法子，另外，也没有人有勇气在任何时间尝试登陆这个在军事上占据重要地位的岛。就这样，9月份走到了尽头。

第九章　达喀尔

支援戴高乐的重大意义——达喀尔的解放计划——是否一定要向自由法国军队提供援助——1940年8月8日我发布的备忘录——"恫吓"作战计划获得战时内阁批准——拖延时间与机密泄露造成的危机——"雅克"有好消息传来——我方第二条线索——成功找到法国巡洋舰——白厅受挫——已经太迟了——我向战时内阁提议放弃该计划——诸位司令官心急想要进攻——戴高乐将军不肯放弃——战时内阁授权诸位司令官，可根据实际情况自行决断——我发电报给史末资将军和罗斯福总统——进攻达喀尔——军舰对阵炮台——法国维希政府坚决反抗——我方海军损失惨重——内阁和诸位司令官决定放弃——内阁和战地司令官不断更改主意——帮诸位司令官说明缘由——议会对我的不解释表示尊重

为了将法国的非洲属地和殖民地，尤其是大西洋沿岸的属地和殖民地划归到英国名下，英国国王政府这段时期相当重视支援戴高乐和自由法国。我们听说，这些地区的绝大多数法国军官、政府官员、生意人还心存希望。祖国忽然落败，他们很是惊讶，但并不打算投降，因为他们还在希特勒大军和贝当伪政权的掌控范围之外。戴高乐在他们看来，就如黑夜中闪闪发光的星。他们因为距离获得了时间，又因时间获得了机会。

我在明确我国军队无法抵达卡萨布兰卡的第一时间就想起了达喀

尔，这是很顺理成章的事。在策划这整件事时，那个规模很小的工作委员会表现出了充足的自信和高涨的热情，该委员会属于我私人，在法国的相关事务上向我提供顾问服务。1940年8月3日晚间，我已在契克斯批准了将法国军队运送到西非登陆的提议。为使自由法国的大旗在西非升起，占据达喀尔，以便为戴高乐联合起法属西非和赤道非洲的殖民地，继而是法国在北非的殖民地，戴高乐将军、斯皮尔斯少将与莫顿少将起草了一份计划纲领。卡特鲁将军预备在北非的法国殖民地解放后，担负起当地的指挥工作，为此他已确定会从印度支那赶到英国来。

参谋长委员会8月4日认真研究了联合计划委员会起草的详细计划，同时草拟了提交给战时内阁的报告。以下三项前提条件是参谋长委员会计划的基石：首先，为了让这些军队可以在任意一个法属西非港口登陆，各军队一定有完善的装备，用船来运送；其次，该远征军成员应该全部来自自由法国军队，一个英国人也不能有，只有运送军队的船及为其保驾护航的军舰是例外；再次，为了避免远征军登陆时遭遇强有力的反抗，在处理这件事时要将其视为法国人内部的事。

自由法国军队有两个营、一个坦克连、几个炮兵排和工兵排、一个轰炸机小队、一个战斗机小队——我们应该向该战斗机小队供应"旋风"式飞机——总数大约为两千五百人。8月10日，该军队可在奥尔德肖特做好一切准备，预计8月13日，运输船和供给船可从利物浦出发，运送军队的船只将在19日到23日这段时间启程，然后在28日到达达喀尔，或是在几天后到达科纳克里、杜阿拉之类的港口。在8月5日的会议上，战时内阁批准实施这些计划。

真相很快显露出来：戴高乐想从英国方面获得的支援高于参谋长委员会的预测值。所以他们告诉我，我们会因此承担更多的责任，付出更多的时间，不仅如此，还会毁坏该远征军队的自由法国性质。这更进一步的要求，我们不能草率答应，毕竟这段时期我们的兵力和物资供应也很困难。然而，我在8月6日这天跟戴高乐将军商议了一下，然后为商讨该计划，在8月7日晚上11点举行了参谋长委员会。所有人都同意达喀尔是自由法国军队的最佳登陆点。我宣布，英国军队要竭尽所能援助该远征军，确保其能获得成功，我让他们以这一纲领为一举，制订出比较大的规划。海、陆、空军参谋长对我方改进与维希关系的策略和我方引领法国殖民地对抗德国的裨益之间的矛盾，展开了细致商讨。戴高乐这么做，可能会造成这样一种结果：在跟法国本土交战的同时，还要跟法国殖民地交战。这是他们的观点。即便这样，他们还是会支持远征军过去，但前提是自由法国派到当地的情报人员与我们在当地的代表都表示当地局势有益于远征军。鉴于此，8月8日凌晨，我发布了以下指令：

首相致伊斯梅将军，转呈参谋长委员会　　　　1940年8月8日

1. 尼日利亚总督发来电报，称德国在维希政府的默许甚或支持下，可能会很快威胁到法国在西非的殖民地。西非沿海将像欧洲西海岸一样，到处都是受德国空军援助的实力雄厚的潜艇基地，使用权掌握在德国人手中，我们连靠近都不行，要避免出现这种局面，唯一的方法就是我们要迅速且有效地行动起来。

2. 六周以前，内阁就竭尽全力想在卡萨布兰卡行动，为此还将达夫·库珀先生和戈特勋爵都派过去了，结果到现在一点成果也没有。当地法国人把我们视作敌人。参谋长委员会连一点有用的意见都提不出来，很明显，形势比先前恶劣多了。

3. 维护英国利益，有一点好像非常重要，那就是尽快让达喀尔归戴高乐将军所有。最好他的机密大使上报说，可以通过和平方式占领达喀尔。如若不然，就应派出人数充足的波兰和英国军队，为了掩护他们，还应同时派出足够的海军。行动绝不可以半途而废。戴高乐应该能赋予此次行动法国性质，若能取得胜利，那当地的掌控权自然要落到自由法国政府手中，只是行动的人手不足，缺失的部分一定要由我们来补足。

4. 关于如何攻占达喀尔，参谋长应该订个计划。以下各项应该列为计划中已实现的条件：(1) 戴高乐的部队和所有能调集过来的法国军舰；(2) 可以掌控周围的法国军舰，在登陆行动中打掩护的实力雄厚的英国海军；(3) 一支拥有完善装备的波兰旅；(4) 皇家海军陆战旅，这支旅原本计划到大西洋岛上参战，不过戴高乐的部队现在急于登陆，可将其先调过来帮忙，另外也可调派罗杰·凯斯爵士军队中的突击队过来帮忙；(5) 要对从航空母舰或是英国在西非的殖民地上起飞的飞机，从空中给予恰当援助。

5. 马上制订计划，计划执行日期完全参照地中海战事确定。

6. 占据达喀尔后，派驻当地的军队不应包括英国军队。英国只会在物资供给方面给予一定援助，当地会成立戴高乐的政府，完全依靠自己的力量运作，同时还要防备德国在法国建立的傀儡政权从海上发起进攻。若戴高乐的能力不足以抵挡长时间的空袭与空降部队，我们会带他离开，走之前还要将港口的设备全部毁坏。但不管发生了什么，挂着法国国旗的"黎歇留"号战舰，我们都要抢过来，修缮好。签订停战协定前，法国政府为确保黄金的安全，将其运到非洲，波兰和比利时可将他们各自的那份拿回去。

7. 我们失去了太多时间，抓紧时间成了该计划得以实施的最大保障。只要方便，不管在什么情况下都可以用英国船舰做运输船，但要挂上法国国旗。改挂国旗这件事不必有枢密院下达的指令，也不必走立法程序。

8. 由内阁负责解决法国宣战带来的威胁和应不应该对其采取笼络手段这两大难题。

* * *

我在8月3日向战时内阁提出此事，指出它已超越了先前纯属法国远征军的计划范畴。众同僚对如下细节做出审核：假设我们会遇到反抗，为使防御军队的力量分散开，我们会在清晨派出六支分遣队，分别在达喀尔周围海滩上的六个点登陆。这一计划被战时内阁批准，不过要让外交大臣斟酌一下，法国维希政府有多大可能会加入战争。我竭尽所能分析了一下当前的局势，认为这是不可能的。我在这一刻已下定决心，冒险尝试一次。我批准，该远征军的司令职位由约翰·坎宁安海军中将和欧文陆军少将担当。8月12日晚，他们两个来到契克斯跟我会面，我们深入探讨了这个前程未卜的复杂事件的方方面面。连发给他们的指令，都由我亲自制定。

就这样，此次代号为"恫吓"的达喀尔远征，我在发起与动员方面都担起了重责。由始至终，我都没有后悔过，尽管我认为我们不会一帆风顺，并且也真的有些悲惨的经历。为达喀尔作战是颇具价值的，但更具价值的却是占据法国的殖民地。我坚信维希政府不会参战，我们很有可能不费吹灰之力得到自己想要的这一切。法国民众在英国的坚决抵抗和美国的强硬态度影响下看到了新的曙光。我们要是赢了，维希政府一点办法都没有。我们要是败了，他们就会向他们的德国主人邀功，说他们的有效反抗导致了我们的失败。战争时间延长是最大的威胁所在。但我们这段时期见识过很多比这更大的威胁，已经见怪不怪。我发觉，我们的人手和物资就算到了最紧张的时刻，也能强自维持下去。在德国侵略我国本土的威胁日益加剧的情况下，我们还可以为保卫埃及，将二分之一的坦克送去给韦维尔，且没有半分犹豫。相较于那次，这次的事简直微不足道。代表我国全体民众意愿的战时内阁、保守党、工党、自由党的成员都十分坚韧，主张为打赢这场仗积极主动，现在这种主张越来越坚定了。相应的指令全部发布出来，且都得以执行，推动各项工作向前发展。

拖延时间与泄露机密是我们现在面临的两大威胁，后者因前者变得更具威胁性。这段时间，英国的自由法国军队是一帮豪杰，他们流亡国外，武装反抗本国现在的政府。他们愿意用英国的大炮击毁法国的军舰，毫不介意对手是自己的同胞。连他们的领袖都面临着被处决的危险。因此，他们不可避免会表现得激动甚至是鲁莽，我们怎能因此责备他们呢？战时内阁的命令只要传达给几名司令和参谋长委员会就够了，不用再传达给其余任何人。然而，一定会有很多人了解事情的全部，因为戴高乐将军要劝说那些豪迈的法国人跟他并肩战斗，就不能对他们有所隐瞒。达喀尔成了法国军中的共同话题。一些法国军官在利物浦一家餐厅举行酒宴，敬酒时会大叫："达喀尔！"一定要用拖车把我们进攻时要用到的登陆艇从朴次茅斯周边地区运送到利物浦，这需要从英格兰横穿过去，另外，相关运送人员浑身上下都要配备热带装备。我们全都处在战争初始阶段。相较于之后两次最关键的行动"火炬""霸王"中的保密举措，此次我国本土的保密工作实在做得太糟糕了。

还有拖延时间。原本我们想在9月8日发起进攻，可主力军队现在却只能先开到弗里敦，在那里加油、最后整顿。制订计划时，我们参照的法国运输船的速度是十二海里每小时，十六天抵达达喀尔。结果运输船装上摩托车后，速度最快只有八九海里每小时，我们在装载摩托车时才发现了这一点，汇报上去，但走到这一步，换成更快的船同样需要时间，对事情一点帮助都没有。最后总共推迟了十天，有五天源自我们高估了船的速度，三天源自装载方面遭遇了预想不到的困难，另有两天是因为要在弗里敦加油，每一项都无法避免。眼下，我们只能延期到9月18日了。

8月20日晚上10点半，我主持了一场会议，与会人员包括海、陆、空军参谋长以及戴高乐将军，我参照会议记录，将该计划归纳为以下内容：

> 英国舰队和法国舰队会在清晨抵达达喀尔，飞机会从城市上空投掷标语、传单，法国船舰将开赴港口，英国分遣队则留在较远的地方。戴高乐及其自由法国军队抵达后，会有一名使者带着给当地总督的一封信，乘坐一艘侦察艇进入港口，艇上插着一面法国国旗、一面白旗。戴高乐会在信中重点说明，他来这里是为

使达喀尔免受将要到来的德国人的进攻,拯救达喀尔,另外他还带了食物和支援过来,送给当地军队和民众。若总督臣服了,就什么事都没有了;否则海岸上的防御军还要开战,英国分遣队也会从远处开过来。若对方一直坚持反抗,英国舰队就要轰炸法国炮兵阵营了,但是要尽量避免这种情况出现。对方反抗得再强硬,英国舰队都要战胜他们,为此不惜用尽各种手段。最重要的是战争一定要在黄昏时分结束,将达喀尔交到戴高乐手中。

对于这一计划,戴高乐将军没有异议。

我们在 22 日又召开了一次会议,外交大臣读了封信给我听,内容涉及对机密的泄露。没有人知道此次机密泄露究竟造成了什么后果。海军在进攻时有一项长处:所有人都无法确定它会进攻哪里。大海如此宽广,大洋更加如此。通过海军的热带装备也只能猜测出它是到非洲去。有人说利物浦有个法国人的太太觉得默尔西河上聚集的那些运输船会开赴地中海,她因此涉嫌向维希政府通风报信。就算一不小心泄露了"达喀尔"这三个字,对方也无法从中推测出什么。这类"保守秘密"的法子在我们渐渐累积起丰富的经验,同时越来越警觉时,发展到了几乎无懈可击的地步。我很担心拖延时间这个问题,却找不到办法解决。但没有人能确定机密是否外泄了。无论如何,8 月 27 日,内阁终于达成一致,准备在 9 月 19 日开始行动。

* * *

英国驻丹吉尔总领事 9 月 9 日下午 6 点 24 分,给北大西洋战区司令诺斯海军上将发来一封电报,称直布罗陀海岸有次会面,另外,他还将这件事上报了外交部:

以下消息源自"雅克"。未来七十二小时内,法国分遣舰队可能会尝试穿过海峡，往西行驶，目的地尚未确定。

诺斯上将没有针对这件事采取任何特殊行动，因为他并未参与进攻达喀尔的计划。10日上午7点50分，外交部也收到了从丹吉尔打来的一模一样的电报。当时伦敦正遭遇连续空袭，基本没有喘息机会。工作不停被打断，很多电报堆积在密码部，还没翻译出来。由于没有"紧急"标志，这封电报只能依照顺序，等候翻译。等翻译出来，开始分发时，已经是9月14日的事了，海军部到这会儿才看到这封电报。

不过，我们还有一条线。9月10日下午6点，驻守马德里的一名英国海军武官收到了法国海军部发来的正式报告，称三艘法国"乔治·雷格"巡洋舰及三艘驱逐舰已从土伦出发，预备在11日早上从直布罗陀海峡经过。这符合彼时维希政府承认的正规程序，同时也是他们在最后时刻实施的谨慎举措。该英国海军武官马上向海军部和驻守直布罗陀的诺斯海军上将汇报了这一情况。9月10日晚上11点50分，海军部收到这一消息。值班上校拿到了翻译后的电报，然后送给了（海外）作战司长。这名军官非常清楚远征达喀尔一事，所以他本可以一眼就看出这份电报有多重要。然而，他却依照一般程序，将这份电报跟第一海务大臣的电报捆绑发出，而不是马上将其单独发出。众上司因为他犯了这样的错误，对他十分不满。

然而，9月11日早上5点15分，正在地中海巡逻的"刚烈"号驱逐舰在直布罗陀东面五十英里的海面上，发现了这些法国船舰，并马上向诺斯海军上将汇报了情况。当天早上，驻守在直布罗陀的"H"舰队司令萨默维尔海军上将也收到了消息，这是凌晨0点8分驻守在马德里的海军武官发过来的。萨默维尔海军上将在早上7点发布命令，一小时内，"威望"号要做好出发准备，等候海军部指令。直到海、陆、空军参谋长在内阁召开会议时，第一海务大臣才得知"刚烈"号驱逐舰发来了关于法国军舰行踪的报告，之所以会这样，一方面是因为作战司长犯了错，另一方面也是因为驻丹吉尔总领事的电报被外交部耽误了。当时，第一海务大臣马上给海军部打电话，命令"威望"号及其属下的驱逐舰准备出发，它们已经这么做了。随后，他到了战时内阁，无奈已经太迟了，驻丹吉尔总领事发来的电报和驻马德里海军武官发来的电报刚好都被耽搁了，并且没有得到任何一个部门的重视。若以下情况中的任何一种发生了，"威望"号都可以将法国舰队拦截下来，在确切的指令下来之前先跟他们谈判；战时内阁肯定会有确切的指令，或是由我在战时内阁召开会议前发出确切指令：第一种情况是驻丹吉尔总领事在第一封电报上标志"紧急"字样；第二种情况是尽管两位驻守直布罗陀的海军上将并不知道内情，但是其中一人却感觉到了异样；第三种情况是外交部的工作没有出现任何失误；最后一种情况是作战司长先尽快发出第二封电报，第一海务大臣因此留意到它，马上查看。

但由于我们每一项都没有安排到，11日早上8点35分，三艘法国巡洋舰和三艘驱逐舰从直布罗陀海峡全速（二十五海里）经过，开赴南面的非洲海岸。战时内阁得知这件事后，马上让第一海务大臣下令派"威望"号去跟法国军舰沟通，问它们最终要去哪里，同时禁止它们开赴任何一处被德国侵占的港口。若得到的回复是要去南面，就要悄悄尾随它们，另外要向它们明示，最南只能到达卡萨布兰卡。若它们到了卡萨布兰卡还不停下，还想去达喀尔，就要阻止它们。可始终无法找到它们在哪里。12日、13日，卡萨布兰卡都是大雾天。一架英国侦察机被击毁；另外可能还有军舰驶进卡萨布兰卡，但相关报告彼此矛盾；这段时期，为了阻拦这支法国舰队，"威望"号和其余驱逐舰不分昼夜，守在卡萨布兰卡南面的海面上。"威望"号在13日下午4点20分收到无线电报，说没有巡洋舰停留在卡萨布兰卡。它们早就朝南面开走了，开出去老远，现正朝达喀尔全力进发。

但机会好像还是有的。目前，我方远征军和实力雄厚的护航舰队已经抵达达喀尔南面，马上就要到弗里敦了。海军部在9月14日中午12点16分告诉约翰·坎宁安海军上将，法国巡洋舰不知何时从卡萨布兰卡走了，让他去阻挠它们，不要让它们开到达喀尔去。他应该将包括"坎伯兰"号在内的所有能用的船舰都利用起来;"皇家方舟"号在紧急时刻,就算没有驱逐舰保驾护航,也应该将飞机调出来参战。所以为了在达喀尔北面组成一条巡逻线,"德文郡"号、"澳大利亚"号、"坎伯兰"号和"皇家方舟"号马上调转方向,全速返回。它们抵达海上的巡逻区时,已是9月14日晚上了。法国分遣舰队的船舰彼时早就在达喀尔港口沉锚,并将甲板上的布篷打开了。

　　法国和英国远征达喀尔的结局,在经历了这场意外后已经很明显了。我马上想到放弃此次远征。该法国分遣舰队的抵达,似乎已经宣告了和平登陆达喀尔继而由戴高乐将军占领当地的计划彻底失败,这些船舰上很有可能坐着援军、技术精湛的炮手、冷峻的维希政府官员,他们会让当地的总督坚定信念,会给当地驻军以引诱,还会将炮台掌控在手中。幸而我们可以在不损伤威望的情况下——现在威望对我们可是相当重要的——放弃该计划,其实此事也根本没人知道。戴高乐将军正在杜阿拉进攻法属喀麦隆,可以将远征军调过去帮忙打掩护,至于船舰和运输船,可以解散或是遣返本国。

　　9月16日中午,我们举行了战时内阁会议,我将进攻达喀尔计划的整个过程大致描述了一遍,说到了从原定日期9月13日延期造成的恶劣后果,以及方方面面的泄密与灾祸,导致法国军舰悄悄过了直布罗陀海峡,说完这些,我宣布就此放弃这个计划,因为现在的局势已经不同以往了。内阁同意了,这天下午2点,他们向达喀尔远征军发布了指令,如下:

　　英国国王政府已做出决定,进攻达喀尔的计划不能再执行了,因为法国巡洋舰已抵达当地。我们考虑过用别的计划取代这一计划。然而,选在科纳克里登陆,成功概率应该会很低,因为考虑到去博马科的路很不好走,军队又没有多少运输工具,从达喀尔过去的敌军很可能会先下手为强。除此之外,就算戴高乐的军队到博马科去,也不会使达喀尔的局势发生多少改变,因为我方海军实力不足,根本无法从海上严格封锁达喀尔。权衡之下,让戴高乐军队选在杜阿拉登陆,进一步确保喀麦隆、赤道非洲、乍得的安全,同时向利伯维尔扩张,堪称最佳策略。远征军里的英国军队应该先在弗里敦停留一段日子。

这一策略要马上执行,除非戴高乐将军强烈抗议。

* * *

9月17日,远征军抵达弗里敦。全体将领都对放弃进攻达喀尔计划表示强烈抗议。坎宁安海军上将和欧文将军的意见是,不能断言维希政府巡洋舰一到达喀尔,便使当地海军局势发生了天翻地覆的转变,应该先了解清楚此事到底将达喀尔人的斗志提升到了何种程度,再下定论。听说,现在那些巡洋舰都把甲板上的布篷打开了,有两艘巡洋舰所停的地方有力证实了它们是轰炸的极佳目标,自身一点作战能力都没有。

在当时的局势中,这是另外一个转折。战争进行到这一阶段,基本没有司令会在战场上一味追求冒险。一般都是本国向他们施压,要求他们冒险。欧文将军此次动身前,将自己所有的担忧认认真真写在了纸上。所以眼下他们热情高涨,想要执行这一复杂错乱、带有一半政治性质的战争计划,让我在意外之余又十分欢喜。若战场上的战士觉得现在正是大战一场的时候,并且他们有这样的勇气,那我们就要给他们自由,这是理所应当的。鉴于此,9月16日晚上11点52分,我发了这样一封电报给他们:

> 你们拥有百分百的自由,可以独立判断整体局势,另外请跟戴高乐将军交换意见,不管你们有怎样的提议,我们都会认真权衡。

我们很快又接到了戴高乐将军的抗议书,他态度强硬地表示想按原计划行事。他这样说道："最近，英国政府推翻了从海上直接向达喀尔进攻的计划，若英国政府执意如此，我会亲自带领我的军队从内陆向达喀尔发起进攻，希望英国在当地的海军和空军能马上协助我们，这是我的最低要求。"①

我方司令此时汇报称：②

> 戴高乐在今天举行的会议上，坚持认为有必要尽快向达喀尔发动进攻。……若能派出特工去达喀尔做准备，做那些该做的事时，不要耽误太多时间，另外不要赋予此次行动太多的英国性质，那他就有很大概率能从达喀尔获得有效支持，有人这样跟戴高乐说。他的特工已在巴瑟斯特做好准备，并接到了指令。目前，戴高乐的意见是，继续执行先前在无反抗的情况下进入达喀尔港的计划，若无法取得成功，自由法国军队会尝试在吕菲斯克登陆，如有需要，海军和空军将向他们提供援助，之后他们以此为据点，再进攻达喀尔。桥头阵地建成后，只有他们需要援助时，英国军队才会登陆。……
>
> 我们谨慎地考虑过所有因素，觉得不应放弃这个计划，毕竟这三艘巡洋舰抵达达喀尔后，并没有使一直以来我们心甘情愿承受的风险加剧。所以我们的意见是，采纳戴高乐的这一新提议，若他失败了，英国军队就要准备登陆，给他支持，这跟先前的计划一样。在我们看来，不管怎么样，最关键的都是增强〔我方的〕海军的力量。
>
> 应该在收到国王政府决定后的四天内，将计划付诸实践。

---

① 我们收到这份抗议书是在1940年9月17日上午11点55分。——原注

② 海军部接到汇报是在1940年9月18日上午7点56分。——原注

欧文少将最终给帝国总参谋长发来这样一封电报：

我在这个战争计划中承担了各种各样的风险，这一点你已了解，单纯从军事角度说，我本不应该不加考虑地承担这些风险。最新情报显示，这些风险有加大的趋势，可我觉得这是值得的，因为很明显最后有可能取得成功。戴高乐也答应过会坚持跟英国军队合作，除非双方已经没有了合作的必要。另外，在法国人内部作战是他的责任所在，他不会推卸。

17日晚上9点，战时内阁又召开了会议。大家全都赞成赋予司令根据实际情况自行决断的权力。由于进攻是几乎一周后的事，不用担心会耽误时间，所以直到第二天中午我们才最终做出决定。我应内阁的要求，起草了一封给达喀尔远征军司令的电报，如下：

目前，我们无法对各计划的优劣做出判断。我们将所有权力赋予你们，你们可根据实际情况自行决断，选择你们觉得最好的方法，以达成此次远征的最初目标。不管情况有何变化，都要在第一时间向我们汇报。

9月18日下午1点20分，我发出了这封电报。

* * *

眼下我们所能做的，就是等待最后结局。第一海务大臣19日汇报说，法国分遣舰队的全部或是部分，此刻正从达喀尔启程，到南面去。显而易见，这支舰队曾往达喀尔运送过维希军队、技术员和官员。新近抵达的援军更提升了我方遇到激烈反抗的概率。一场激战在所难免。我的同僚们只听汇报，不说意见，因为这些百折不挠又很懂得见机行事的人拥有跟我一样的本能，静待事态自行演变。

庞德海军上将 20 日汇报称，我方的"康沃尔"号和"德里"号拦截了法国的"普瑞莫格"号巡洋舰，后者已经答应前往卡萨布兰卡，眼下已经到了。经过证实，"澳大利亚"号发现的三艘法国军舰分别是"乔治·莱格"号、"孟卡"号和"荣耀"号巡洋舰。"坎伯兰"号 19 日中午跟"澳大利亚"号会合，在黄昏到来之前，继续追踪维希军队的船舰。那几艘军舰这时忽然开始向北开，同时将十五海里的时速提升至三十一海里。我们马上去追，却没能追上。"荣耀"号有部发动机在晚上 9 点发生故障，只能以十五海里以下的时速行进。其舰长答应由"澳大利亚"号押解他们返回卡萨布兰卡。这两艘军舰经过达喀尔时，估计是在夜里十二点前后；若遭遇潜艇攻击，应马上自行沉船，"澳大利亚"号舰长这样告诉"荣耀"号舰长。"荣耀"号舰长一定将这件事转告了达喀尔政府，所以两艘战舰经过此处时，什么事都没发生。"坎伯兰"号跟踪另外两艘维希战舰，后来因为下了一场大雨，跟丢了，之后重新找到了，却没有发起炮轰，结果让它们跑回了达喀尔。17 日，"普瓦蒂埃"号在海上被挑衅，自己沉船了。

* * *

我向史末资将军说明了所有情况。

首相致史末资将军　　　　　　　　　　　　　1940 年 9 月 22 日

我发出的跟达喀尔相关的电报，你应该已经看过了。你在以往每封电报中都谈到了不能忽略非洲，这些话我时常会拿出来思考。戴高乐已在赤道非洲和喀麦隆开始了拯救法国殖民地的运动。有些法国军舰和维希政府人员前去搞破坏，这些人应该是德国人派去的，我们不能袖手旁观。若德国人占据了达喀尔，将其变成潜艇据点，将会对好望角航线造成极其恶劣的影响。所以我们已开始为戴高乐占领达喀尔做部署,若有可能的话,就采用和平方式,否则就使用武力；远征军马上就要开始进攻了,他们的实力应该足以支持此次远征。

跟法国水军与部分驻军武力相向,带来的危险当然不能说是微不足道的。但我觉得,整体而言,由于法国这片殖民地士气萎靡,境况艰难,并且因我方掌控了大海,他们若反抗,必将遭遇灭亡,忍受饥饿,所以他们很有可能不会做出有力反抗。然而,任何人都很难在战争开始之前预测结局。有这样一种观点：英国对敌军的反抗,让法国民众言论乃至维希政府都偏向了我们,在这种情况下我们不应该冒这种险,而且奥兰事件重演会给我们带来巨大困难。我们一度因为这种观点生出了很多顾忌。即便是这样,我们还是一致认为,这种反对呼声最终不一定是对的,相较于眼睁睁看着戴高乐被维希法国打败的危险,这样做的危险终究要小一点。既然先前的奥兰事件以及我方对维希政府的封锁都没能使维希政府向我们开战,那我认为,在达喀尔的交战同样不会引致这种后果。抛开达喀尔的重要军事地位以及戴高乐占据达喀尔带来的政治利益不说,我们还能从此战中间接获得先前比利时和波兰一时糊涂存放在非洲内陆的六七千万盎司黄金,以及"黎歇留"号大型军舰,它还没有完全被毁坏。简而言之,这件事就这样定下来了。

由于德国正威胁西班牙及西班牙在摩洛哥的利益,我们暂时不想参与摩洛哥的事务。卡特鲁将军下周就要到叙利亚去,对于叙利亚,我们怀有极大的期望。眼下,一场大规模战役将在马特鲁港爆发,期待我们的装甲队援军能及时赶过来。

肯尼亚的危机并未让我太过担忧,而且有个很好的化解危机的法子,就是守住后方,在铁路附近开战,让敌军接手糟糕的交通条件。我正在想办法往该战场运送一些合适的坦克,另外,我认为当地驻守了过多的军队,若能转移到苏丹和埃及三角洲,肯定能派上用场。

我很高兴并且满怀自信,能跟你共同走在这条我们已并肩走了很多年的路上。

我给罗斯福总统发了一封电报,如下:

前海军致总统　　　　　　　　　　　　　1940年9月23日

洛西恩勋爵将你收到达喀尔消息后的反应告诉了我,我深受激励。德国人在达喀尔建造稳固的潜艇与空军基地,会威胁我们共有的利益。据此推测,可能将有一场激烈的战争在达喀尔爆发,也有可能不必费一兵一卒就能将其拿下。但我们已颁布命令,要奋不顾身地向前进。我们非常希望你能往蒙罗维亚和弗里敦调派几艘美国军舰;但愿那时候我们已攻克了达喀尔,你们若要来访,我们将不胜欢迎。但请你转告法国政府,现在最重要的一点在于,对他们而言,在所有跟美国有关的问题上,开战都会给他们带来巨大的害处。他们一旦开战,就变得跟德国同一性质了,在世人眼中,他们在西半球的利益就等同于德国的利益。

我很感谢你提醒我留意德国进犯我国本土这件事。我们已准备好应对他们。若能收到关于来复枪的消息就好了。

　　　　　　　　　　＊　　＊　　＊

我用不着在这里详细描绘进攻达喀尔的三天发生了什么。在军事史上,它们应该占据一席之地,另外,这也是个绝佳的范例,说明坏运气对一场战争的影响。空军部的气象学家对西非沿海的天气做过很认真的研究。在研究了多年的记录后,他们得出结论,每年这一季节的天气都少有变化,总是晴天,时不时就能看到太阳。然而,英国和法国舰队向这一军事重地进发——戴高乐及其统领的舰队走在前面——的这一天，即 9 月 23 日，却碰上了浓雾。我们原以为反正达喀尔大部分居民，法国人也好，原住民也好，都支持我们，在这种情况下，只要戴高乐率军进入港口，就能让当地总督听令，而英国舰队只需停在远处，在必要时提供支援。然而，没过多久我们就发觉，达喀尔已成了维希党人的天下；维希巡洋舰已毁灭了达喀尔参与自由法国运动的一切可能，这点毋庸置疑。戴高乐派出两架飞机飞抵达喀尔机场，降落之后，飞行员马上遭到逮捕。有一名飞行员随身带了一份名单，自由法国主要支持者的名字都写在上面。戴高乐派出的代表想乘船过去，在船上插一面法国国旗和一面白旗，居然遭到拒绝，之后，另有一些人在乘一艘汽艇进入港口时遭到枪击，有两个人受伤。大家都决心背水一战。同一时间，在一片大雾中，英国舰队来到距离海岸五千码处。达喀尔港的一座炮台上午 10 点开始炮轰我方侧翼的一艘驱逐舰，我们反击，大战随即爆发。"英格菲尔德"号和"先知"号驱逐舰轻微受损，船舱被打中的"坎伯兰"号被逼撤退。有艘法国潜艇在潜望镜探出水面的瞬间被飞机打中，另有一艘法国驱逐舰着了火。

先前围绕军舰对阵炮台一事，展开了一场旷日持久的辩论。纳尔逊曾说，要抵挡拥有一百门炮的军舰，一座六门炮的炮台足矣。鲍尔弗 1916 年在达达尼尔考察工作时说："若军舰能在炮台射程以外的地方向炮台开炮，那双方的战斗力就不一定会有这么大的差别了。"从理论方面说，英国舰队此次若能做出正确安排，完全能跟达喀尔炮台一决高下，不仅如此，还能在两万七千码开外发射一些炮弹，然后将达喀尔炮台的九点四英寸口径大炮摧毁。然而，"黎歇留"号战舰现在还在维希军队手中，该战舰能在同一时间使用两门十五英寸口径的大炮。英国海军上将一定要考虑到这点。雾气是最致命的。所以，炮轰在上午 11 点半前后就彻底结束了，英国和自由法国的船舰全体撤离。

戴高乐将军率领其军队，在当天下午尝试登陆吕菲斯克，结果还是放弃了，因为当时雾气变得更浓，更难分清方向了。各司令于下午 4 点半做出决定，让军队运输舰撤离，明天再战。晚上 7 点 19 分，相关电报送到了伦敦，9月23日晚上10点14分，我以个人名义发了电报给各司令，内容如下：

>既然开始做了，就一定要做到最后。任何情况都不能让我们中途放弃。

当天晚上，我方最后一次警告达喀尔总督，他表示会跟我们对抗到底。各司令说他们想继续作战。相较于23日，24日的可见度要高一点，不过还是看不清楚。我方船舰朝海岸驶去，海岸上的炮台冲我们开炮，这时候，在距离海岸一万三千六百码的海面上，"巴勒姆"号和"坚定"号跟"黎歇留"号开战了。"德文郡"号和"澳大利亚"号很快遇上了一艘巡洋舰、一艘驱逐舰，它们击损了那艘驱逐舰。炮轰结束是在10点前后，当时，"黎歇留"号中了一枚炮弹，炮弹规格为十五英寸，军事重地曼努耳也被同样规格的一枚炮弹打中，还有一艘轻巡洋舰着火了。另有一艘敌军潜艇在阻挡我方行进时遭遇我方的深水炸弹，被迫浮出海面，船上的敌军投降。我方军舰都完好无损。下午，炮轰再度开始，但只持续了很短的时间。期间，"巴勒姆"号四度中弹，不过没有造成多大损伤。此次炮轰只证明了敌方防御稳固，誓要抗争到底，没有得到任何实际结果。

9月25日开始正常交战。这是一个晴天，在距离海岸两万一千码的海面上，我们的舰队发起炮轰，海岸上的炮台给我们精准的还击，这时候，"黎歇留"号两门十五英寸口径的大炮也朝我们开炮。后来，我方找不到进攻的目标了，达喀尔驻军司令放了烟，将其挡住了。9点一过，就有一艘维希潜艇发射的鱼雷，打中了我方的"坚定"号。随后，海军上将决定撤退，"基于以下几点考虑，'坚决'号受损的现状，敌方潜艇继续攻击造成的威胁，岸边驻军发炮的准确率奇高、反抗之心坚定"。

当天上午10点，国防委员会召开会议，指出不应施压给各司令，逼他们做跟自身理智判定不符的事，此次会议我没有参加。上午 11 点半，内阁召开会议，期间收到了今天早上战争的结果。该结果好像明明白白证实了：我们已经小心谨慎到极致，并将自身人手与物资利用到了极致。数艘很好的军舰严重受损。很明显，敌方打算为保卫达喀尔战至一兵一卒。长时间交战会导致情绪爆发，维希政府会不会因此向我们开战，没有人能下定论。所以我们艰难地讨论了一番，最后达成一致，就此停战。

我给诸位司令发了电报（9 月 25 日下午 1 点 27 分），内容如下：

> 参照我们现在打探到的全部信息，"坚定"号受损也包括在内，很明显，对达喀尔的进攻会给我们带来恶劣的后果，所以我们决定取消这一进攻计划。你们要马上停止行动，除非还有什么我们还不知道的事，让你们想用武力登陆。这个决定你们同意与否，请用"最紧急"电报回复我们，在收到我们的回复之前，你们不要正式开始登陆，除非局势发生转变，彻底偏向了我们这边。
>
> 如果这个计划真的取消了，我们会派出海军，竭尽全力保护杜阿拉，但戴高乐在巴瑟斯特的军队（若他们继续停留在当地），我们就保护不到了。眼下我们正在犹豫要不要派军队去支援弗里敦。我们会在收到你们回复的第一时间，向其他军队发布指令，为他们做出新安排。

诸位司令这样回复我：

> 对停止行动无异议。

* * *

前海军致罗斯福总统　　　　　　　　　　　　1940 年 9 月 25 日

对于我们被迫取消进攻达喀尔的计划,我觉得非常惋惜。维希政府先于我们抵达那里,在他们的拥护者和技术娴熟的炮手支持下,加固了当地的防守。还杀害、压制了我们所有的同情者。我们已有几艘军舰被打中,若继续借助武力登陆,便要担负起不恰当的义务,你若考虑到我们现已担负的义务,应该能明白我的意思。

* * *

在为期三天的炮轰中,我国只有"坚定"号一艘军舰遭受重创,要过几个月才能重上战场,另有两艘驱逐舰要送到国内的船坞做大规模修理,但是没有军舰被击沉。维希有两艘潜艇被击沉,其中一艘上面的人员被救。有一艘驱逐舰焚毁,一艘搁浅。"黎歇留"号战舰中了一枚十五英寸的炮弹,另有两枚两百五十磅的炸弹差点打中它,最终使它受创。这么大的一艘战舰,达喀尔自然没有条件修理,7月份有段时间,它就因受损无法行驶,眼下,它已经不能再对我们造成威胁了。

战时内阁与几名司令对此次远征计划的意见不断变化,聊聊这种变化是很有意思的。一开始,几名司令对该计划没有太大兴趣,欧文将军写了篇幅很长的备忘录,描述了各种各样的理由,着重指出所有艰难阻碍,呈交给帝国副总参谋长,为自己留下了后退的余地。法国巡洋舰队及赶来支援的维希党人在远征军从加那利群岛南面经过时,借助法兰西共和国在物质与精神方面的威望,悄悄穿过直布罗陀海峡。我在这时便已确定,局势已经变了;在我的提议和参谋长委员会的支持下,战时内阁达成一致,为了不让外界知道我们计划失败,在还来得及且损失不大的情况下结束此次行动。

战场上的几名司令却在这时拼命要求将计划执行下去,战时内阁的意见是给司令们判断和行动的自由,我非常同意。之后,我方尝试登陆达喀尔,遭到激烈反抗,这证实战时内阁的想法是对的,而它采纳的建议也没有错。

尽管达喀尔之战比我们想象中要激烈得多，但我们对维希政府不会向我国开战这件事的判断是正确的。他们唯一的报复举动，就是派出北非的空军空袭直布罗陀。他们在9月24日、25日两天，不间断地炮轰直布罗陀的港口与船坞；第一次投掷了一百五十枚炸弹到港口；第二次投掷的炸弹是第一次的两倍，动用了差不多一百架飞机。绝大部分炸弹都投到了海里，法国的飞行员做事好像挺马虎的。没有造成太大伤亡，损失很小。有三架敌方飞机被我方的高射炮队打下来。最终，维希政府在达喀尔一战中获胜，在不为外界所知的情况下"结束"了此事。

我们并未责怪参与此战的英国海军与陆军司令，在大战结束之前，他们一直在军中任职，不仅如此，那名海军上将还获得了至高荣誉。我处理事情的一大原则，就是有人估计敌方情况出现失误，对其的处罚要尽量轻。若他们对当地情况的认知，让他们觉得有信心达成这一目标，那他们当然应该积极做出尝试；他们没有料到，维希驻守在当地的军队会因法国巡洋舰和援军赶到，发生这么大的变化，若说这是他们的失误，实在不合情理。至于戴高乐将军，正如我在下议院所言，我因他在此次行动的表现，对他更有信心了。

达喀尔一战从很大程度上展现了战争会因无法扭转的意外发生怎样的转变，同时暴露出军事与政治两种力量对彼此施加的影响，还有联合作战会遭遇的难题，尤其是有盟军参与时，鉴于这些，我们很应该仔细钻研一下这一战的过程。这一战在普通人眼中好像是一个典型范例，集估测失误、安排无序、遇事胆怯、意识混乱于一身。由于达喀尔邻近美洲，美国人对其兴致浓厚，因此对这一战展开了激烈批判。澳大利亚政府同样很担心此事。英国国内也怨声载道，直指此战指挥失误。然而，我已下定决心，一句话也不解释，对此，议会表示尊重。①

---

① 详见附录（3）我跟孟席斯先生的往来信件。——原注

*　　*　　*

现在回想这件事，或许我们应当更客观地看待它。海军历史的研究者会非常惊讶地发现，近三百年前有一件事跟这件事很是相像。1655年，克伦威尔派出一支由海军和陆军共同组成的远征军，向西印度群岛的圣多明各发起进攻。进攻并未取得成功，不过，远征军司令随即转战牙买加，将其占领，转败为胜。

尽管在达喀尔一战中，我们败了，但我们成功阻挠了法国巡洋舰向前行，还粉碎了他们挑衅法属赤道非洲驻军的计划。在不到两周的时间内，戴高乐将军攻克了杜阿拉与喀麦隆，在当地建立据点，推动自由法国事业向前发展。自由法国在这些地方的活动不光阻止了维希毒液在当地的渗透，还因其对中非的掌控，促进了我们之后从塔科拉迪穿过非洲大陆抵达中东的航空线的发展，这样说来，这些活动还是有作用的。

第十章 艾登先生的任务

1940年10月

张伯伦先生退休——内阁人事变化——保守党领袖——什么原因支持我出任保守党领袖——滇缅公路重新开放——给罗斯福的电报——我方在沙漠前线的实力增强——我指责中东现在的军事政治政府——忧心马耳他岛——艾登先生乘飞机赶赴中东——我在1940年10月13日估测的局势——艾登先生和诸位军官在开罗开会——他的汇报与请求——我方在马特鲁港的实力越来越强——艾登先生和史末资将军准备在喀土穆会面——我准备主动进攻意大利军队——应该对我方在中东的人员和物资应用做出更合理的安排

张伯伦先生的身体状况在9月底严重恶化。他在此前的7月份为检查做过一次手术,其后重新回来工作,真是勇气可嘉;医生通过检查的结果判断他罹患癌症,外科手术无法医治他。到了这时,他终于了解了真相,意识到正常工作对他而言已成为奢望,所以他向我辞职了。情况紧急,我据此判断,在政府内部做出上文提及的人事变动很有必要。由约翰·安德森爵士担任枢密院长,兼职主持内阁内政委员会。他此前担当的内政大臣一职,则落到了赫伯特·莫里森头上,后者还要兼职国内安全大臣。军需大臣由安德鲁·邓肯爵士出任。10月3日,这些人事变动正式生效。

另外,张伯伦先生觉得自己应辞掉保守党领袖一职,由我出任。有个问题我不得不思考(可能围绕该问题有很多观点):眼下我是英国国王与议会授权、各党派联合组建并正式支持的政府的首相,这个身份跟大党领袖的身份可以兼容吗?我的回答是可以,且非常确定。保守党在下院占据了大部分席位,超过其余各个党派。在无法达成一致意见或是大家相持不下的情况下,我们无法借助国民仲裁的方式解散议会、重新选举、解决问题,因为现在是战争时期。这段漫长的艰苦岁月,危机四伏,挫败不断,在此期间,若我在行动之前必须先征求两个小党派领袖和保守党这一大党派的许可,那我还怎么指挥作战?被选举为保守党领袖的人一定会手握实际的政治大权,无论他是什么人,无论他多么愿意做出牺牲,都改变不了这一事实。而我所拥有的只是行政方面的职责。

若在和平年代,这些观点自然很不恰当;但我认为,要想成功解决战争期间的所有难题,就一定要这么做。至于如何应对联合政府里的工党与自由党,他们的投票并不能左右我的命运,我身兼首相和最大政党领袖这两个职位,就算没有他们,议会最终也会支持我。所以,在众人的督促下,我出任了保守党领袖,我之所以能在战争胜利前完成自己的任务,多亏了这个职位和保守党人对领袖忠心不贰的支持。要是我不肯出任,保守党人哈利法克斯勋爵会是最有可能的人选,眼下他亲自提议,由我来做领袖,党内无一人有异议。

* * *

这个夏天,我们历尽无数风浪,却越来越相信我们可以坚持到最后。秋冬两季,我们又遇上了烦冗错杂的难题,没有夏天造成的威胁大,却更让我们摸不着头脑。很明显,德国进犯我国本土的可能性变小了。我国的本土部队和国民自卫军的实力现在已相当壮大。英吉利海峡与爱尔兰海在10月秋天的狂风中掀起惊涛骇浪,十分危险。过去我用来宽慰自己的那些论断全都得到证明，愈发能站住脚了。日本在东亚宣战的可能性好像变小了。先前他们期盼着看德国人将怎样进犯我国本土，结果德国人未能让他们如愿以偿。日本军队希望能找到最有保障的法子。可是在战争期间，极少有这样的法子。若7月份，他们是觉得我们不配做他们的敌人，那事到如今，英国更加光芒万丈，日本面临的局势更加糟糕，他们又怎会在这样的情况下向我们开战？我们认为，滇缅公路的三个月封锁期满后，可以重新开放使用，现在我们的实力足以支撑我们这样做。在海战方面，日本人经验丰富，他们可能跟英国海军部持有相同的意见，可是我们在决定重新开放缅甸公路，向中国供应物资时，依旧有些担忧。我们的决定是正确的，这一点已在对此次尚待确定的结果开展的广泛评定中得到了证实。

我想将我觉得能让总统及美国民众觉得欣喜的消息，通过电报通知总统。

前海军致罗斯福总统　　　　　　　　1940年10月4日

10月17日，对滇缅公路的三个月封锁就到期了，在花费了大量时间，对相关各类问题做出权衡后，我们于今日做出决定，重新对外开放滇缅公路。我跟外交大臣会在周二也就是8日，将这一决定通知议会。我想说日本和中国的问题根本不可能得到解决，我们不用再抱有妄想，三国公约订立后，1939年的《反共产国际公约》得以恢复，另外，很明显，三国公约是站在美国对立面上的。我明白你很难公然表态，让美国在太平洋地区担负起责任，执行假设的行动策略，但在当前的情况下，相较于开空头支票，做出小小的实际行动不是更好吗？请原谅我这样冒昧。派一支美国舰队——规模能有多大就多大——对新加坡进行一次友好访问，这样你都做不到吗？新加坡迎接他们时，会采用十分正规的手段。另外，你们要是没异议，也可乘机从技术层面对新加坡、菲律宾海域的海军和陆军问题展开讨论，还可请荷兰人参与其中。只要你们在这方面有一点点表示，就能震慑住日本，这样，日本便不会因滇缅公路重新开放，跟我们开战。你若能考虑在这些事情上有所行动，便能有效阻止战争扩张，我会因此非常感谢你。

虽然在达喀尔一战中，我们彻底输了，但维希政府还是在想办法跟我们结交，显然，这样做符合法国人的意愿，德国人承受的重压，他们已经感受到了，并且他们也见识到了我们有保卫本国的能力。

我们在空中的实力不断进步，跟敌军相比，地位也越来越高，可是我们对飞机的需求还跟以前一样急切。几家重要的工厂毁损严重，另外，空袭警报频频拉响，也导致生产效率下降。由于战场就在我们本土上空，我方的大半飞机都能安全降落或是只受一点轻伤，因此我方飞行员的伤亡比预想中少。我曾跟你派来做访问的官员重点聊过飞行员这个问题。目前，我们开始觉得，在即将到来的这段日子，真正使我们受限的是飞机。

我不能说我国本土已摆脱了被侵略的威胁。那名绅士脱掉衣服，换上了浴袍，无奈水温不断下降，还有冷冷的秋风吹过。我们高度警觉，跟以往一样。

* * *

这些振奋人心的事情，正在世界另一面上演，它们为我们在中东清除了障碍，方便我们采取更强势的举措。意大利的动作慢于我的预期，我们要专心致志对付意大利。韦维尔将军那边，已经有实力雄厚的支援军队赶到。两个坦克团已经抵达沙漠。梅特兰·威尔逊将军统领着眼下人称"尼罗河集团军"的军队，他说"马蒂尔达"——步兵坦克，也就是"I"式坦克，军人们都称其为"马蒂尔达"——有很大的潜力。我们在马特鲁港的防守工程这段时期被大大加固（那时我还不知道这件事），中东司令部的参谋与规划员开始筹备一些新计划。接下来，我们的重要任务很明显是从英国、印度调兵，增强我们的中东军队，特别是西非沙漠军队的实力。

我继续跟海军部针对尝试让军事运输舰队从地中海通行一事展开商讨。"那时候我们是该尝试一下的，现在你们都明白了。"我这样跟他们说。他们的回应却是："这么着急根本没必要。"我认为对当前中东兵力的布置相当不妥，物资供应跟军队作战能力也极不匹配。马耳他岛令我担忧不已。我不光直接提醒韦维尔将军和陆军大臣留意这些问题，还通过参谋长委员会间接提醒过他们。我写了这样一封信给艾登先生：

首相致陆军大臣　　　　　　　　　　　　1940年9月24日

　　在原则方面，我们的意见是一致的；可在如何利用原则的细节问题上，我们却有很多分歧，最典型的例子就是现在我国本土随时可能遭受侵略，却要在这时将本土的防御军队调到别处去。参谋部也接连提出调军要求，将中东的军队调往别处，例如将澳大利亚的第七师调到马来半岛去，在当地驻扎防守。现在，为了预防可能发生的对日作战和日本对新加坡的围攻——后者发生的概率比前者更低——我们准备把那两支印度旅调到这片热带丛林中去。昨天晚上，我跟诸位参谋长共同研究了跟印度援军相关的文件。文件显示，1941年能向外调派的印度援军全都被调派出去了，其中两个师分别被调往马来西亚和巴士拉，剩余一个军调往伊拉克。像这样从地理上安排或分散军队，展示了当前我们最重要的指导思想，从战略角度来说，这种思想一点可取之处都没有，但他们却跟我说，这些已被安排到特定战场上作战的军队，也可以全都调到中东去，前提是有这种必要的话。所以我批准在报告中增加对这点的说明。不过，那段关于调动这些师的文字中没有半点牵涉到作战需求，这让我感觉十分不妥。

除了这最重要的一点外，我们还应留意，肯尼亚浪费军队的情况不断加剧，同样在这么做的还有巴勒斯坦。不过，巴勒斯坦的情况已得到少许改善，肯尼亚则刚好相反，又有一支山地炮队被调到那里，但真正需要炮队的是苏丹。日后史末资将军到了那里，我很担忧那里的状况会使他困扰。我准备通过电报跟他交流一下。

此外，在苏伊士运河区、开罗、亚历山大，英国正规军被当成警察使用，这也是一种巨大的浪费，而在将全部力量集中于战争，同时平衡物资供给和作战能力两件事上，中东司令部也做得相当马虎。先前，我想查看一下相关数据，但直到现在也没人回复我。

你希望能在最近几个月将实力最雄厚的军队都调集到中东去，我也是这样想的，在别的文件中，我曾谈及我想看到多少个师调集到中东，可我觉得，陆军部和埃及统帅部首先应该做的，是将其现有的大军利用到极致，毕竟为了养活这些军队，我们已花费了大量资金。

另外，马耳他的现状也让我忧心忡忡。大家目前已达成一致，派两支营队去援助马耳他；可在执行时却犹犹豫豫，斤斤计较，还编造出像岛上装不下那么多人的借口！对于岛上的情况，多比将军做过估测，他在报告中指出，他属下的每个营都要防守漫长的十五英里防线，后备军队要一个不落地去守卫机场，你看过这份报告吗？我们没能掌控马耳他岛的制海权，意大利能借助海军的援助，在任意时间派出两三万远征军对马耳他岛发起进攻，这件事你有没有察觉到？虽然大西洋已在我们掌控之中，敌军想进犯弗里敦根本不可能，但我还是要提议，调这两支营去增强弗里敦的一支旅。我跟你提的这些问题表现出的一些趋势，大大有悖于你的战争计划，正因为这样，我坚信你不会因我提出问题，对我心生怨言。

首相致伊斯梅将军　　　　　　　　1940年10月6日

我认为，马耳他岛现在的情况非常危险，因此，不管舰队准备何时从亚历山大动身，赶赴地中海中部，都应运送援军到马耳他岛。可从运河区的驻军中抽出几支营组成援军，留下的防御空缺交由眼下正驻扎在巴勒斯坦的不骑马的义勇骑兵队补上，或是交由澳大利亚分遣队或马上要从肯尼亚调过去的南非军队补上也可以。请一定针对这几个问题给我意见，另外，下次一定要往马耳他调派援军，最低限度要调派一支营。把正规的营用来维持埃及的治安，这样的浪费是我们不允许的。眼下他们并没有在战场上打仗，若他们真被要求去打仗，我们自然不能这样调派他们。

*　　*　　*

我跟陆军大臣持有完全相同的看法，我们深觉不应再借助一封接一封的电报跟当地交流，而应直接赶过去说出我们的建议，于是，我问陆军大臣愿不愿意亲自到中东考察工作。他欣然同意，马上就出发了。他对战区各部分都做了考察。他回来之前，陆军部的管理工作由我负责。

当时，参照我所能了解的情况，我对整体作战局势有了自己的见解，提交给了三军参谋长委员会。

首相致伊斯梅将军，转呈参谋长委员会　　1940年10月13日

1. 支援马耳他是当前最紧急的任务：

（1）竭尽所能想办法往马耳他岛调派"旋风"式飞机；

（2）用现在还在准备的运输船队运送尽量多的防空设施、营队、炮队过去——听说另一艘军队运输舰也快准备好了；

（3）下一回，舰队从亚历山大启程，赶赴马耳他时，从苏伊士运河区或是在巴勒斯坦做警察工作的军队中抽出一支营，两支

营更好,跟舰队一起去马耳他。近来多比将军对当地状况的估测显示,增强当地的防御已迫在眉睫。对于他的这一需求,我们要尽量满足,因为若是意大利认为马耳他阻碍了他们,很有可能会对马耳他发起进攻。我们应该在意大利发起明显进攻之前,把马耳他所需的援军全都调派过去。

(4) 更有甚者,单是将三辆步兵坦克布置到马耳他岛上,也能发挥很大作用,这不光表现在实际防御方面,事实上,只要让敌军了解,有三辆坦克在马耳他岛上,就能震慑住他们,因此将模拟坦克摆放在从空中较易探测到的位置也是可行的。

2. 派出舰队开赴马耳他岛,是当前最急迫也大有裨益的一个举措,不过在实施之前,先要增强岛上的防空实力。让舰队甚至是轻型舰队驻扎到马耳他岛,可以对增强岛上的防御起到立竿见影的效果,我对此举相当赞同。我所知的计划是,白天该舰队会离开港口四处巡逻,到了晚上再停靠到港口。我们应该明白,相较于轻型舰,"勇敢"号军舰更加牢固,更能抵挡炸弹轰炸,不仅如此,"勇敢"号上还安装了二十门高性能高射炮。连轻型舰队都能驻扎在马耳他港口了,那装甲牢固、武装完备的船舰自然也可以,只是比较危险而已。为有力抵挡敌军的俯冲轰炸,可利用数目较多的不旋转投射弹(火箭密码)在空中设置布雷网。

期待海军部能向我提供更丰富的相关信息。

主力舰队经常全体出动,能大大震慑住前来进犯的敌军,若利比亚还有敌军的话,也会对危及〔敌军〕通向利比亚的交通线路。

我想了解,已经架起了多少门高射炮,新的运输舰队最多可运载多少〔上述高射炮〕,高射炮什么时候才能全部架起来。

3. 跟维希政府的关系。因担心维希政府会轰炸直布罗陀而向其妥协,这种态度我们无法接受,类似的顾忌会越来越多。我们一定要再度强调一下对直布罗陀的封锁,在不侵犯西班牙领海的前提下,给所有船舰相同的待遇,不管有没有护航舰从旁保护它们。为此,一定要往直布罗陀调派足够多的军队,越早调派完越好。与此同时,我们要竭尽全力,严格封锁达喀尔,另外避免杜阿拉等地区遭受达喀尔的法国巡洋舰的反击。若我们真能跟维希政府谈判,或许能在谈判中达成一些临时性质的协议,但不会涉及这些紧急事务。我们自然也可以为他们放松标准,给他们极大的自由,但前提是我们能肯定维希政府或是其内部的一些人真心偏向我们。他们好像越来越喜欢遵循我方的意愿采取行动,这种趋势对我们很有益,我觉得就算向他们重重施压,也不会改变这一趋势。维希政府带领法国跟英国对抗的难度不断增加。用不着太担忧我们会阻碍这种演变,原因就是,现在的总体趋势有益于我们,由海上可能出现的意外等组成的局部趋势,根本抵挡不了总体趋势。我认为,我们跟法国人之间根本不会发生冲突,也不会因此对我方运输舰队马上赶赴马耳他造成任何阻碍。我们有机会,但要努力才能抓住机会。

4. 沉重打击"俾斯麦"号和"提尔皮茨"号,使其丧失作战能力,是我方轰炸机指挥部最重要的目标。若能让"俾斯麦"号在三四个月内无法参战,"英王乔治五世"号便能赶赴地中海东部,在当地采取行动,为舰队占据马耳他发挥最关键的作用。地中海的战局会因此迅速发生转变。

5. 若10月过后,敌军还没来进犯,我们就开始绕道好望角支援中东,在这一过程中,要将我方船舰利用到极致。根据原先定好的计划,11月份要将装甲队、澳大利亚军队、新西兰军队运送过去,圣诞节到来之前,再将一个英国师运送过去,随后的1月到3月,最少再运四个师过去。所有这些军队都不包括在必要的分遣队之内。你现在的运输计划能完成多少任务量,请告知我。

6. 眼下是时候利用轰炸机和战斗机给中东更有力的援助了。参谋长委员会打算援助到何种地步,请回复我,此举尽管冒着巨大的风险,但也是因为有巨大的需求。

7.请告诉我在即将到来的六个月中,你们计划怎样充实地中海舰队。年末可以往地中海东部调派三支驱逐舰分遣队,往直布罗陀调派一支。若"英王乔治五世"号一定要留下来监督"俾斯麦"号,那应该马上调派到亚历山大的就是"纳尔逊"号或是"罗德尼"号,以及"巴勒姆"号或是"伊丽莎白女王"号。你们准备用来充实地中海舰队的巡洋舰具体有哪些?将"敬畏"号(航空母舰)也调过去可以吗,如果可以,会在何时?

8.调派这些师去中东造成的空缺,应该通过发展本土防卫军和国民自卫军补上。不管什么时候,都应该(在本土)留下最少十二个机动师做后备军,负责海滩防守工作的军队不包含在内。

9.9月末还能调派两栖作战军队过去,共计六个师,两个是装甲师。关于如何使用这类军队,我们有很多备选方案,目前还没定下来。

* * *

艾登先生此时正在考察工作的路上。他"清楚记得近来直布罗陀防御工程迅速向前推进",他说该工程"之所以能进展得如此迅速,是因为在其中投入了大量精力,树立了非常坚定的信念,并思索出了不少方法"。将士们斗志昂扬,守卫军事重地的军队满怀自信。只有马耳他的形势让他放心不下,他要求在连续派出空军支援马耳他的前提下,再派最少一支营和一支炮队过去,后者要装备能发射二十五磅重型炮弹的大炮。作为总督的多比将军说有一件事非常重要,就是马耳他不要采取能引致报复的进攻策略,直至1941年4月,因为各类支援飞机和高射炮的计划要到1941年4月才能执行完毕。

艾登先生于15日抵达开罗。他和韦维尔将军,以及沙漠兵团的指挥梅特兰·威尔逊将军展开了讨论,涉及方方面面,毫无保留。他们满怀自信，能打退前来进犯的意大利人。威尔逊将军估测，意军在供给，特别是水的供给受限，以及交通受限的情况下，只能派出三个师以下的兵力来进攻马特鲁港。他用来抵挡意军进攻的军队包括第七装甲师、刚刚调过来的坦克团、第四印度师、马特鲁港驻屯军——总共包括五支来复枪营、一支机关枪营、八九支炮队。第十六英国旅团、新西兰旅团都从巴勒斯坦赶过来了。两个澳大利亚旅团，一个已在亚历山大西面驻军，一个正在朝当地进发。除了这些，还有一支波兰旅。威尔逊将军的意见是，将这些军队集合起来，其实力完全可以抵御敌军的进攻，将其击败，但前提是空军能承诺给予足够的支持，艾登这样写道。艾登还提及，先前我提议利用尼罗河的泛滥阻挡敌军进攻，该计划现已被执行，还设立了反坦克障碍。我收到了他的一份明细单，上面详尽列出了军队需要的东西，其中飞机是最急需的。彼时伦敦正遭遇最猛烈的空袭，很难调出飞机给他。为进攻卡萨拉的意大利军队，他强烈要求调派一个步兵坦克连加入11月的军事运输舰队，开赴苏丹港。

  在开罗，艾登又提出了一个问题，提得恰如其分：若意军没有任何行动，我方军队该做何反应？诸位将领最开始的回答是准备发起进攻。艾登在电报中写道："通过今天的商讨，我们发现我们大大低估了步兵坦克〔马蒂尔达〕在该战场上发挥的作用。为使坦克维持最高使用率，韦维尔将军还需要一支'I'式坦克营和一个旅部修理排。"

  陆军大臣的电报没有说到进攻，但其中包含的喜讯依旧让我高兴不已，我让他接着考察。

首相致陆军大臣   1940年10月16日

  我兴致勃勃地读完了你的每一封电报，觉得你此次考察意义非凡。你提出的要求，我们正在想办法解决。你用不着心急回来，留在当地继续考察。

另外，艾登还安排了一支土耳其军队代表团来到我方集团军，还提议在喀土穆跟史末资将军谈论整体形势，特别是从苏丹进攻的计划，以及肯尼亚驻军从我这里受到的过分指责。此次会谈定在了10月28日，这一天之后变成了一个纪念日。请求获得各类装备的信函不断送到我手中，这是自然的，支援埃塞俄比亚起义一万支来复枪，特别是反坦克炮、反坦克枪、高射炮以及空军的请求也包含在内。这段时期，我们竭尽所能使这些需求得到满足，不惜为此削弱本土的防御力量。所有人都只有不到二分之一的需求得到了满足，所以两个身处相同险境的人，只有一个能得到自己想要的东西，而他一旦得到就不会再放手。

艾登先生准备在喀土穆的会晤结束后，第一时间乘飞机经由拉各斯返回伦敦，将他的所有见闻和所作所为，做一份详尽的口头汇报。我从中受到了极大的鼓励，想在西非沙漠一带尽快转守为攻。我为此事打了封电报给他：

1940年10月26日

离开前，你应该跟各军队的将领仔细斟酌一下，先下手进攻是不是可行。在这方面，我无法提出什么建议，但若有别的选择，还一定要先调集、安排好强大的大部队，然后再采取行动，从战略角度来说，就落了下乘。我认为在当前的情况下，计划用保卫战与反击打退敌军的进攻，十分恰如其分，然而，若在德国大军赶到之前，敌军坚持不轻易向我们发起进攻，我们又将如何是好？你不用回答这个问题，等你返回英国后，我们再详谈。

为了在我们的供给能力允许的范围内，将作战士兵和作战军队的比例提升到最高点，请你认真钻研一下中东的陆军战场。请分析一下，将苏伊士运河区和埃及的治安管理，交由从白人分遣队里临时调派出来的一些人负责是不是可行。全体英国营都要非常灵活，什么时候参战都可以。我很担忧，中东地区的作战能力跟供给能力的比例会在各地区中占据最后一位。那种很普通的回复，对你来说是不够的。就算是军队里的军械处、兵站工作人员和其余技术分遣队，都能负责驻地的治安工作，为了在危难关头能对他们加以利用，现在就应把他们组织起来。次等和更次等军队也应像第一等军队一样发挥作用。

就这样，在最重要的问题上，国内跟战场上的观念越来越接近了。

第十一章　与维希政府、西班牙的关系

跟法国联合——美国、加拿大一直跟维希有联络——戴高乐将军遇到的难题——10月21日我利用广播向法国民众演讲——此次演讲影响深远——重要的举措一定不能半途而废——土伦的舰队——罗斯福总统从中干预——海军部有很多顾忌——11月份跟总统的信函往来——对法国战舰实施的策略要始终如一——给戴高乐将军的电报——贝当对总统承诺——英国与西班牙——塞缪尔·霍尔出任驻西班牙大使——佛朗哥将军的方针——西班牙对我们的敌对态度带来的威胁——阿尔赫西拉斯湾和中立地区——西班牙政府对希特勒实施的灵活外交策略——佛朗哥不断拖延——苏涅尔的职责——宾特洛甫9月19日到访罗马——西班牙不断提出更多要求——希特勒10月4日在勃伦纳山口会见墨索里尼——希特勒10月23日在昂代会见佛朗哥——希特勒10月24日在蒙都瓦会见贝当——联合起来与英国为敌——11月14日我公开了自己的见解——贝当和赖伐尔的关系破裂——西班牙令希特勒大失所望——佛朗哥对希特勒、墨索里尼阳奉阴违，背信弃义——我致电总统

我一直觉得法国跟我们是一个整体，这种感情不因法国跟德国签订了停战协议，我们在奥兰击败了法国舰队，同时拒绝跟维希政府进行外交往来而发生改变。法国遭到敌军残害，处在漩涡中心的法国民众也遭遇了各种针对他们个人的迫害，一个人若没有切身体会过这种

痛苦，就不要信口开河评判他人。本书不涉及对法国烦冗复杂的政治问题的讨论。但我坚信，法国民众只要了解了真相，就必定会竭尽所能，推进我们的共同事业向前发展。当他们获悉脱离眼前的困境，唯一的办法是遵从极有声望的贝当元帅的吩咐时，当他们听说英国只给了法国很少的一点援助，而且英国也将很快向敌人臣服或是自动投诚时，他们根本毫无选择的余地。但我很清楚，他们想看到我们胜利，对他们来说，最开心的事莫过于看着我们意气风发地坚持作战。戴高乐将军勇敢坚韧，不畏挫折，坚定不移地给他支持是我们最重要的任务。我在 8 月 7 日那天跟他签订了一项军事协议，以使他的某些实际需求获得满足。英国广播电台已将他鼓舞人心的演讲传到了法国乃至全球各地。贝当政府要处决他，结果却将他变成了大名人。我们给了他尽量多的支持，同时让他的活动空间尽量向外扩张。

　　这段时期，在跟法国保持联络之余，不要忘了维希政府。所以一直以来，我为利用他们付出了最大的努力。当年年底，美国任命莱希海军上将为驻维希大使，我对此深感庆幸，此人极具声望，社会地位极高，且跟总统十分相似。我不断要求麦肯齐·金让他的代表杜普伊先生继续待在维希，杜普伊十分能干，且有丰富的学识。我们想进入一个院子，却找不到路，在这种情况下，至少这里给我们留下了一扇打开的窗。我在 7 月 25 日这天交给外交大臣一份备忘录，说："我的计划是，在维希政府内部秘密策划一件事，让政府内部的一些人逃到北非去——其他人可能对此没有异议，在北非沿海获得独立身份，再跟法国谈判时就占据了更加有利的地位。我打算借助粮食等利益诱惑和一些非常鲜明的证据，将这个目标变为现实。"为此，我准备在 10 月份会见一个人，他的名字叫鲁吉安，他说自己到这里来，是贝当元帅亲自授意的。我会见他只有一个原因，就是觉得不应该意气用事，错失任意一次跟法国接触的机会，这并非表示我跟同僚们对贝当存有半点敬重之心。让维希政府及成员明白，他们在任何时候改正错误，对我们来说都不算太迟，这是我们一直以来坚持的方针。法国跟我们是患难之交，我们会跟法国共同分享胜利果实，不管此前发生了什么，这一点都不会改变，唯一的例外是我们跟法国真的开战。

戴高乐因我们的这一政策深感窘迫，为了在海外高举法国国旗，他甘冒任何风险，然而，要说他组建了另一个有法律效力的法国政府又不合适，因为他在海外的拥趸实在太少了。在这种情况下，我们依然为提高他的声望、提升他的权力、增强他的实力付出了最大努力。站在他的立场上，觉得我们应该只对他一个人忠心，痛恨我们跟维希政府的所有关系，都是自然而然的。他也认为自己要在法国民众心中占据一席之地，就要非常留意，在"三心二意的英国人"面前，表现出自己的傲气，虽然他流亡海外，要仰仗我们的保护才能生存。为了让法国人相信他不是被英国操纵的木偶，他只能在英国人面前表现得很蛮横。他的确执行了这种策略，且坚持到了最后。有一回，他还跟我做了说明，他的处境艰难至极，我非常理解。他非同一般的胆识，一直让我敬佩不已。

*　　*　　*

我在10月21日这天借助无线电广播向法国民众演讲。演讲稿很短，但是一定要用法语，这花费了我大量精力。一开始，我准备直接从英语翻译成法语，但是出来的演讲稿未能表现出我在英语演讲稿中的精神，这让我很不满意，不过，伦敦的一名自由法国成员迪歇纳先生重新帮我翻译了一个版本，比先前的好很多，经过多次演练，我最终在"新楼"地下室发表了此次演讲，当时正好遇上空袭，有爆炸声传来。

致法国民众：

我跟你们在和平战争这条路上一起走了三十余年，眼下，我们依然走在这条路上。今天晚上，我就好像在你们家里跟你们说话，这一点无论你们身处何处、有何种经历，都不会改变。金路易上有句祈祷文:"天佑法兰西。"①我将这句话读了一遍又一遍。英国本土正忍受着德国人的轰炸,但我们始终牢记我们跟法国的紧密关联,眼下我们正百折不挠、斗志昂扬地战斗,争取欧洲自由和各国民众的公平待遇,我们曾经跟你们为了相同的目标,拿着武器共同战斗。好人在被恶人攻击、折磨,深陷苦海之际,一定不能内讧,而应该谨慎行事。我们的敌人一直在想办法引起我们的内讧,我们自然也中过他们的诡计,这是因为我们不走运,遭遇了很多意外。若类似事件重演,我们一定要竭尽所能把祸事转变为幸事。

希特勒先生说他要将伦敦变成废墟,眼下他正在用飞机轰炸伦敦,但伦敦市民一点都不害怕。除了自保,我们的空军还有剩余力量。敌军从很久以前就叫嚣着要侵略我们,我们一直在恭候大驾。恭候他们的,甚至还有大海里的鱼。然而,这对我们而言,自然还只是开端。制海权在今年,即1940年,继续掌控在我们手中,此前我们频频受创,却未影响到制海权的归属。制空权明年也将落到我们手中。其象征意义请你们不要忘记。希特勒先生使欧洲大部分最优秀的民族暂时向他臣服,这是他的坦克等机械化装备、第五纵队和卖国者联合密谋的结果,至于他的小帮凶意大利,胆怯如鼠,寸步不离地追随着他,迫切想收获什么,结果却耗尽了所有精力。他们将法国视为一只鸡,想将其瓜分掉,你分一只鸡腿,我分一只鸡翅膀或是一块鸡胸肉。这两个无耻的凶徒不光要瓜分法兰西帝国,德国还想再度占有阿尔萨斯-洛林,还要抢走法兰西版图中的尼斯、萨瓦、科西嘉——拿破仑的出生地科西嘉——只是,偷走别国的领土或是将别国领土一块块并入他的小联邦,并非希特勒先生的唯一目标。真相是,这个恶棍,这个在仇恨与失败中变得极端残暴扭曲的家伙,已经下定决心,要毁灭法兰西

---

① 金路易是法国之前的一种金币,上面刻着"天佑法兰西"的字样。——译注

的现在与未来，要将这一民族从根上铲除，这一点你们一定不要质疑。他想将法国独有的文化本源彻底毁灭，使法兰西精神再也不能传到世界各地。为此他采取了各种奸诈、粗暴的举措。一旦他成功了，德国纳粹就会占领整个欧洲，到处压榨、抢掠、欺侮百姓。迂回婉转的说话方式在当前这种情况下是不恰当的，所以我才会说得如此直接，请你们不要介意。战败不会成为法国日后受德国人奴役的原因，真正的原因在于，整个法国都被彻底毁灭了。打了胜仗的德军会采用武力，加上警察最极端、最无耻的手段，共同毁灭法国的陆、海、空三军，法国的宗教、法律、语言、文化、制度、文学艺术、历史和风俗习惯。

　　法国民众要马上振作起来，否则就太迟了。拿破仑在某次开战前说："这帮普鲁士人先前在耶拿以三敌一，在蒙米赖以六敌一，现在却这样自吹自擂。"要把这句话记在心上。要说法兰西的灵魂已死，我断然不会信！要说它再也不能跻身全球最大国了，我也断然不会相信！希特勒先生与他所有的同党，将会因为这些诡计与罪恶招致恶报，我们之中的很多人都能活到那一天，亲自为他们见证。这一天应该不会太遥远。我们和我们大西洋彼岸的友人，以及你们在大西洋彼岸的友人，都在追踪此事。他跟我们不是你死就是我亡。所有事情都会迎来转机，要有自信，要有期待。

　　我们英国民众会在这段艰苦岁月对你们提出怎样的要求？眼下，我们正为了获得可以跟你们分享的胜利果实而战，所以我们要求你们就算不能帮我们作战，最低限度，不要阻碍我们。你们有义务增强这个帮你们跟敌人对抗的铁拳头，你们很快就能做到了。可我们相信，就算是现在，不管身在何处，法国人只要听说我们在空战、海战或是没过多久——必然用不了多久——在陆战中取胜，都会感觉心头流过一阵暖流，都会热情澎湃，吐气扬眉。

　　我们永远不会止步，永远不会疲惫，永远不会妥协，我国的全体民众已经发誓要清除欧洲的纳粹毒素，让世界重见光明，这一点请你们不要忘记。受德国人操纵的无线电台说英国人想抢走你们的船舰和殖民地,事实并非如此。希特勒和希特勒精神的性命与灵魂,才是我们抢夺的目标,也是我们唯一的目标,在取得成功之前,我们绝不放弃。我们只想得到别国的敬重,对别国的一切,我们都没有企图。法国殖民地与人们口中的法国非占领区内的法国民众要有效开展行动,随时都可以。敌军正在监听,我就不详述了。英国民众和很多被德国野蛮人残酷管制、压榨、监督的民众一条心。1870年过后,法国伟人甘必大[①]在谈及法国的前途和趋势时说了一句话:"此事要时常记挂在心上,但是不要挂在嘴边。"希望沦陷区的法国民众在思考将来时,能想起这句话。

大家去休息吧!养好精神,明日再战!很快就能看到晨曦了。忠诚的勇士、为追求正义承受痛苦的人和已经逝去的英雄,都将享受晨光的照耀。这种光芒必将在黎明之际降临。法兰西永世长存!全球各国民众对公平、真切的传统,对更宽广、更丰富未来的追求将永不止息。

此次演讲让无数法国人深有感触,这点毋庸置疑,法国各阶级的男女直到现在还会跟我谈及此事,他们依旧对我十分亲近,并不介意我曾为对抗我们共同的命运,被迫做出很多冷漠之举,有些甚至直接冲向他们。

*　　*　　*

坚持采取重要举措,是这一阶段我们一定要做的。我们不能在希特勒统治欧洲与法国之际放弃严密的封锁,特别是对法国的封锁。一

---

① 甘必大,即莱昂·甘必大(1838年—1882年),法国著名政治家,在1870年至1871年的普法战争中,曾组织军队反抗普鲁士。——译注

切出入法国港口的船舰,都会被我们毫不迟疑地拦下,只有很少的时候,我们会应美国人的要求,让数艘特定的运送医用品的船舰开进法国的非占领区。我们会一直支持戴高乐,让他在法国殖民地扩张自己的势力,这点不会因维希政府而改变。现在,阻止被扣留在法国殖民地港口的法国舰队的任意组成部分返回法国,对我们来说是重中之重。有时候,海军部很担忧法国会向我们开战,令我们的处境更加艰难。我却一直坚持,只要我们能证实我们有毅力、有能力战斗到最后,维希政府这种违背天命的做法,就绝对得不到法国民众的真心认可。这段时期,法国民众对英国确实怀有热切期待,愿与英国患难与共,他们的期待随着时间的推移越来越热切。即便是在之后没多久成为贝当元帅外交部长的赖伐尔先生也察觉到了。

当年冬天,我开始忧心那两艘法国大型战舰会试图返回土伦,它们没完成的工程可在土伦完成。李海海军上将作为罗斯福总统的特使,跟贝当元帅相当亲密。所以,我请求罗斯福总统帮我解决此事,他答应了。

前海军致罗斯福总统　　　　　　　　　　1940 年 10 月 20 日

据悉,维希政府打算把军舰和殖民地军队调去援助德国,跟我们对抗。这些传言,我个人并不相信,但德国若是得到了法国在土伦的舰队,会使我们遭受重创。总统先生,你可以采取一种英明的防御举措,就是用极强势的语言向法国大使强调,美国有多痛恨这种对民主、自由事业的背弃。这样的告诫,维希政府会很认真地对待。

近来,在西北航道上,我们有两支军事运输舰队损失惨重,你肯定已经听说了。①这件事发生时,正赶上我们驱逐舰匮乏(我

---

① 10 月 17 日、18 日、19 日,西北航道上有三十三艘船被潜艇击沉,英国船有二十二艘,其中有二十艘属于同一支军事运输舰队。——原注

跟你说过那时我们的状况)。你们派出的五十艘驱逐舰先后赶过来,用不了多久,部分驱逐舰就能参战了,真是上帝保佑。年末,我们的很多反潜舰就完工了,到时候我们的处境就会大幅改善,不过,我们还必须要忍受一段时间的焦虑,因为在英法海峡中投放这么多小舰担当防御工作,要求我们在地中海布置大量海军,并要对大规模的护航做出安排。

为此,总统给贝当政府发了一封私人信函,以相当强硬的态度谈及土伦舰队。"一个政府被一个强大的国家俘虏,并不意味着它就有理由攻击它此前的盟国,以此效忠俘虏它的新主人。"他这样写道。他提点贝当元帅不要忘了他曾郑重承诺法国舰队无论如何不会投诚。法国政府若准许德国人借助法国舰队对抗英国舰队,就等于故意背叛了美国政府,而美国政府绝对不能宽恕这样的举动。美国和法国的传统邦交,势必会因这种性质的协议受损。美国大批民众势必会因此对法国深恶痛绝,对法国民众的支援也将被永久禁止。若法国真要这么做,那以后碰上什么情况,美国明明有能力帮法国保留海外属地,也不会出手帮忙。

前海军致罗斯福总统　　　　　　　　　　　1940年10月26日
　　你在我通过电报请求你致电贝当之前,已经给他打了电报,严厉警告了法国人。你这样做,我感激不尽,只是现在所有事情都还没确定。我听外交部说,他们已经通过电报,让你了解了德国近来向我们提出的条件,听说贝当没有接受。从这个角度来说,出卖船舰的危害固然大,出卖非洲海岸空军或是潜艇基地的危害也是一样。尤其是大西洋沿海的基地,一旦被恶人掌控,就会危及你们的利益,也会让我们的处境变得艰难至极。所以希望你可以告诉法国人,移交基地和移交船舰对你来说是相同的性质,你会做出相同的反应。

此前的五个月，对我国本土的侵略威胁和空袭一直没有间断，在这种情况下，我们仍然坚持通过好望角往中东运送现代化飞机和舰队的主要船舰，以支援当地。我觉得目前我国本土依然有被侵略的危险，但我们对中东的支援还是要增加。这两个战场都承受着巨大的压力，我们由衷感谢外界所有的支援。

海军部这段时期唯恐维希政府会跟我们断绝关系，所以对那两艘法国战舰返回土伦给我们带来的害处估计不足，这也是人之常情。为此，我发布了这样一道指令。

首相致海军大臣、第一海务大臣（发自火车） 1940 年 11 月 2 日

  法国背弃同盟后，我们立即认识到，一定不能让"让·巴尔"号和"黎歇留"号被敌军控制，或是行驶到哪个港口，在那里完成余下的工程。你们因此攻击了"黎歇留"号，并使其丧失大部分作战能力。"让·巴尔"号还没完工。目前，这两艘战舰正停靠在大西洋的非洲港口，那里并不是适合它们参战的战场。我们的方针就是无论如何不能让敌人掌控它们。我非常惊讶地得知，第一海务大臣觉得我们不该阻挠"让·巴尔"号返回土伦，应该让它安然回去才是。一直以来，我们都将土伦视为敌方的据点。我们之所以竭尽所能阻挠"斯特拉斯堡"号去土伦（最后还是失败了，真是遗憾），正是因为这个原因。在我看来，准许"让·巴尔"号返回土伦和阻挠"斯特拉斯堡"号逃跑是彼此矛盾的。

  海军部要承担起相应的责任，不要让这两艘战舰中的任意一艘开赴大西洋或是地中海的法国港口，进而抵达土伦修整、完成余下的工程，之后要么是主动呈献给德国，要么是被动被德国占有。

首相致外交大臣（发自火车） 1940 年 11 月 2 日

  "让·巴尔"号是否将立即启程，我并不清楚。我已经将阻

挡该军舰驶进地中海的任务交给了海军部。所以有件事非常关键：你应该明确警告维希政府，不要尝试将该军舰开到大西洋被德国掌控的港口或是地中海德国人随手就能掌控的港口，否则我们会派人阻拦，若情况紧急，会将军舰直接击毁。你会收到我给海军大臣及第一海务大臣的备忘录复件，伦敦我的私人办公室会送过去给你。

前海军致罗斯福总统　　　　　　　　　　1940年11月10日

1. 我们深感忧虑，多份报告都显示法国政府试图将"让·巴尔"号和"黎歇留"号开到地中海，完成余下的工程。若这件事真的发生了，我们会因此承受巨大的威胁，德国人也将得到机会，将这两艘军舰据为己有。我们认为不能让这件事发生，为此有必要付出最大努力。

2. 我们在几天之前，通过驻马德里大使向法国政府发出如下警告："此举会进一步引诱德国和意大利抢夺法国舰队。法国政府承诺不会让法国舰队被敌军掌控，我们相信他们的诚意，但不相信他们的能力。我们非常不希望看到英法海军发生争执，所以他们还是取消调走这两艘军舰的计划吧，若他们真这样计划过的话。"

3. 我们相信法国政府有诚意履行自己的承诺，这一点已经说过了，但当这两艘军舰真的进入法国港口或是敌军的掌控范围时，法国政府还有没有能力履行承诺，连他们自己都不确定，说实话，我认为法国政府将这两艘军舰调回来的目的非常惹人怀疑，哪怕他们能提出充足的理由也不能改变这一点。

4. 若这件事有什么纰漏，对你对我都危害无穷，所以你要是能针对这件事再度警告维希政府，必定会给我们带来巨大的好处。

* * *

我跟戴高乐将军一直密切联络。

首相致戴高乐将军（利伯维尔）　　　　　1940年11月10日

　　我迫切想跟你商议一下。法英两国间的形势在你离开后变化极大。法国各地民众发觉我们不会臣服，这场仗不会停止，他们因此非常同情我们。我们了解到，维希政府相当惊讶，美国竟会向他们施加这么大的压力。而赖伐尔和一心想要报仇的达尔朗却在同一时间逼迫法国跟我们开战，还时不时挑拨双方的海军小打小闹一番，从中寻求乐趣。对正待在非洲的魏刚，我们怀有一份期待，若能说服他站在我们这边，肯定能使我们获益非凡。为了降低意外发生的可能性，同时促进法国亲英势力的发展，我们计划跟维希政府签订临时性质的协议。我们曾向他们明确表示，若他们空袭直布罗陀或是做出别的挑衅之举，我们就会空袭维希政府，他们搬到哪里，我们就空袭到哪里，不过他们直到现在也没把回复送到我们手上。如此说来，你非常有必要过来，跟我面对面交流一下。你在利伯维尔大概部署好后，就请尽快回来吧。我想了解你有什么计划。

　　11月13日，总统回复了我10日所发的"让·巴尔"号和"黎歇留"号或许会开到地中海，完成余下工程的电报。他马上通知美国驻维希代办，让维希政府说明这件事是不是真的，另外让维希政府明白，美国政府非常希望这两艘军舰继续停靠在原来的港口，这样就能避免某国掌控或是抢走它们，日后利用它们使美国的利益受损。法国政府若真打算放任某国处置这两艘军舰，势必会对法国和美国的关系造成巨大损害。另外，他还说美国愿意将这两艘军舰买下来，当然前提是法国政府愿意卖。

我还从总统那里得知，贝当元帅曾经在美国代办面前郑重起誓，法国舰队永远不会被德国人掌控，这两艘军舰也是一样。贝当元帅表示，这种誓言他在美英两国政府乃至我个人面前都说过。他这样说道："这些军舰只会用于保护法国的属地和领土，在这里我重新强调这一点。我们绝对不会利用它们跟英国开战，除非英国前来进犯。那些军舰就算我想卖也不能卖，这是停战协定中规定好的，就算没有这样的规定，我们也绝对过不了德国人那一关。德国将法国踩在脚底下，法国连一点反抗余地都没有。要是我有售卖的权力，我非常愿意这么做，这样可以帮法国保留住这两艘军舰，售卖时我会提出要求，战争结束后再还给我们。我一定要再度强调一下，我在现在这种处境中无权售卖它们，就算有权也不被允许。"说这些话时，贝当元帅看上去相当庄重，然而对于总统的提议，他并没有表现出半点惊讶或是埋怨。罗斯福总统又让代办告诉贝当元帅，美国对这两艘军舰和法国海军其余军舰的提议将一直有效。

11月23日，总统通过电报，进一步为这件事做出承诺。贝当元帅曾经表示，他会让这两艘军舰继续停靠在它们现在所在的港口，达喀尔与卡萨布兰卡，若计划有变，他会提前让总统知道，此事没有任何附加条件。

* * *

虽然西班牙跟维希政府关系紧密，但对我们而言，西班牙的态度要重要过维希政府的态度。西班牙能给我们很大帮助，也能给我们很大伤害。我们曾在死伤惨重的西班牙内战中采取中立态度。从我们这里，佛朗哥将军只得到了极少的帮助，少到几乎为零，可是轴心国却给了他很大帮助——轴心国甚至可以说是他的救命恩人。希特勒、墨索里尼都帮过他的忙。他对希特勒既厌恶又畏惧。但对墨索里尼，他却很有好感，也不畏惧。他在此次大战爆发之初，就宣布保持中立，一直坚持到现在。我国跟西班牙贸易往来频繁，彼此都能从中获利，我们的军需产业要维持下去，从比斯开湾各港口运过来的铁矿石必不可少。然而，"晦暗不明的战争"在5月走到了尽头。全世界都认识到了德国纳粹的实力。法国战线溃不成军。同盟国在北部的军队面临严重威胁，这时候，我安排之前的一名同僚（此前他因为内阁改组离职）担当一个新职位，该职位跟他的能力和性格十分契合，我对此感到很欣慰。我在5月17日这天委任塞缪尔·霍尔为驻西班牙大使；这个职位任期五年，工作很有难度，要顾及很多细节，且影响重大，我坚信他是最合适的人选。如此一来，在马德里我们就有了优秀的外交使臣，还有优秀的阿瑟·研肯先生①做参赞，以及海军武官西尔加斯上校，他先前从海军退役后就搬到了马里奥尔卡岛居住，眼下又被招来处理西班牙事务，因为他在该领域颇有见识。

佛朗哥将军在战争期间一直冷眼旁观，自私自利。除了西班牙和西班牙人的利益外，他什么都不理会。希特勒和墨索里尼那样帮他，他却从未想过怎样回报他们。而我们左翼政党那样仇视他，也没有使他憎恨英国。让自己精疲力竭的子民不要陷入另一场战争，是这个自私、残暴的君王唯一的念头。他们对打仗厌恶透顶。他们在自相残杀中失去了一百万同胞。这座荒芜的半岛在贫穷、高物价和艰苦生活的折磨下，变得死气沉沉。无论是西班牙还是佛朗哥，都不想再牵涉到另一场战争中去了！那段时期让全球为之撼动的大波动，却被他以如此平凡的情感理解、应对。

这一平凡的见地，让英国国王政府很是满意。西班牙坚持中立，正符合我们的意愿。我们想跟西班牙做生意，不想看到西班牙的港口为德国、意大利的潜艇所用。除了想让直布罗陀免受侵扰外，我们还想让阿尔赫西拉斯的港口为我们所用，想让直布罗陀跟大陆相连的地区成为我们的空军基地，以满足我们的空军基地不断扩张的需求。我

---

① 1944年，研肯先生死于飞机失事。——原注

们要想抵达地中海，没有这些便捷条件基本是不可能的。在阿尔赫西拉斯后面的山上架上十多门重型大炮，或是批准其他人这么做，对西班牙来说再简单不过。他们想什么时候做都可以，这是他们的权利，大炮架好之后便能在任意时间发炮，如此一来，我们的海军和空军基地就发挥不出作用了。直布罗陀说到底只是一座悬崖，再次陷入长时间包围是很现实的事。英国在地中海所有活动的钥匙都掌控在西班牙手中，西班牙从未给我们设立过障碍，哪怕是在最艰难的岁月也是一样。那段时期，情况实在太危险了，所以我们在将近两年的时间内，维持着一支超过五千人的远征军和相应的船舰，一旦西班牙禁止我们利用直布罗陀港口，我们的远征军就能在收到命令的几天内开始行动，迅速抢占加那利群岛，从空中、海上掌控敌军潜艇，同时绕道好望角，随时可跟大洋洲联络。

  佛朗哥政府要想给我们致命一击，还有另一种相当简单的方法。他们可以叫希特勒军队从半岛上穿越到直布罗陀，帮他们围攻那里，他们自己可以乘机去将摩洛哥和法属北非据为己有。法国的战争结束后，发生了一件让我们非常忧心的事：1940年6月27日，大批德军来到西班牙边界，提议跟西班牙军队在圣塞瓦斯蒂安和比利牛斯山南面的镇上联欢。实际上，部分德军已进入了西班牙境内。然而，就像威灵顿公爵在1820年4月说的那样："西班牙是欧洲各国中，最排斥外国干涉本国内政的国家。西班牙对外国人的厌恶甚至蔑视程度之深，令其他国家望尘莫及，而他们的风俗习惯也跟欧洲其余各国没有半点相似之处。"一百二十年过去了，如今的西班牙人更加不愿意跟别国交往，他们本国的内战已经让他们累极了，吓怕了。别国军队在他们的国家来回穿梭，他们是不会答应的。尽管有了纳粹法西斯思想，这帮不容易跟人打交道的西班牙人还是不希望看到外国人到他们本国来。佛朗哥尤其如此，并将其付诸行动，采取的手段相当诡谲。他灵活的头脑赢得了我们的赞赏，特别是这能给我们带来好处。

* * *

西班牙政府跟其他所有人一样，非常意外法国会突然沦陷，英国或将垮台或是灭亡。"欧洲新秩序"和"统治民族"之类的观念，已为世界各地的很多人接纳。所以，6月份，佛朗哥宣布自己将加入战胜群体，在战利品中分一杯羹。他明确表示西班牙胃口很大，这是他的贪心不足和老奸巨猾共同造就的结果。然而，希特勒认为这段时期根本用不着拉拢新同伙。跟佛朗哥的想法一样，他也觉得大规模进攻可在大约几周甚或几天后结束，英国会发出停战请求。所以马德里这样热情地笼络他，他并没有多少兴致。

形势在8月份出现转变。很明显，英国会坚持作战，此次战争变成持久战的概率很大。7月19日，希特勒向英国提出和平提议，英国根本没看在眼里，拒绝了，希特勒因此开始寻找新伙伴；以前他曾支援过佛朗哥，佛朗哥前不久又说想跟他结盟，于是独裁者佛朗哥便成了他的最佳选择。然而，佛朗哥却因为相同的原因，改变了主意。德国驻马德里大使8月8日通知柏林，佛朗哥总司令还是想跟德国结盟，但有附加条件。首先，德国要将以下地区划给西班牙：直布罗陀、法属摩洛哥、阿尔及利亚包括奥兰在内的部分地区。另外，西班牙在非洲的部分殖民地也要相应扩张一下。并且由于西班牙的粮食只能维持八个月，德国还要给予西班牙一定军事和经济支援。除此之外，佛朗哥还表示，"为了避免太早投入战争，战争迟迟不能结束，给西班牙带来无法承受的重压，甚至对现在的政权造成威胁"，西班牙要在德国人登陆英国之后才能参战。佛朗哥还在同一时间给墨索里尼送了一封信，强调了自己的要求，另外要求他站在自己这边。8月25日，墨索里尼给佛朗哥总司令回了信，劝他"要参与到欧洲历史中来"。西班牙提出的条件太过严苛，部分条件还会再度引发希特勒跟维希政府的矛盾，这让希特勒很是为难。将奥兰从法国手中抢走，法国便会在北非组建对立的政府，这是必然的。由此产生的利弊，希特勒再三斟酌。

时光飞逝。到了9月,德国在空中发起的进攻好像无法令英国屈服。欧洲诸国对美国转让五十艘驱逐舰给英国反响强烈,西班牙认为美国正逐渐参与到战争中来。佛朗哥和西班牙人的要求因此变得更加苛刻,还明明白白地表示,他们提出的要求一定要事先获得应允。他们还提出了军备物资的要求,尤其是十五英寸口径的榴弹炮,用以对付直布罗陀的炮台。期间,他们给了德国人一点小小的好处。西班牙国内的报纸全都对英国持敌视态度。德国的情报员可以在马德里自由行动。西班牙外交部长贝格贝德尔派长枪党领头人塞拉诺·苏涅尔对柏林展开正式访问,以便消除对贝格贝德尔对德国态度冷漠的质疑,协调双方关系,维持友好合作。在苏涅尔面前,希特勒大发议论,议论的重点在于西班牙人对美国的厌憎。此次战争在他看来,有可能发展成美洲与欧洲这两大洲之间的战争。西非沿海各岛的防守,务必要做到坚固可靠。里宾特洛甫在这天稍迟时候请求为德国在加那利群岛建立一座军事基地。长枪党人苏涅尔一向跟德国很亲近,此刻却不愿就这个问题展开讨论,只是一再重申西班牙对现代化武器装备、粮食、石油的需求有多强烈,另外请求满足西班牙在领土方面的要求,为此可牺牲法国的利益。这一切要求都应在西班牙如愿投身战争之前获得满足。

里宾特洛甫于9月19日赶赴罗马,将相关情况汇报给墨索里尼,同时与之商谈。他说英国的态度在元首看来就是"对现状一无所知,期待苏、美两国出兵干预,在此之前苟延残喘"。墨索里尼说:"美国选择支持英国,是因为考虑到各种现实的利弊。"有个很好的证据,就是美国将五十艘军舰转让给了英国。为了拖住美国,他建议跟日本合作。墨索里尼又说:"尽管美国海军人数众多,但在我们看来,它的组织相当松散,跟英国的陆军差不多。另外还要考虑到南斯拉夫和希腊。南斯拉夫边界有五十万意军,希腊边界有二十万。4月份开始行动之前,德国人怎么看挪威人,现在意大利人就怎么看希腊人。我们一定要解决希腊问题,特别是当我们的陆军开进埃及,英国舰队无法停靠在亚历山大港口,不得不避到希腊港时。"

他们全都赞同将打败英国视为最重要的目标。如何打败英国，成了仅有的疑问。墨索里尼表示："这场仗可能要拖延到明年，除非能在春天到来之前将其解决。"那时候，他觉得最大的可能是打到明年，所以务必要让西班牙发挥最大作用。首先跟日本联盟，然后西班牙宣布参战，这是里宾特洛甫的意见，他说这会给英国以重大打击，但具体什么时候执行，苏涅尔没有说。

* * *

西班牙人越是冷漠、贪心，希特勒就越想得到他们的帮助。约德尔将军8月15日就提出，除了侵略本土外，还有一种法子可以打败英国，就是使空战时间加长，增加潜艇战力度，抢占埃及与直布罗陀。进攻直布罗陀这一提议，希特勒举双手赞同，奈何西班牙的要求实在苛刻，而且他在9月末还有别的计划。德国、意大利、日本9月27日在柏林签署了三国公约。三国因此获得了更大的发展空间。

* * *

眼下，元首已下定决心，亲自解决此事。10月4日，他跟墨索里尼在勃伦纳山口举行会谈。他表示，西班牙政府要求严苛，行动拖延。若是满足西班牙的要求，只怕会造成这样两种直接结果：一是西班牙在加那利群岛上的据点被英国占据，二是法国在北非的殖民地变成戴高乐的拥趸。如此一来，轴心国的战场就不得不大规模扩张。与此同时，他还认为，让法国军队在欧洲进攻英国也不是不可能的。在说到自己征服埃及的计划时，墨索里尼夸夸其谈。希特勒表示可以派出特殊警卫部队支援他的此次行动。墨索里尼觉得没这种必要，或者说在战争进行到最后一步前，这种援助是没必要的。希特勒在苏联问题上这样说道："斯大林有多不相信我，我就有多不相信他，这一点务必要明确。"

不管怎么样，很快莫洛托夫就要到柏林了，元首到时候要劝说苏联将印度作为新的重点进攻对象。

希特勒于 10 月 23 日跋涉到法国与西班牙边界线上的昂代，会见西班牙独裁者。希特勒如此纡尊降贵，西班牙人非但不感到骄傲，还提出了"远超出他们自身实力的要求"，希特勒这样告诉墨索里尼。西班牙要求对比利牛斯山的边界线重新做出界定，将法属加泰罗尼亚（西班牙很久以前占据过此地，但其现在隶属于法国，而且其确切位置在比利牛斯山北面）、从奥兰到布兰科角的阿尔及利亚地区、摩洛哥差不多全部，都割让给西班牙。这场借助翻译进行的谈判持续了长达九个小时。最终只签订了一份议定书，措辞含混，部署了之后要进行的军事谈判。其后在佛罗伦萨，希特勒这样告诉墨索里尼："与其进行这种谈判，我宁愿拔掉三四颗牙。"①

从昂代返回德国中途，元首通知贝当元帅到邻近图尔的蒙都瓦跟他会面。两天之前，赖伐尔在蒙都瓦接见了里宾特洛甫，发现希特勒也在这里，大吃一惊，于是安排了此次会面。无论是希特勒还是赖伐尔都希望法国能参与到对英战争中来。一开始，元帅及其随从都很惊讶会有这样一次会面。赖伐尔却大肆鼓吹这场事先布置好的会面。大家不知道到底是希特勒自己想这么做，还是听了什么人的提议，问赖伐尔，他说："你以为希特勒是谁？他这样的人难道还要人照顾吗？他是个很有主见的人，是他自己想跟元帅会面的，而且他对元帅也很敬重。两国元首此次会面，会成为一个重大的历史事件。总之跟在契克斯一起享用午餐完全不是一回事。"②贝当被说服了。在他看来，他拥有不亚于希特勒的声望，而且他认为有必要让希特勒明白法国并不抗拒与其"联合"。西方的威胁解除后，希特勒就会把军队调到东方，试图将

---

① 详见加莱阿佐·齐亚诺的《外交文件》第 402 页。——原注
② 详见杜·穆兰·德·拉帕泰德《梦幻年代》第 43 页至第 44 页。——原注

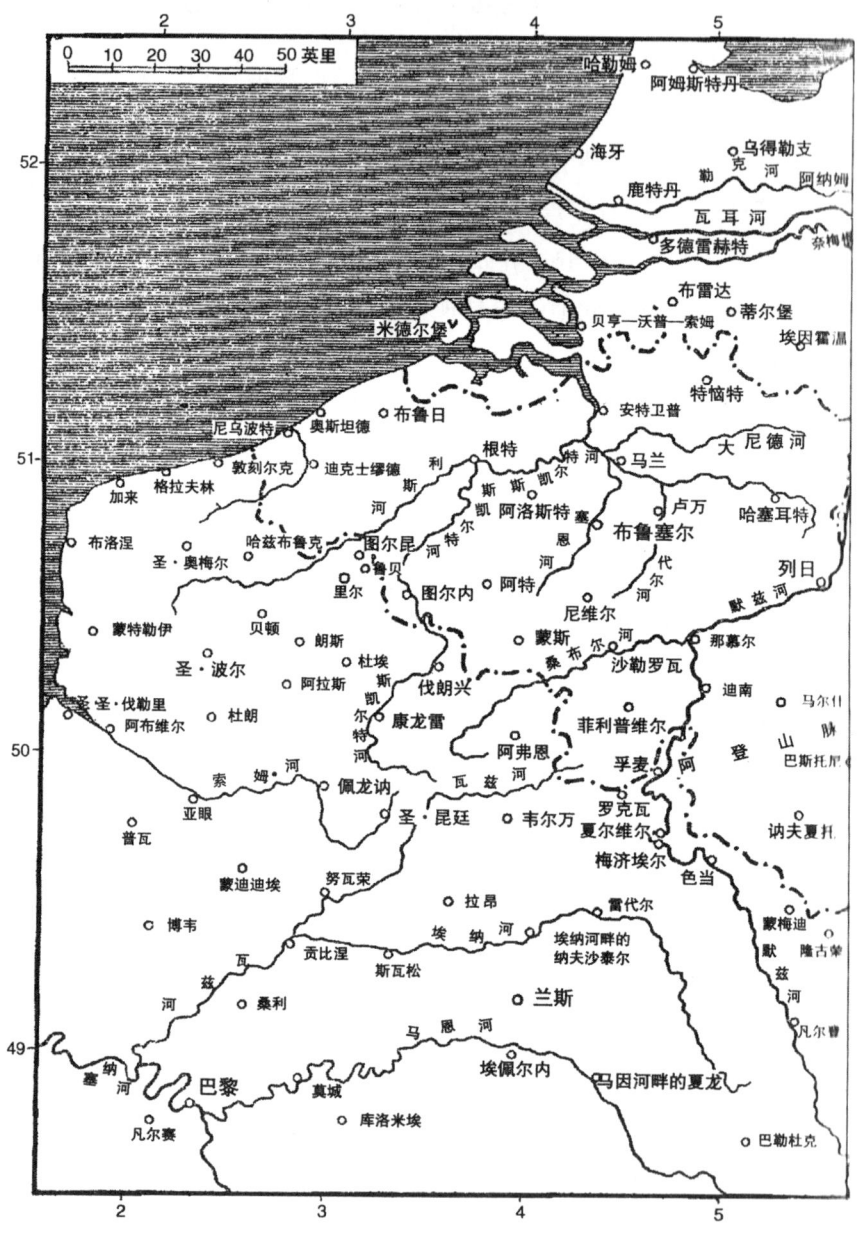

法国西部和比利时

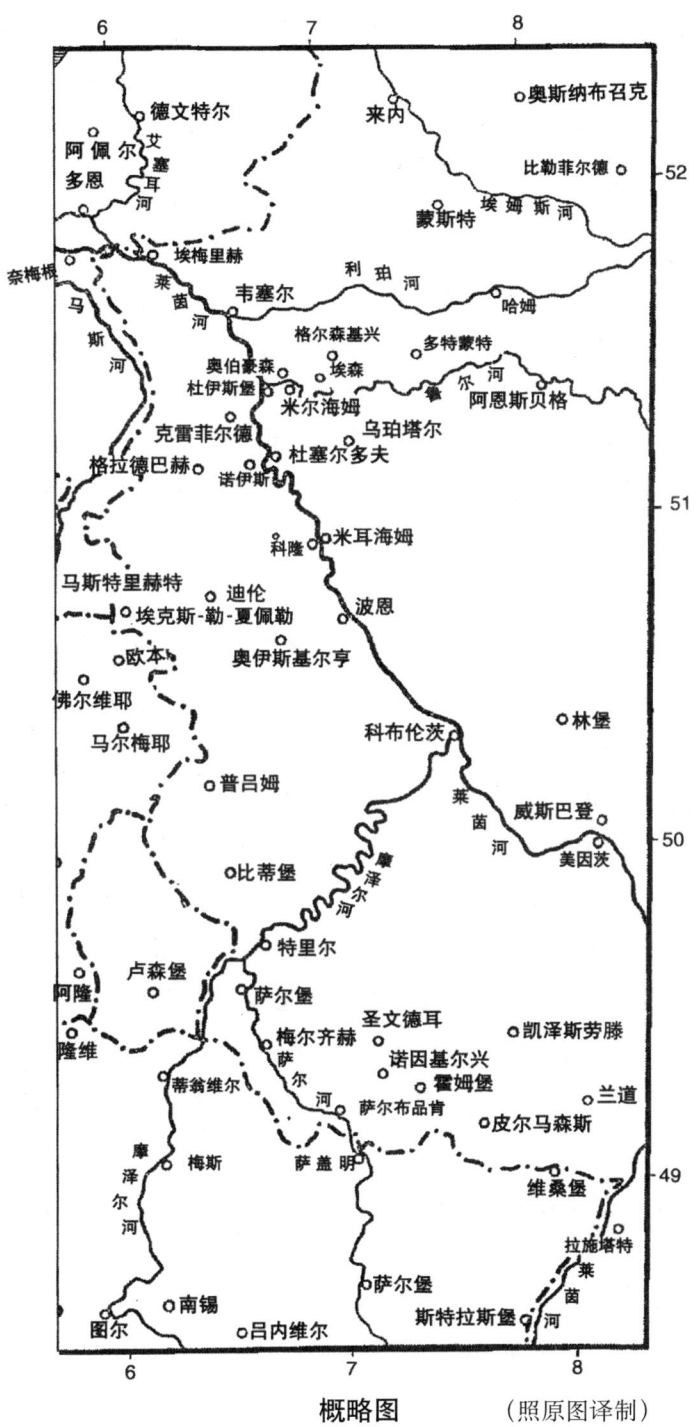

概略图　　　（照原图译制）

东方也纳入自己的势力范围。

　　此次会面的时间是 10 月 24 日午后，地点是在希特勒靠近隧道的一辆装甲火车上。"跟一个完全置身于战争之外的法国人握手，让我非常欢欣。"元首这样说道。

　　随后说的都是些客气话，相当无耻。战争开始之前，德国和法国一直关系疏远，元帅称这是件憾事。不过眼下开始亲近还来得及。希特勒指明战争是因法国而起，它如今已经战败了，可毁灭英国才是希特勒现在的目标。趁着美国还无法给英国以有力的帮助，先攻占英国或是将其彻底毁坏。打仗是最不划算的事，所以他一心想着越快打完这场仗越好。这场战争跟欧洲各国的利益紧密相连，各国都将因战争蒙受损失。法国能帮德国多少忙？贝当表示此次联合是建立在原则基础之上的，可是具体范围并不是他说了算。彼时的一份相关记录显示，"元首跟领袖持有相同的看法，说新欧洲建立后，一定要看到法国占据其应有的地位"。轴心国跟法国在尽快打败英国这件事上，拥有相同的利益。所以法国政府应该竭尽所能，为轴心国的防御举措提供支持。停战委员会将和法国代表团商议解决相关的细节问题。轴心国保证，在跟英国签订停战协定时，会在非洲划出一块殖民地给法国，"与其现有的殖民地面积相当"。

　　希特勒深感失望，德国的相关记录中这样记载。甚至赖伐尔都请求不要强迫法国跟英国开战，除非他在法国制造的大众言论已经成熟。此后，希特勒曾经用"微不足道的卑劣民主政治家"来形容赖伐尔；可对贝当元帅，他却很有好感。有人说，返回维希时，贝当元帅说了这样一句话："花半年时间去讨论这一计划，再花半年时间忘却这一计划。"然而，直到今天，法国人依然记得这桩可耻的买卖。

　　我在 10 月份致电我国驻马德里大使：

首相致塞缪尔·霍尔　　　　　　　　　　　　　　1940 年 10 月 19 日
　　你对那些大难题的处理方式，让我们佩服不已。我这里有两个基本理念,希望你能想办法透过法国大使传达给维希政府。首先,不管什么人,只要立誓与我们一起战胜共同的敌人,我们都可以不计前嫌,与之合作。其次,我们坚持战斗,是为了自身的生存,为了解放一切受奴役的国家,我们一定会坚持到胜利的一刻。尽管整个欧洲大陆都在受希特勒的欺凌,尽管战争可能会持续很长时间,但我们坚信希特勒必将走向灭亡,我们一定可以将其打败,请想办法让维希政府明白这一点。在非洲,法国拥有殖民地和制海权,若法国领导人赶到非洲,还能获得法国冻结在美国的黄金,在这种情况下,法国却坚持不派一个领导人去非洲,这真让我百思不得其解。若战争爆发之初,我们就这么做了,那意大利早就败在我们手上了。对于勇士们而言,这种良机此前从未出现过。他们得知这样的提议后,可能不会有太明显的表示,但只要有机会跟他们提起,就尽管提好了。

各类关于蒙都瓦会晤的报告都送到了我们这里,但我对维希的基本态度并未因此发生转变。当时正好是11月份,我将自己的看法写在一份备忘录中,传达给诸位同僚。

1940年11月14日

尽管报仇在政治上不可取,尽管我们应该一直往前,不能回头,但不能据此认为我们跟维希政府间的大难题,只用和议和宽恕策略就能解决。英国若是和善、宽容地对待在德国重压下生存的维希政府,便能使其感受到莫大的安慰。如此一来,维希政府就会为了讨好德国人,侵害我们的利益,并在战争发展的过程中,竭力置身事外。在关系我们利益的问题上,我们应该采取完全相反的举措,要向他们施以雷厉风行的手段。要让他们明白,我们跟希特勒一样不能惹。

这帮人一度犯下可耻的罪行,遗臭千古,并且他们是在没有征得法国民众许可的前提下这样做的,要记住这些。赖伐尔对英国确实深恶痛绝,听人说,他曾表示要将我们彻底压碎,变成"碎屑",最终只留下一片油渍。他要是成了掌权者,必然会拿英国出乎意料的抗争跟德国人做一桩生意,为从德国主人那里获得更多的好处,帮他们打垮我们。先前我们令达尔朗的舰队受创,他因此痛恨我们。一直以来,贝当都是个失败主义者,对英国持敌对态度,事到如今,他已变成了一个糊涂的老家伙。他真是糊涂到家了,竟以为能依靠这帮人。但他们也说不定会转而实施对我们有益的策略,法国越来越高涨的民众言论和德国盛气凌人的姿态可能会逼着他们做出这种转变。我们确实不应跟他们断了联络。不过,我们要百分百确保维希政府会在德国和英国的夹缝中饱受折磨,以使这种有益于我们的趋势向前发展。要让他们在毁灭之前这段很短的日子对我们温驯一些,只有这一个法子。

* * *

贝当元帅上了赖伐尔的当,时间一长,他不可避免要跟英国开战,至于北非的殖民地,也会被德国据为己有,这些都让他满心愤恨,这种情绪随着时间的推移不断加剧。赖伐尔12月13日抵达维希,告诉贝当巴黎即将举行一场仪式,将拿破仑的儿子赖西施泰特公爵的骨灰转移到老残军人退休所去,他提议贝当也去参加,希特勒是想通过郑重的盟约,进一步确定蒙都瓦协定。

不过,贝当并不想看到在法国的领土上,凡尔登[①]的胜利一方带领日耳曼仪仗队,现身拿破仑皇帝墓碑前。而且赖伐尔的手段和目的

---

① 一战期间,法国和德国军队曾在法国凡尔登交战,这是一战中破坏性最大、时间最长的一次战役,贝当元帅是当时法军的指挥官之一,最后法军获胜。——译注

让他厌恶且畏惧。贝当的下属因此想办法将赖伐尔抓了起来。在德国的强势干涉下,赖伐尔又被放出来了,可贝当不允许他再做外交部长。赖伐尔气愤地赶到了巴黎,那里已被德国占据。外交部长的职位落到了弗朗丹头上,这让我很是欢喜。维希政府内部的演变,通过这些事表露出来。他们的合作应该已经到了破裂边缘。英国和法国的关系有望得到改善,维希政府有望获得美国更多的同情与谅解。

* * *

现在是时候继续说西班牙的事了。佛朗哥这时候已经明白了这场战争会是持久战,而且德国根本没有取胜的把握,西班牙对一切战争都心存厌恶,所以他们极力拖延时间,并提出了更加苛刻的要求。为了向轴心国表示自己的忠诚,他居然撤掉贝格贝德尔,在10月18日这天委任苏涅尔为新任外交部长,他对苏涅尔实在太过信任了。苏涅尔11月份奉命前往贝希特斯加登,对于西班牙一直拖延着没有参战,希特勒在言谈举止中流露出明显的不满。德国空军当时已在不列颠之战中受挫。意大利也身陷希腊与北非的战争难以自拔。希特勒没能从塞拉诺·苏涅尔这里获得自己想要的回复。苏涅尔一直在说西班牙的经济遇到了何种难题。三周后,为了对西班牙参战做出细致安排,德国派出间谍首领卡纳里斯海军上将赶赴马德里。卡纳里斯的意见是,1月10日,德军从西班牙边界经过,预备在1月30日向直布罗陀发起进攻。他非常吃惊地从佛朗哥那里了解到,西班牙无法如期投身战争。总司令应该是担心大西洋上的岛和西班牙的殖民地被英国海军抢走。佛朗哥着重指出,西班牙粮食匮乏,旷日持久的战争会将西班牙拖垮。看起来,德国登陆英国是遥遥无期了,佛朗哥据此又提出一个新要求。除非苏伊士运河被轴心国攻克,否则他不能保证西班牙不会被卷入一场持久战,因此在那之前,他会一直按兵不动。

1941年2月6日,佛朗哥收到希特勒写来的一封信,信中充斥着愤怒与急切，要求佛朗哥不要再拖延下去，要拿出男人的气魄来。佛朗哥在回信中说，自己对希特勒的忠心从来没有变过。他应该继续努力，筹备即将对直布罗陀展开的进攻。此外，他又表示要让西班牙军队发起进攻，先得给他们配上德国的武器装备。不过，就算他的这些要求都得到了满足，西班牙也还是不能投入战争，因为本国的经济不允许。里宾特洛甫据此对元首说，佛朗哥压根儿就不想开战。希特勒愤怒极了，可是他正要向苏联用兵，可能不想再分心去管西班牙，重蹈当年拿破仑的覆辙。此时，有大批西班牙军队汇聚到了比利牛斯山附近，在希特勒看来，采用"逐一攻克"的方式对付各个国家是很明智的。就这样，借助各种巧妙、阴险的手腕和虚情假意的好话，佛朗哥成功使西班牙避开了这场大战，熬过了这段艰苦岁月；这给当时无所依傍的英国人带来了极大的帮助。

那时候，我们还无法确定西班牙一定不会参战，所以我请求总统尽量采用温和的笼络手段。

前海军致罗斯福总统　　　　　　　　　　1940年11月23日

我们了解到，西班牙的情况越来越糟糕，即将面临粮食短缺问题。你可以每月提供粮食给他们，交换条件是他们不能参战，这会发挥关键作用。眼下是时候跟他们坦白了，用不着介怀那些细节。我国海军肩上的担子已经够重了，若直布罗陀海峡两岸再被德国军队占据，会使他们雪上加霜。很快，德国人就会将雷达应用到炮台上（在黑夜里都能瞄准），不分昼夜封锁直布罗陀海峡。我们无法在与海峡相连或是海峡周围的陆地上作战，因为双方的主力军队将在地中海东部开战，为了给我方军队运送支援和供给，我们要绕道好望角。若我们无法利用直布罗陀海峡的港口或是从海峡通行，那海峡能承受住长时间的包围对我们一点意义都没有。德国人已经占据了摩洛哥，很快就会往南进军，用不了多久，潜艇、飞机就能随心所欲地从卡萨布兰卡和达喀尔出发了。这会给我们造成多大威胁,这种威胁会如何蔓延至西半球,用不着我在这里渲染,总统先生。我们一定要抓紧时间。

这种严重的威胁实际上已经消失了,再也不会重现,只是那时候我们并不清楚。佛朗哥曾对希特勒和墨索里尼如此阳奉阴违、背信弃义,我愿意将这些实情记录在这里,省得大家一味说佛朗哥将军是坏人。很快,我还会谈到同盟国怎样因佛朗哥将军的卑劣品格获益非凡。

第十二章　墨索里尼入侵希腊

1940 年 10 月至 11 月

墨索里尼下定决心侵略希腊——希特勒 10 月 19 日收到他的信——佛罗伦萨会议——意大利于 1940 年 10 月 28 日进攻希腊——支援坎宁安海军上将的舰队——"光辉"号军舰赶到——我方的义务——克里特岛有多重要——从空中援助希腊——1940 年 11 月 2 日我写给空军参谋长的备忘录——韦维尔—威尔逊计划在利比亚发起进攻——由保密产生的误会——给艾登先生的又一封电报——希腊不能没有克里特师——艾登先生最后几封电报——他返回英国——他对"罗盘"计划的详细说明——达成一致意见——战时内阁同意——舰队飞机对意大利舰队的进攻——塔兰托的壮举——二分之一意大利舰队在半年内丧失作战能力——对海军的安排——我想让"罗盘"计划拥有两栖作战性质——11 月 26 日我发给韦维尔的电报——对土耳其的方针——情况变好——苏达湾的失误——意大利从阿尔巴尼亚对希腊发起进攻——张伯伦先生去世——对张伯伦先生的追悼

这段时期,墨索里尼又在地中海战场上做了一件残暴的恶事,虽然他从未这样做过,但我们事先已经有所预感,我们的烦恼本来就够多了,这下又增添了很多难题,造成的影响也更为深远。

1940 年 10 月 15 日,领袖最终做出入侵希腊的决定。意大利军事

首脑会议于当天早上在威尼斯宫举行。一开场,他就发表了这样一番讲话:

> 此次会议是为了解释——大概解释我入侵希腊的策略。第一,此举的本质目标有两个,一是海上,二是领土。领土目标是将阿尔巴尼亚南面的海岸全部占有……另外还要占有爱奥尼亚群岛——扎金索斯岛、凯法利尼亚、科孚岛都包含在内——此外还要占据萨洛尼卡。若能将这些目标变为现实,我们就能打破我方与英国在地中海的僵局。第二,……要使希腊丧失行动的力量,不管在什么情形下,都要保证其政治、经济在我们的掌控范围内,要将希腊所有领土都变成我们的地盘。
>
> 解释完这些后,我定好了行动的日子,这个月 26 号,再拖一个小时都让我受不了。我在投身战争前,矛盾还没爆发时就开始思考此次行动了,思考了好几个月,什么都想得很清楚了。……补充一下,根据我的估测,北方应该不会有什么反应。因为牵涉众多,南斯拉夫也将沉默以对。……至于土耳其,我也不觉得会有反应,尤其是现在罗马尼亚已被德国掌控,保加利亚也变得越来越强大。在此次交战中,保加利亚将发挥不小的作用,我会抓住眼前这一不容错过的良机,实施一些不可或缺的举措,令其对马其顿产生非分之想,同时满足其想要得到一处出海口的愿望。……①

墨索里尼 10 月 19 日给希特勒送去一封信,阐述了自己的策略。希特勒那时候正在去往昂代与蒙都瓦的路上。该信件(信里写了什么,一直没有对外公开)在送到他手上之前,好像兜了个很大的圈子。后来,他终于收到了信,马上向墨索里尼提议,为讨论欧洲政治全局召开一

---

① 详见《希特勒与墨索里尼的信函与文件》第 61 页。——原注

次会议。10月28日，会议在佛罗伦萨召开。意大利当天早上已开始入侵希腊。

不过，希特勒好像不准备把冒险入侵希腊当成会议的重点讨论对象。他只是客套地表示意大利入侵希腊，德国没有异议，然后转而说起了他会见佛朗哥和贝当的过程。同伴的这一举动令他不悦，这点毋庸置疑。意大利的入侵在几周后遭遇挫败，11月20日，希特勒致信墨索里尼："那时我邀请你到佛罗伦萨会谈，去那里的路上，我一心想着能在你对希腊采取行动——当时行动已迫在眉睫（我只从别人那里获悉了行动的大致情况）——之前，让你了解我的想法。"然而，对于盟国的这一决定，他整体上还是赞同的。

* * *

意大利驻雅典公使在10月28日黎明到来之前，向希腊首相梅塔克萨斯将军下达了最后通牒。墨索里尼命令意军使希腊全部对外开放。意大利驻阿尔巴尼亚大军也在同一时间，从多个地点向希腊发起进攻。希腊政府没有接受最后通牒，因为他们的军队已经在边界上有所准备。他们还将1939年4月13日张伯伦先生做出的承诺拿到了桌面上。我们只能履行承诺。依照战时内阁的提议，英国国王违心向希腊国王回复道："我们将你们的事业视作我们共有的事业，我们会跟你们一起对抗我们共有的敌人。"面对梅塔克萨斯将军的召唤，我这样回复："我们会给你们所有力所能及的帮助。我们会对抗共有的敌人，分享共有的胜利果实。"我们在那段绵长的岁月中实践了自己的承诺。

* * *

尽管在数量方面，我们的舰队远不及意大利，但我们在地中海的力量已经明显壮大。"勇敢"号、"光辉"号装甲航空母舰、两艘安装了防空装备的巡洋舰9月份安然从地中海经过，加入亚历山大坎宁安海军上将的舰队。坎宁安的船舰在此之前时常被敌方侦察到行踪，被占据有利地位的意大利空军空袭。"光辉"号配有新式战斗机，还配有最新的雷达装备，它将敌方的部分侦察机和攻击机击落了，使得敌方无法再侦察到我方舰队的行踪。这项举措实施得正合时机。我们能拨给希腊的援军，只包括几支空军中队，一个英国军事代表团以及人数很少的部分军队；即便是如此不值一提的支援，都是我们从利比亚战场上勉强抽调过来的，要知道，那片战场上的军情有多紧急。忽然，我们想到了克里特岛，这座战略位置极重要的岛屿！我们一定要先动手，立刻就要动手，无论如何不能让其被意大利占据。好在艾登先生当时正在中东，我有了一位在现场的内阁同僚，可以进行联络。原本他计划在喀土穆会见过史末资将军后就返回英国。我发了封电报给他：

1940年10月29日

你跟史末资的会面有多重要，我很清楚，不过，我想看到韦维尔先返回开罗，你紧随其后。

此处所有人都坚信，我们应该在克里特岛立足，为此有必要付出相应的努力，并且为了这一能发挥积极作用的胜利果实冒险是很值得的。与此相关的军事电报，我会发过去给你。

首相致艾登先生〔目的地喀土穆〕　　　　　　1940年10月29日

占据苏达湾最好的机场和供给海军燃料的据点，应该是最关键的。保住克里特岛对保卫埃及意义重大。若意大利占据了克里特岛，地中海所有难题的难度都会大幅提升。为如此庞大的胜利果实承担风险是值得的，就算在利比亚主动进攻，最终取胜，其战果也不过与此相当。请针对该问题，跟韦维尔、史末资展开全方位研究，然后当机立断，甘冒影响其余战区的危险，做出大举进军的提议，此外还需要什么援助，哪怕是飞机、高射炮中队，也请尽管向我们提出。至于如何满足你们的需求，我们目前还在筹划。你要马上返回开罗，这是我的意见。

两天后，我方军队占据了克里特岛最优良的港口苏达湾，是希腊政府要求我们这么做的。

首相致帝国总参谋长　　　　　　　　　　1940年10月30日

要想从希腊前线打探消息，我们应该走哪些程序？我们有军事观察员在那儿吗？我们在那儿的武官采取了什么举措？

你本可派埃及的一名将军驻守到希腊野战军司令部去，作为我方军事代表团名义上的团长，为什么你没有这样做？安排他们到战场上参观，详细汇报我方与敌方军队各自的长处与短处。我想每天或是基本上每天收到一封电报，详尽而准确地了解相关情况，当然前提是要获得希腊的准许。

首相致伊斯梅将军，转呈参谋长委员会　　1940年10月30日

往弗里敦调派两支营，等西非旅过去接替他们驻守当地，担当防守任务后，他们再赶赴埃及，对于这样的安排我们表示同意。这两支营要留守英国，直到所有人达成一致，应该调动西非旅前往西非。

高射炮的供给方面，要先满足克里特岛和马耳他岛，之后再考虑弗里敦，我不会批准在这种时候往弗里敦运送高射炮，也不会批准抽调一支战斗机中队去那里。防备远征军从海上进攻我国在西非的殖民地的任务，应该交由海军执行。空袭方面，若法国空袭弗里敦或是巴瑟斯特，我们便空袭维希。不过，这种事我觉得应该不会发生。

首相致朗莫尔空军少将① 　　　　　1940年11月1日

你〔调派一支"伯伦翰"式战斗机中队去希腊〕的决定相当勇敢、英明。我想尽快给你支援。

首相致伊斯梅将军，转呈空军参谋长、参谋长委员会

1940年11月1日

我建议马上将其余四支重型轰炸机中队（那支已调到马耳他岛的中队也包含在内）、四支"旋风"式战斗机中队调到中东去。相应的调派计划，请送过来接受审核。相关报告最好能今天送过来。

首相致伊斯梅将军，转呈参谋长委员会　　　1940年11月1日

艾登先生请求拨出步枪一万支给中东。这些枪从美国的供给中拨出，或是从全球其余地区寻求少数步枪，这样做不可行吗？

首相致空军参谋长　　　　　　　　　　1940年11月2日

1. 我认为那四支轰炸机中队飞向克里特岛或是希腊时，可从马耳他岛走。相应的人手和地勤物资的运输，交由巡洋舰负责。一定要让这些空军中队尽快从希腊本国的据点出发，向塔兰托的意大利舰队发起进攻，另外使意大利南部各地不得安宁。海军在这种大规模的军事行动中务必要格外卖力，在这样的紧急关头，我们一定会派出一艘军舰负责将战争所需的地勤人员和战略物资运送过去，这一点你们大可放心。我觉得较难解决的是车辆问题，不过，其中一部分或者能从埃及调派，余下的到时候再想办法。

2. 运输战斗机肯定会很难，我的想法是像上次那样，让战斗机从一艘航空母舰上飞到马耳他。"狂野"号可在必要的时候向"皇家方舟"号提供援助。战斗机能不能从马耳他飞到希腊机场？

---

① 朗莫尔是驻守中东的空军总司令。——原注

若答案是否定的，能不能让它们中途降落到一艘航空母舰上，加完油后再飞向希腊？我们怎样为轰炸机准备战略物资和地勤人员，就怎样为这些战斗机准备。

首相致艾登先生〔目的地中东司令部〕　　　　1940年11月2日

现在的首要问题是希腊的局势。我们的人手和物资不足，这点我们非常清楚。千万不要让希腊人觉得我们不想实践自己的承诺，否则我们将完全失去在土耳其的优势地位，为此我们务必要认真筹划一下对希腊的支援。请你至少再在开罗停留一周，我们会利用这段时间探讨这些问题，确保双方都为此竭尽全力。我们还往你们那边调动了一支三万人的军队，将在11月15日左右抵达，他们必定能对扭转埃及的形势发挥关键作用。

艾登先生在跟韦维尔将军、威尔逊将军的前几次会晤中提及一个问题：若意大利人没有进攻，我们该如何是好？韦维尔将军和威尔逊将军告诉了艾登先生一个重要的军事机密，他们不会被动等待意大利人进攻马特鲁港，他们正计划在西非沙漠主动向意大利发起进攻。我和参谋长委员会对此一无所知，他们三个都没跟我们提起。韦维尔要求陆军大臣回国以后再将此事亲口告诉我们，在此之前不要就此发任何电报。所以那几周他们在计划什么，我们完全被蒙在鼓里。我在10月26日发出的电报明明白白地表示，我非常支持在西非沙漠主动发起大规模进攻。可是在艾登先生回来前，韦维尔和威尔逊给我们的感觉就是陷在马特鲁港的防守中，被动等候挨打。他们在这一极度的危难时刻，好像只准备往克里特岛派出差不多一支营的军队，往希腊派出几支空军中队，调动人数很少的军队对多德卡尼斯群岛发起进攻，另外选在恰当的时机大举进攻一次苏丹。为了让他们拥有这些强大的军队，我们承担了巨大的风险，做出了很大的努力，付出了很大的代价，但他们对这些军队的利用却好像很令人失望。

所以我们在这段时期的电报往来都带着对彼此的误解。韦维尔和陆军大臣觉得，我们强制性地分散他们为大规模进攻而在西非沙漠汇集的军队，只为援助希腊，而这种援助根本发挥不了什么作用。我们则并不知道他们想发起进攻，只当他们在危急时刻毫无行动或者说浪费时间，因此向他们表示反对。可我们双方其实持有相同的意见，这点我们很快就发现了。艾登先生于11月1日悄悄打来一份电报：

> 我们无法从中东调动足以左右希腊局势的空军或陆军援军。不管是这样做还是将那些正往中东运送或是已经批准往中东运送的援军调派过去，都会对我们在中东占据的优势地位整体上造成威胁，另外也将对当前在超出一个的战场上主动发起进攻的计划造成不良影响①。我们在付出了巨大的努力、承担了巨大的风险后，终于组建了一支在防守②方面游刃有余的地面军队。很快，我们就能在一些方面占据进攻的优势地位，若能成功，便能在很长时间内影响战争的整体格局。放弃这一计划，转而考虑其他，必然是错误的，为了一个次要战场分散我们的军队也绝非理智之选。……挫败意大利是我们给希腊的最佳援助，而要达到这个目标，最佳方法是在我方军队实力强大并有作战计划的战场上发起进攻。我们在这里的安排和计划，我迫不及待想跟你说个清楚明白，我的意见是……3号便启程抄最近的路返回英国。

我往喀土穆发了电报后，才收到他这封电报，之后他抵达开罗，我只能重新发电报到开罗。

---

① 着重号是我自己加的。——原注
② 着重号是我自己加的。——原注

首相致艾登先生〔目的地中东司令部〕　　　1940年11月3日

你因希腊严峻的形势与后果，被逼赶到开罗。这有多不公平，我们暂且不提，但我们若拒绝援助希腊，任由其被击败，必将毁掉土耳其与我们在大战中的前程。……希腊战场尚未有德军参与。务必要一步步使克里特岛上的燃料据点和机场发展成为军事重地，且永久有效。已经开始这么做了。可是一定要竭尽全力给希腊切实、直接的支援，甚至可以只是象征性地调派一些军队过去。你们已下定决心在马特鲁港大战一场，你们的心意我非常清楚。然而，此次大战却正因为这个原因，不一定打得起来。敌军在油管完工、大军调集过来之前不会采取行动。你们发起攻势，需要从沙漠中穿过去，其中的艰难再清楚不过，若你们在接下来的两个月无法在利比亚发起大规模进攻，就很应该冒险去支援希腊。从6月到现在，派往中东司令部的兵力已超过七万，还有三万兵力将在11月15日之前赶到，另有五万三千大军会在年末之前赶到。昨天，装甲军团已经跟随大型军事运输舰队出发了。所以我无法相信，相较于希腊切实有效的军事行动，你口中的小型进攻和马特鲁港的主要防守会更加重要。

我们不断往埃及调派兵力，却不采取行动，同时又不理会希腊的形势和由其决定的所有事务，在这种情况下，我们想得到其他人的感谢是不可能的。失去肯尼亚和喀土穆，远不及失去雅典对我们的危害大，这种代价完全可以避免。帕勒里特（英国驻雅典公使）发出的电报，还请你认真读一下。战争期间出现新变故，一定要采取相应的举措，另外对部分的意见不能左右整体的问题。意大利选在今年就要结束时入侵希腊，事先没人想得到。若埃及和英国能给希腊恰如其分的支援，加上希腊当局的英勇抵抗，或许能使侵略者败退。我正想办法往克里特岛和希腊运送强大的轰炸机队和战斗机队，作为支援，飞机会从英国飞过去，再由巡洋舰将相应的地勤物资运过去。若此举可行，我会选在明天或是下周一，将详细情况通过电报告诉你。你要把对局势的掌控权紧紧抓在手中，把握到手的良机，将所有悲观、被动的策略全都抛诸脑后，我对你有信心。"将安全放在第一位"，在战争期间必将走向灭亡，你口中所谓的安全并不是真的。如果你有计划，请尽快送过来，如果没有，也请通知我。

我又发了一封电报：

1940 年 11 月 4 日

我们正调派空军过去支援你们，空军抵达的细节问题，在参谋长委员会的附加电报中有细致的说明。请马上往希腊调派三支战斗机中队，包括一支"斗士"式战斗机中队，两支"伯伦翰"式战斗机中队。另外再往克里特岛调派一支营，前提是如果有这种必要的话。根据这些支援空军抵达的状况，另外再派出一支"斗士"式战斗机中队，这项工作要优先去做。务必要在这几支中队抵达之前，将希腊机场要用的高射炮运送过去。

有人在这时候提出建议，让希腊人将他们的克里特岛师留在岛上不要动。为此，我发出了备忘录，内容如下：

首相致帝国总参谋长　　　　　　　　　　1940 年 11 月 6 日

我们很难说服希腊人不去利用克里特岛师。既然如此，我们只能将更多的军队调派到岛上。当地务必要有数目庞大的军队，另外还要让敌军相信，我方有大军正登陆该岛，这些都很重要。当地有大片地区需要设置警备，另外一旦反击起来，当地将蒙受相当大的损失。

请告诉我你的想法。

首相致帝国总参谋长　　　　　　　　1940年11月7日

若我们禁止希腊人利用其第五师三分之二的人手，并且在利用克里特岛时，只想到自己的目的，那我们根本帮不上希腊多少忙。依靠海军的力量才能保卫克里特岛，不过，让一定数目的军队驻扎在海岸上，发挥震慑作用，不管在什么情况下都是很有必要的。英国的两支营加上希腊留在当地的三支营，这些兵力是否足够，我不确定。希望你能照我的意思，发一封电报给韦维尔将军。他一定会为此想方设法：

（1）英国支援军队，人数三千到四千人，不必配置完整、机械化的装备，另外还有十二门大炮。

（2）这些军队他只能从不会参与接下来的这场战争的军队中调派。

（3）我们能调派希腊的六支营和希腊第五师的炮兵队〔参与希腊主力军的战斗〕，这一点我们应告知希腊人。

为了在克里特岛编制一个希腊后备师，务必要想尽办法，将武器装备尽快运送过去。后备师拥有足够的步枪和机关枪。伊庇鲁斯战争前线没有一个希腊的师，实在不合适，要是我们失去了克里特岛，只因我们在当地的兵力不足，就是罪过了。

艾登先生马上就要回到英国，向我们汇报情况了，他已急不可耐。具体缘由都写在以下这封电报里。

艾登先生致首相　　　　　　　　　　1940年11月3日

所有人都迫切想让我早点回去，好将我在中东了解的整体战局说给你听。我殷切期望能获得你的批准。我准备明天早上就启程。我坚信我们有极为迫切的会面需求，这里的形势计划用电报根本说不清楚。跟你会面后，有必要的话，我什么时候再飞回来都可以。

请快点给我回复。

我批准了，陆军大臣随即启程。启程时，他给我发了电报，谈及以下几个方面：

> 开罗召开的会议对克里特岛的局势展开了商讨。坎宁安海军上将强调，对我们而言，占据克里特岛意义非凡，原因在于，从克里特岛能掌控地中海东部地区，另外对意大利与北非之间的交通运输造成干扰，不过，现在舰队每回停靠在苏达湾都只能停几个小时，因为没有反潜艇从旁保护它们。
>
> 他预测意大利人短时间内不会进攻克里特岛，或者说在攻占希腊之前不会这么做。他跟韦维尔都认为应该马上往克里特岛调派援军，即我在11月1日的电报中谈到的那些援军的一部分。坎宁安海军上将觉得在克里特岛驻扎太多英国军队根本没必要，他坚信只要能将岛上的民众团结起来，另外只需要一支营和防空军队便足够了。我们随后对援助希腊的所有相关问题展开了商讨。就像9月22日我们说的那样："由于埃及的安全对我们的战略和希腊的前景都相当重要，所以我们给希腊所有可能的支援，在德国和意大利对埃及的威胁完全解除之前，都只能是空话。……"
>
> 空军是希腊急需的最重要援助。今天，第三十"伯伦翰"式战斗机中队已经启程赶赴雅典。在当前这种情况下，自己非常不希望派出更多空军中队去支援希腊，朗莫尔再度重申。由于希腊或克里特岛的飞机场没有飞机防护库和合适的地面防空军队及其余防空设备，并且短时间内很难建造这些设备，朗莫尔据此认为，往希腊派出更多的空军中队会遭受意军的攻击，损失惨重。……简而言之，全体总司令都拼命强调要保住我们在中东的地位，最关键的是要保住埃及。他们觉得，在战略方面最为急迫的不是保卫希腊不被敌军攻克，而是保卫埃及。另外，这点对土耳其会不会继续站在我们这边同样关系重大。……

他还利用我的私人密码发来以下电报，补足上述内容：

1940年11月5日

虽然参谋长委员会的电报中提及的抽调援军，会使西非沙漠的军事行动变得风险更大，并可能造成更多伤亡，但这些风险是我们务必要承受的，因为我们一定要支援希腊，这是我们的政治任务。尽管撤军会对西非沙漠的战略安排产生不利影响，不过还不会严重到毁掉全盘布局。然而，加重义务直至超出当前设定的范围，或是尝试加快给希腊支援的速度，都会对我方在埃及的地位造成巨大威胁。直到现在，我们都没能确定支援的空军，尤其是战斗机中队什么时候抵达埃及，填补调派到希腊的空军造成的空缺。我们没能达到预期目标，预期的时间也拖了很久，这是先前的经验告诉我们的。我准备乘坐明天的飞机回去，因为我感觉自己在这里已经无事可做了。

* * *

11月8日，陆军大臣回来了，当天晚上，空袭又如常开始，他在这时来到我位于皮卡迪利街地下的临时住所。他把那个隐藏极深的秘密告诉了我，其实我一早就想知道了。他这么晚才跟我说，倒也没有造成损失。艾登先生跟我们选定的包括帝国总参谋长和伊斯梅将军在内的寥寥数人，详尽阐述了韦维尔将军和威尔逊将军思考、制订的计划。在马特鲁港的防守战中，我们已做了长时间的周密部署，如今防线已经相当牢固了，我们没必要再等意大利人前来进犯。正好相反，我们再过差不多一个月，就该去进攻意大利人了。该作战计划被命名为"罗盘"。

格拉齐亚尼元帅带领的意军——当时总人数超过八万人，已经从埃及边界通过，驻扎在分布于漫长的五十英里战线上的一连串军营中，军营装有防御设施，相互之间的距离十分遥远，彼此无法支援，并且没有纵深配备，这些都在地图[①]上展现了出来。敌军在索法菲右侧与其邻近的尼贝瓦军营中间有段空缺，宽度超过二十英里。我们打算从该空缺处发起猛烈进攻，之后往地中海那边，从西面——即敌军背后——进攻尼贝瓦军营，随后再对图马尔的一连串军营发起进攻。同一时间，派出少量兵力在海岸上拖住索法菲和梅克蒂拉的军营。为实现这个目标，要动用以下军队：第七装甲师、第四印度师（所有人现在都已到位）、英国第十六步兵旅，还有从马特鲁港驻军中调派过来的一队混合军。该计划兵行险招，风险很大，不过有成功的可能。风险是我方的精锐之师闯入敌军阵营的中心地带后，要接连两晚在荒芜的沙漠中迅速行进七十英里，且要保证中间的那个白天不会被敌军发现，遭受空袭。在粮食和汽油的供给方面，也要计划得相当严谨，计算时间时若出现了什么失误，后果不堪设想。

为这样的目标冒险是值得的。我们的先遣队走海路过去，他们一旦抵达布格布格或是其周边地区，就能将格拉齐亚尼元帅军队交通路线的四分之三截断。我方突然勇猛地袭击敌军后方，敌军除了纷纷投降外没有别的选择。意大利的战线会因此崩溃，再难振作。若我们能俘虏或消灭他们的精锐之师，那他们余下的军队便不足以抵抗我方接下来的猛烈攻势，海岸上的马路绵延几百英里，他们也不可能沿那条路有条不紊地撤回的黎波里。

将军们和陆军大臣讨论的重大秘密，他们不愿在电报里跟我们说的，就是这些。我们都满心欢喜。我不住声地喝彩。确实应该这样大战一场。我当场做出决定，征得参谋长委员会和战时内阁的许可后，马上批准该计划，且将这个成功概率很高的计划视为我们工作的重中之重，竭尽全力给它援助，我们的人手和物资供应都很紧张，我们要先满足该计划的需求，别的紧急需求可以不予理会。

---

① 地图在第 545 页（这是原书的页码。——译注）。——原注

随后要将计划告知战时内阁。我想亲自或是让其他人去说，可当同僚们得知前线的几位将军和参谋长委员会跟我和艾登先生都举双手同意此事时，便表示该计划的具体内容越少人了解越好，他们也不想知道了，但他们对此没有半点异议。在好几个重大事件上，战时内阁都是这样的态度，我记录在此，可供日后遭遇相似的风险、难题时做参考。

* * *

我们占据了克里特岛，意大利舰队却好似什么事都没发生，不过，坎宁安海军上将却迫不及待地想对停靠在塔兰托重要军事基地的意大利舰队发起进攻，好让他实力大大增强的舰队飞机大展拳脚。11月11日，进攻开始，此前开展了一连串军事行动，为之后的进攻做好了准备：军队抵达马耳他，另外一批包括"巴勒姆"号战舰、两艘巡洋舰、三艘驱逐舰在内的支援舰抵达亚历山大港口，最终发起进攻，掀起高潮。地处意大利靴子状半岛脚跟处的塔兰托，跟马耳他有三百二十英里的距离。其港口十分开阔，安装了一层又一层防御设施，任何现代武器的进攻都无法穿透其防御。我们可以辨认出将要进攻的目标，靠的是已经抵达马耳他的几架快速侦察机。英国计划从"光辉"号派出两批飞机，分别是十二架和九架，有十一架飞机配有鱼雷，剩下的配有炸弹或是照明弹。黑夜降临后没多久，在与塔兰托相距差不多一百七十英里的海域中，有飞机从"光辉"号上出动。激战持续了一个小时，期间意大利舰队的火光与炮声不断。在高射炮的猛烈进攻下，我方仅有两架飞机被击落，余下的都安然返回了"光辉"号。

此战改变了地中海上的海军实力对比。空中拍摄的照片显示，鱼雷打中了三艘战舰，刚刚竣工的"利托里奥"号也包含在内，听说另外还有一艘巡洋舰被打中，造船厂也损失惨重。意大利有二分之一战舰，最少要等半年才能重上战场；我方的舰队空军非常高兴，能通过自己的勇敢行动成功把握住如此少见的良机。

意大利空军刚好在这天受命于墨索里尼，参与了对英国的空袭，因此给我方空军对塔兰托的空袭增加少许讥讽的味道。借助六十架战斗机的掩护，一支意大利轰炸机队试图空袭位于梅德韦河上的同盟国军事运输舰队。前去阻截他们的我方战斗机击落了八架轰炸机和五架战斗机。这是他们首次干涉我国内政，也是最后一次。他们应该利用这些飞机去保卫塔兰托的意大利舰队才是。

* * *

我坚持把详情说给总统听。

前海军致总统 1940年11月16日

16日塔兰托发生的事，肯定让你很欣慰。今天，意大利那三艘完好无损的战舰已从塔兰托撤离，可能撤到的里雅斯特去了。

我还给总统发了这样一封电报：

前海军致总统 1940年11月21日

海军部在我的命令下，将塔兰托一战的要点都记录了下来，如下所示，你说不定想看一下：

（1）为筹备此次进攻，地中海舰队总司令花费了很多时间；他原先的计划是，若月光允许，就选在10月21日（特拉法尔加日）①进攻，不过后来还是延期了，因为"光辉"号遇到了一点变故。

---

① 特拉法尔加日即特拉法尔加海战纪念日，1805年10月21日，英法两国舰队在西班牙西南部的特拉法尔加角外的海面决战，战争持续了5个小时，最终英国舰队获胜，这是英国海军史上最大的一次胜利。此战过后，英国海上霸主的地位得以巩固，法国海军则一蹶不振，拿破仑被迫放弃了进攻英国本土的计划。——译注

10月31日和11月1日，他在地中海中部巡视，又筹谋要进攻，可惜没有好的月光，另外他觉得利用带降落伞的照明弹不足以实现强有力的进攻。他坚信月光与天气的优劣、舰队能否在不被敌军发现的情况下靠近、我们的侦察是否有力，共同决定了进攻的结果。从马耳他出发的飞艇和"格伦·马丁"式飞机中队负责侦察工作。上述所有条件在11月11日、12日夜里全部得到满足。然而，12日、13日夜里，塔兰托海湾天气转坏，进攻因此搁置。

(2) 先前用过的复试发射管对提高鱼雷命中率应该有效。

(3) 11月11日，希腊驻安哥拉使臣汇报说，意大利打算向科孚岛发起进攻，舰队正在塔兰托集合。11月13日的侦察结果显示，可能是受11日、12日进攻的影响，没有受损的战舰与安装了八英寸口径大炮的巡洋舰已从塔兰托撤离。

* * *

此时，我发了电报给韦维尔将军。

首相致韦维尔将军　　　　　　　　　　　　1940年11月14日

针对近来的战局演变，我和参谋长委员会、三军大臣对战局做了全方位研究。以下几点对实施你曾向陆军大臣提及的军事行动很有帮助：英国海军成功进攻塔兰托舰队，意大利空军在英国上空发挥平庸，有报告显示意大利国内缺乏斗志，加拉巴特的形势，你在西非沙漠跟敌军交锋的经历，最重要的还是整体政治格局。

盟国形势危急，德国应该不会长时间袖手旁观。所以我们应当立即出动海、陆、空三军进攻意大利，为此承担风险也在所不惜。你在行动时，要跟其余总司令配合好。

首相致韦维尔将军　　　　　　　　1940年11月26日

　　你一定已经通过从各方传来的讯息了解到"罗盘"计划对以下几方面的重要性：中东所有地区包含巴尔干各个国家和土耳其在内的形势，法国对北非的态度，眼下正忧心忡忡的西班牙人的态度，处境艰难的意大利，甚至是此次大战的整体局势。我不是自信得过了头，我只是自然而然地满怀自信与期待，同时坚信如此伟大的胜利果实，我们为之承担风险是很值得的。

　　舰队负责执行哪些任务，我已经让海军部去问了。若能胜利，你肯定会有对其百分百利用的计划。我已经命参谋部考虑，若诸事顺利，我们能否展开远途海上运输，将作战军和后备军沿海岸运送到前线，另外为方便我方追击敌军的装甲车和装甲队，新建供给据点。相关细节我不打算了解，但能不能对这些事情做出估测、研究，尽量为其做好完善的准备，我却很想得到准确的答案。

　　有种让人无法置信的观点，认为希特勒断然不会去支援自己的同伴。德国的计划很明显已大大超越了从保加利亚穿过去，直接抵达萨洛尼卡的范畴。多方报告显示，德国人根本不打算帮墨索里尼一把，因为墨索里尼的冒险之举，德国人根本不赞成。我因此愈发怀疑，有件坏事很快就要发生了，其前期准备工作都已完成。对我们而言，时间拖得越久越好。可能单单是"罗盘"计划就能对南斯拉夫与土耳其的行动发挥决定性作用，另外只要取得成功，我们就能向土耳其承诺，尽快给他们大大超出我们现有能力的援助。大家确实能看出来，中东的重心可能会冷不丁从埃及和开罗转移到巴尔干地区和君士坦丁堡。这点你肯定想到了，这边的参谋部也正在思考这件事。

　　几天前，我跟你说过，你和威尔逊认真考虑过后决定采取的所有行动，不论最后能否成功，我们都会支持，毕竟战争期间，没有人能确保一定成功，只有尽力追求成功。

　　请告诉朗莫尔，我很佩服他甘冒被处罚的危险，将空军中队从南方调回来。"狂野"号和它运输的设备，如无意外，明天就能抵达塔科拉迪了。我们为援助希腊，从朗莫尔那里调走了一些军队，造成的空缺终于能补上了；在希腊的几次胜利中，皇家空军发挥的作用在军事和政治方面都有极大影响。希望你们两个，还有坎宁安海军上将诸事顺利，最近坎宁安成绩不俗。据说他发现苏达湾"价值难以估测"，这让我很是欣慰。

首相致外交大臣　　　　　　　　　　　　　1940年11月26日

　　我提议，将以下几件事告诉我国驻土耳其大使：

　　参谋人员打从开头就报告了他们听说的各种赞同或是反对土耳其投身战争的观点；这些观点我们都跟你说了，希望你能完全了解我们的意见和对你下达的指令，不带任何疑问。我们想让土耳其尽早投身战争。关于它能否通过特别途径给希腊援助，我们不做硬性要求，我们只想它对保加利亚表明态度，若德国人取道保加利亚向希腊发起进攻，或保加利亚实施任意跟希腊敌对的举措，土耳其会在第一时间宣布开战。若可行的话，土耳其和南斯拉夫应该现在就商议好，一旦发觉德国人有意向保加利亚进军，马上联合起来，向保加利亚和德国发出警告。有件事非常重要，若德国人取道保加利亚，不管保加利亚有没有从旁帮助他们，土耳其都务必要在第一时间参战。如若不然，土耳其便会发觉本国将彻底陷入孤立无援的境地，巴尔干各国会一个接一个沦陷，我们就算有心帮它，也力有不逮。你不妨提一提，我们期待能有最少十五个师在1941年夏季结束之前赶到中东参战，截止到当年年末，增加到大约二十五个师。我们坚信我们能在非洲打败意大利。

　　上述各点，参谋长委员会已在下午6点全体通过。

首相致海军大臣、第一海务大臣，
另外请伊斯梅将军转呈参谋长委员会　　　1940年11月30日

(请海军参谋长过目)

应该马上让"狂野"号回来,再运另外一批飞机和飞行员到中东,支援当地。要尽量拖延"狂野"号的检修时间,直到它将这一批援军运送完毕。援军该怎样编制,应该交由空军参谋长决定。

首相致伊斯梅将军　　　　　　　　　　　　1940年12月1日

我方在苏达湾〔克里特岛〕究竟准备到了何种程度——也就是说军队、高射炮、海岸防御炮、探照灯、无线电、雷达测向器、防潜网、水雷、飞机场等方面准备到了何种程度?

务必要在克里特岛安排几百个当地人加固防御工程,扩张、改良机场。

首相致伊斯梅将军,转呈参谋长委员　　　　1940年12月1日

阿尔巴尼亚的意军还在往后撤,今天我们对战局更有自信了,因为我们收到报告,得知利比亚沙漠中的意大利军队在粮食和水的供给方面遭遇困难,意大利军队为了避开我们的进攻,将飞机调回的黎波里,另外,我方有三十三架"旋风"式战斗机安然抵达塔科拉迪,机上配有最优秀的飞行员。应该给韦维尔将军发一封电报,让他了解我们的想法。

我方军队在该战场上占据了罕有的巨大优势,若敌军失败逃跑,我方可以通过海上运输,让供给和军队在一夜间前行八十英里,还能让刚刚抵达的军队去打头阵。韦维尔将军回复电报给我时,好像没有重点谈及此事,我觉得,我们有责任把参谋人员的研究结果送给他过目,毕竟我们在此次战争中压了太大的筹码。让手上的两栖作战军队闲置不用,实在是罪过。所以要是这份研究报告有用的话,就将其通过电报发过去吧。这件事务必要在3日之前办好,不能因为任何借口耽误。

另外要说一说我对整体的见解:我们基本不再担心马耳他了,

因为眼下苏达湾已成了我们的地盘。一旦我们的舰队停靠或者说能够停靠在苏达湾，敌军再想大规模登陆马耳他，就会变得相当困难，更不要说，我们为了支援马耳他，还从中东抽调了坦克、大炮。……地中海东部的战局，因我方占据苏达湾而被扭转。

苏达湾最终上演了一出悲剧，不过时间拖延到了 1941 年。我认为，我拥有的直接指挥战斗的权力不逊于当时所有国家的掌权者。我们实现了宪法权力的高度集中，这是我本身的学识、战时内阁的齐心协力和积极配合、众同僚的一片忠心、我方作战机关与日俱增的工作效率共同作用的结果。然而，相较于我们发出的指令和我们的期待，中东司令部实施的举措实在差得太远！这段时期，方方面面都在采取很多行动，一定要记住这一点，才能对人的活动范围做出正确估量。但我们居然没能将苏达湾变成我们开展两栖战斗的基地，将克里特岛全部变成该基地的军事要塞，还是让我深感意外。我们在各方面都达成了一致，彼此体谅，另外还做了很多工作；然而，没有一项工作是彻底完成的。很快，我们就要为这种失误承受巨大损失了。

*　　*　　*

墨索里尼在意大利军队从阿尔巴尼亚经过，向希腊发起进攻时，再度遭遇惨败。第一批入侵军队损失惨重，被迫撤退，不仅如此，希腊马上开始反击。希腊军队在北部（马其顿）进攻阿尔巴尼亚，11 月 22 日攻占了科尔察。意大利一支山地师在平都斯山脉北面的中央战场被全歼。至于沿海地区，起初，意大利军队以不可抵挡之势迅速深入，可到了卡拉玛斯河，又急急忙忙撤军了。在山地战中，希腊军队在帕帕戈斯将军的指挥下，表现出非同一般的战略部署，从两侧对敌军展开进攻，令敌军防不胜防。他们的骁勇善战使得意大利军队不得不在当年底从阿尔巴尼亚边界沿总体战线撤退三十英里。在长达几个月的时间里，希腊的十六个师将意大利的二十七个师困在阿尔巴尼亚脱不了身。巴尔干其余各国，因希腊在战争中的优异表现深受激励，墨索里尼的威信却因此大受影响。

* * *

内维尔·张伯伦先生于11月9日在其家乡汉普夏郡去世。国王曾批准我到他家给他送内阁文件，他去世前几天，还在密切关注国家大事，完全不顾及自己已病入膏肓。弥留之际，他看上去相当平静。我觉得他临死时，明白不管怎么样，祖国都已脱离困境，心里一定很欣慰。

我在11月12日举行的议会上，一开场就发表了对他这个人和他所做之事的赞美。

> 弥留之际，所有人都会一再反省自己的所作所为。人类很幸运，没有生就准确预见未来的能力，否则生活将会变得不堪忍受。人类的所作所为在这段时间好像是对的，到另外一段时间好像又错了。几年后，在漫长、深入的观察过后，此前的所有事又彻底变成了另外一番模样。判断事情的标准改变。衡量其价值时，有了新的方法。历史携一盏灯，在之前走过的路上蹒跚而行，想让当初的景象重演，回音重现，旧情在微弱光亮下复炽。所有这些有何意义呢？人的良知是其仅有的向导；刚直与诚信是人在回忆过去时仅有的盾牌。若不想成为鲁莽之徒，一定要举着这面盾牌开始人生之旅。希望幻灭，计划失败，经常使我们受到讥讽；可无论命运如何玩弄我们，只要我们举着这面盾牌，就能一直走在荣耀的队伍里。
>
> 无论这段恐慌的岁月有哪些会被载入史册，哪些不会，我们都坚信，内维尔·张伯伦曾相当真诚地遵从自身智慧的指引，将自己拥有的巨大才能和权力利用到极致，竭尽所能使世界摆脱眼

前这场民不聊生的战争大灾难。……希特勒先生妄言和平是自己唯一的愿望，实在无耻、虚伪。在内维尔·张伯伦的坟墓前，有必要提这些虚妄言辞吗？我们要面对一条漫长、艰难、险恶的未知之路，可不管怎样，我们已联合一致，带着满心纯真踏上了前进的路途。……

跟他已经去世的父亲和哥哥奥斯汀一样，他也是下院颇有名望的议员；今天早上，我们各个政党的成员全都来到这里集合，为这个完全能列入迪斯雷利口中"英国财富"的人寄上我们的哀思，此举在我们看来，既是属于我们的荣耀，也是属于国家的荣耀。

第十三章　租借法案

罗斯福再度被选为总统——英国跟美国的军火合同——洛西恩勋爵来到迪奇利跟我会面——1939年11月的"现金购买,自行运输"——英国在晦暗不明的战争中失去的美金——全新的时代在1940年5月开启——1940年12月8日,我起草了给总统的一封信——英、美两国的共同利益——要事先做好计划——6月份之后英国的恢复状况——大西洋将在马上就要到来的1941年遭遇危难——我方损失的船舰——英国和德国各自拥有的军舰实力——日本带来的威胁——大西洋生命线——美国对爱尔兰造成的影响——我提议将每月提供的飞机数量增加两千架——陆军武装——账款的支付方式——向美国发出呼吁——总统发明《租借法案》——12月17日,总统召开记者招待会——"去除美元符号"——向国会提交《租借法案》——菲利浦·洛西恩猝然离世——我选中哈利法克斯勋爵取代他的位子——我对哈利法克斯勋爵的欣赏——艾登先生返回外交部,就像返回自己的故乡——马杰森上尉担当陆军大臣——等候通过《租借法案》——发给总统的新年贺电

这段时期,从另外一种角度改写世界命运的大事件,在短兵相接和炮火声中在我们眼前上演了。11月5日,美国进行总统大选。共和党和民主党的领袖都对这一"崇高事业"相当看重,虽然这每四年举行一次的大选竞争极为激烈,而且在国内问题上,两大党派有着不可调和的矛盾。罗斯福先生11月2日对克利夫兰说:"竭尽所能向正在

大西洋、太平洋彼岸反抗侵略的国家提供物资支援，是我们现有的政策。"他在大选中的对手温德尔·威尔基先生同一日在麦迪逊广场花园宣布："共和党人、民主党人、独立党人，我们所有人都赞同向勇敢的英国民众提供支援。务必要将我国的工业产品送去给他们。"

美联邦的安危与我国的存亡，因这种扩张的爱国主义得到保障，可在等候竞选结果期间，我还是觉得十分忐忑。富兰克林·罗斯福拥有的学识与经验，任何刚刚上任的人都不具备或者说无法在短时间内具备。我非常谨小慎微地构建起跟他的私人关系，这种关系好像已发展到了肝胆相照、毫无隔阂的地步，成了我思想中不可或缺的组成部分。对我而言，终结这种逐渐建筑起来的友情，打断各类正在开展的谈判，跟一个思想、性格我完全不了解的人从头开始，绝非乐事。我是如此的焦虑，敦刻尔克过后，我还是头一回有这样的感觉。后来我听说罗斯福连任总统，欢喜到简直无法用语言来说明。

前海军人员致罗斯福总统　　　　　　　　　　1940年11月6日

选举期间，我觉得自己作为外国人，不宜对美国的政治发表任何看法，然而，若是现在我说我曾期待你会获得成功，并庆幸你真的成功了，你应该不会责怪我的。这并不意味着，我在美英两国都有责任拯救有倾覆危险的世界整体局势这件事上，不仅期待你能客观、自如地将你的智慧利用到极致，还期待别的什么。很明显，我们此刻面对的这场战争十分灰暗，持续时间长，牵涉地域又不断扩张，我希望能跟你交流意见，这种交流建立在我在战争之初掌管海军部时就跟你建立起来的彼此信任、坦诚相待的基础上。事情还在发展演变的过程中，一定会有人关注它们，除非世界上所有说英语的人都消失了。美国民众再度将这项重大的责任交托给你，我在深感庆幸之余，觉得一定要让你了解我有这样一种坚定不移的想法：在智慧之光的引领下，我们一定能安然抵达目标地点。

这封电报发出去后一直杳无音讯，让人疑惑。它有很大概率是埋没在一堆贺电里了，总统政务繁忙，根本没时间看。

截止到现在，我们跟美国订立的军火订单都不经过美国陆、海、空三部之手，只是在进行相关谈判时会跟他们接触。各方需求不断增加，导致我们经常在很多地方重复订货，虽然所有人都满心善意，但在级别较低的官员中间，还是可能会出现矛盾。斯退丁纽斯[①]曾写过这样一句话："目前这项艰难的任务，要求我们的政府在采购所有防御物资时，务必采用唯一且统一的策略。"[②]这表示美国所有的军火订单都将由美国政府统一做出安排。连任后第三天，总统便宣称美国军火制品的分配，要"参照从现实经验中获取的方法"。军火制品出厂后，要在第一时间做出分配，给美国军队留下差不多二分之一，英国、加拿大军队分配剩余的二分之一。英国提出的要求得到了战时物资优先分配局的批准，除了我们在美国预订的一万一千架飞机外，还批准再供给我们一万两千架飞机。只是，我们如何支付相应的货款呢？

* * *

洛西恩勋爵11月中旬乘坐飞机从华盛顿回来，跟我一起在迪奇利待了两天。大家生怕敌军对我的行踪格外留意，因此劝我周末别总是去契克斯，满月时尤其如此。罗纳德·特里夫妇的房子靠近牛津，又宽敞又考究，他们多次在那里热情招待我和下属。迪奇利与布伦宁只有四五英里的距离。在如此安逸的环境中，我跟洛西恩大使会面了。我感觉他变成了另外一个人。他先前给我的感觉一直是见多识广，超

[①] 爱德华·斯退丁纽斯（1900—1949），美国政治家，罗斯福总统执政时的主要外事顾问，曾在1944年至1945年间出任美国国务卿。——译注

[②] 出自斯退丁纽斯《租借法案》第62页。——原注

凡脱俗，一副贵族模样。他很注重仪态，坚持自我，不大合群，言行庄重，批判严厉，但看上去又放松、开朗，一直以来，他都是个好搭档。眼下我们共同经历了重大挫败，他变得相当实事求是，遇事总是深入思考。美国是什么态度，他再清楚不过。在"驱逐舰和海军、空军基地的交换"谈判中，他担当主持，华盛顿因他的表现喜欢上了他，对他很是信任。他跟总统的私交很亲密，回国前，他们之间的联络就没断过。眼下，他为思考"美金问题"倾注了所有心血，这个问题确实很难解决。

战争开始前，总统在美国中立法的制约下，被迫于1939年9月3日颁布禁运令，严禁向各参战国运送武器。表面看来，这项禁令好像很公正，但英法两国在运输军火和供给方面享有制海权的优势地位却因此丧失，为此总统十天后在国会召开特别会议，想取缔这项禁令。1939年11月，在经历了几周的讨论与争辩过后，中立法最终被取缔，由新准则"现金购买，自行运输"取而代之。如此一来，美国人便能同时将武器出售给同盟国和德国，不受任何限制，美国坚定的中立姿态因此得以维持下去。不过，我国的海军截断了德国所有海路运输，英、法两国却能在"现金购买"后"运输"自如。由能力非凡的阿瑟·珀维斯先生领导的采购委员会，在新法令出台后第三天就忙碌起来了。

*　　*　　*

英国加入战争之初，拥有包括美金、黄金、可在美国折合成现金的投资在内的美国资产共计四十五亿。只有一个办法能让这些资产变得更多，就是在大英帝国开采新金矿，最重要的开采地是南非，这是自然的，另外想尽办法把商品销往美国，尤其是威士忌、高级毛纺织品、陶瓷之类的奢侈商品。利用这一方法，我们在战争开始后的一年半内赚到了二十亿美金。我们在"晦暗不明的战争"期间，既心急想从美国预定军火，又由衷恐惧会用光我们的美元储备，因此陷入两难。

财政大臣约翰·西蒙爵士在张伯伦先生掌权期间经常向我们提起，我们的美元储备现在变得少极了，并再三重申要将这一储备保存下来。大伙儿多多少少都支持严格控制我们从美国购物的数量。有一回，珀维斯先生跟斯退丁纽斯说了这样一句话："我们就好比生活在一座海岛上，四下一片荒芜，没有足够的粮食，这点粮食能多吃几天就多吃几天吧。"①我们限制购物与之很相似。

这表示，资金短缺要求我们花钱时务必节约。和平年代，我们花钱不受限，进口商品可以随心所欲。战争年代，我们却要被迫建立一个约束机构，使用那些黄金、美金及个人资产，避免一些居心叵测的人往他们觉得较为安全的国家转移个人资产，减少在进口商品和其余支出方面的浪费。我们一方面要保证节约用钱，另一方面还务必要观察一下，我们的货币别国是不是还能接受，后者相较于前者更加重要。英镑区的国家选择支持我们：他们采用了跟我们一模一样的外汇管理策略，对接受、持有英镑没有异议。为了让英镑在英镑区内部流通自如，我们跟其余国家协商好，支付给他们英镑。他们还应承我们，短时间内用不着的英镑，他们会保存起来，另外，交易时遵照官方统一的外汇汇率。阿根廷和瑞典最先协商决定采用这一方法，之后欧洲大陆及南美其余部分国家也加入其中。这种方法的协商、确定是1940年春天之后的事，在如此艰难的情况下，我们还能协商、确定并坚持使用这种方法，这让我们觉得很满足——大家对英镑的信任，由此可见一斑。如此一来，我们在跟世界很多地区交易时，都可以使用英镑，为从美国购买重要军事物资，保留了大半珍贵的黄金与美金。

战局于1940年5月突变，我们被迫直面令人恐惧的现实，这才发觉英国和美国的关系已进入全新的阶段。在我组建新政府，金斯利·伍德爵士担任财政大臣以后，我们在预订物资方面不遗余力，至于将来的财政问题，我们都丢到"永恒的上帝"那里去了，这一政策相对很简单。

---

① 出自斯退丁纽斯《租借法案》第60页。——原注

敌军的空袭接连不断，对我国的侵略迫在眉睫，为了活下去，我们坚持作战，基本得不到任何外来援助，在这样的情况下，还要过分忧心美元用完后该怎么办，如此节俭根本是错的，如此谨慎也根本不合适。我们发现美国的社会言论正在发生天翻地覆的变化，另外，全联邦，而不光是华盛顿，越来越相信我们两国的命运是一体的。更何况，美国各地这段时期对英国的同情与敬佩也达到了高潮。他们直接从华盛顿传递极其友善的讯息给我们，还借加拿大之口跟我们说，他们支持我们英勇作战，又说不管怎么样，总能找到解决问题的法子。财政部长摩根索先生一直坚持支持同盟国的事业。6月，我们接手了法国在美国的订单合同，我国的外汇支出因此提升到原先的差不多两倍。不仅如此，我们还向各方发出了飞机、坦克、商业用船的新订单，为美国、加拿大建立新的大型工厂助力。

* * *

我们收到的所有货物的货款，在1940年11月终于全部付清。先前我们用英镑在英国收购私人持有的美国股票，最终收购的股票总价值三亿三千五百万美金，现已全部出售。我们付出的现金超过了四十五亿。余下的只有二十亿，投资占了绝大多数，有不少都无法马上出售。很明显，我们要终结这种情况。就算将我们的黄金和国外资产全都对外出售，也不足以支付二分之一的订购货款，更何况我们还要再订购十倍的货物，以应对这场延时的战争。为了维持日常开销，我们手上务必要有少量资金。

总统及其顾问正努力寻求最好的方法，给我们支援，对此洛西恩毫不怀疑。大选现已结束，是时候实施行动了。在华盛顿，弗雷德里克·菲利浦斯爵士与摩根索先生正作为彼此的财政部代表，继续不间歇地展开会晤。大使催我给总统写封信，将我们现状的方方面面说给总统听。为此，我周日在迪奇利跟大使协商起草了一封给总统的私人信函。11月16日，我给罗斯福打了一封电报，告诉他："我正在写一封预测1941年前景的长信给你，过几天，洛西恩会亲自送到你手上。"在洛西恩回到华盛顿之前，关于这封信的手续还没办好，它不仅要由参谋长委员会和财政部再三审核，还要由战时内阁批准。我在11月26日那天发电报给洛西恩，说："我还在为写给总统的那封信忙碌，但愿能在这几天给你发过去。"最终，这封信在12月8日彻底完成，马上给总统发过去。这封信很有研究价值，其中阐述了伦敦相关各方对整体局势的一致意见，对我们的未来影响明显。

白厅，唐宁街10号
1940年12月8日

亲爱的总统先生：

1. 我认为，在今年进入尾声时，你或许会想让我们预测一下1941年的前景。此举完全建立在我的诚意与信心基础之上。原因就是，我认为美国大部分公民都坚信，英联邦的生存与独立，关系到美国的安危和美英两个民主国家的前途以及两国代表的文明。唯有这样，才能让忠诚的友邦将大西洋和印度洋的制海权紧紧握在手中，而要掌控这两大洋，这点不可或缺。保障美英两国的安全与商业航道顺畅的必要条件，同时也是避免战争祸及美国沿海的最佳方法，就是由美国海军掌控太平洋，英国海军掌控大西洋。

2. 此外还有一点。要花费三四年时间，方能把一个现代国家的工业变得能适应战争需要。要实现最大化转变，就要尽量把最强大的工业生产能力从民用转向军用。1939年末，德国已经实现了这一点，这是毋庸置疑的。而英联邦各地却才结束了第二个年头的二分之一。在这一领域中，美国做得肯定不及我们，这是我的看法。另外据我所知，美国现在正忙于大型海、陆、空防守计划，我确定要用两年时间才能完成。我们要在美国做好准备之前坚守据点，跟纳粹作战，为维护两国的共同利益，我们有责任这样做，

为了生存下去，我们也必须这样做。可能用不了两年，我们就能取得胜利了，可是我们不应怀有这种念头，一定要付出百分百努力。所以我满怀敬意，请求你带着友善之心思考一件事：英国和美国拥有完全相同的利益，直至上面谈及的状况消失。我如此冒昧地写这封信给你，正是出于这个原因。

3.此次战争已采用了这种形式，在接下来的时间里，应该还会继续沿用这种形式，所以要在德国人能集中主力作战的战场上跟德国的陆军对抗，对我们来说是相当困难的。但我们可以在德国只能调集很少军队的地方，利用海军和空军跟他们交战。为避免德国的势力范围从欧洲拓展到非洲、南亚，我们务必要倾尽全力。另外，我们一定要确保本土一直有军队能随时开战，其实力一定要强到足以击退从海上侵略我国的敌军。为此我们正抓紧时间组织五十至六十个师，这件事你已了解。我们不会要求美国派大型远征军过来，即便美国不再只是我们的朋友和不可或缺的搭档，而真正跟我们结盟。兵力不是最短缺的，船只才是，一定要先尽力运送武器装备和给养，之后再走海路运送大批军队。

4.1940年前半年对同盟国和欧洲而言，是水深火热的半年。英国在后五个月顽强地孤身奋战，最终扭转了败局，这个结果可能让人预想不到，这还要感谢那个三度选举你为总统的共和国给我们的大批武器装备和驱逐舰支援。

5.现在，英国被敌军用精锐之师快速灭亡的危险已大幅降低。而另一种持续时间长、渐渐累积而成的危险随即产生，这也是一种致命的危险，只是不像前一种来得那么突然，令人恐慌。这第二种危险就是船舶吨位逐日减小，从不停歇。我们可以忍受狂轰滥炸导致的房屋倾圮，百姓惨死。我们期待能借助科学的进步，慢慢找到应对空袭的法子，等到我方空军实力跟德国更加贴近时，就去进攻他们的军事目标，以牙还牙。海战将成为决定1941年胜负的关键因素。我们若不想在仗还没打完时就输掉，让美国没时间再为防守做准备，就必须确保本土的粮食和武器供给得到满足，确保能将英国军队调到各个战场上，跟希特勒及其同伙墨索里尼的军队交锋，并让军队在当地驻扎下来，最后还要确保在欧洲独裁者崩溃之前，一直坚持上述行为。所以，船只和远洋运输实力，尤其是前往大西洋的运输实力，就成了1941年战争整体发展的决定性因素。此外，若能让我们要用到的运输船无论何时都能在海上自由航行，那我们就能往德国本土投入空军的精锐之师，现在德国民众和其余被纳粹铁蹄践踏的民族反抗得越来越激烈，在他们的配合下，我们说不定可以让被摧残的人类文明重获新生。

只是，该任务很有难度，一定要小心对待。

6.我们损失的船只数目，跟上次大战损失最惨痛的一年差不多，附录中有近几个月的具体损失。11月3日之前五周的损失总数，达到了四十二万三百吨。我们估测，每年要进口四千三百万吨，才能保证我方在战争中有充足的力量；但9月份只进口了三千七百万吨，10月增加了一百万吨。若船只吨位数继续这样减少下去，必将导致严重的后果，唯一的解决办法是适时补充比现在补充的多得多的吨位数。为了应对这种局势，我们考虑了很多方法，可是很明显，相较于上次战争，在这次战争中降低损失的难度提升了很多。我们没有法国、意大利、日本、美国海军从旁相助，美国海军的缺席尤其重要，尽管在困难时期，美国海军一度给了我们很大的帮助。法国北部、西部沿海的港口，已经全都被敌军掌控。这些港口以及靠近法国沿海的岛屿，逐渐成了他们的潜艇、飞艇、战斗机基地。从爱尔兰的港口与陆地上，可以很方便地巡视我国沿海地区，但这些地方现在已经不能为我们所用了。北部航道是我们仅余的一条能进入英伦三岛的航道，可惜敌军正往那里调派军队，还派出潜艇、远程轰炸机持续侵扰当地。而且大西洋、印度洋这几个月还有敌方军舰出没，进攻商用船只。那些进攻我方军舰的强大敌舰，同样是我们目前要应付的对象。

追击敌舰和护航这两种用途的船舰，我们现在都很需要。在物资和准备方面，我们已经做得很好了，可惜在实际应用时还是捉襟见肘。

7. 我国本土水域中的军舰实力对比，在此后的六七个月内都无法让人满意。1月，"俾斯麦"号和"提尔皮茨"号肯定能投入使用。在拥有了"英王乔治五世"号后，我们想让"威尔士亲王"号也参战。相较于二十年前的"罗德尼"号和"纳尔逊"号等军舰，这些新型军舰在装甲尤其是抵御空袭方面自然有很大提升。近来，我们被迫派"罗德尼"号去大西洋上负责渡海的护航工作，然而，我们的船现在少到这种程度，一个水雷或鱼雷都能随时使我们的军队实力发生巨大转变。6月，"约克公爵"号就能完工了，到时我们就不用这么紧张了，到1941年末"安森"号也参战时，我们便能更轻松了。不过，我们被迫要调集战争爆发后最强大的一支海军，去应对德国那两艘配有十五英寸口径大炮、达三万五千吨位[①]的最高级别新型军舰。

8. 我们期待短时期内，意大利的两艘"利托里奥"级别军舰不会参战，并且它们要真正发挥作用，必须要配备德国海军。它们说不定真会配备的！你在"黎塞留"号、"让·巴尔"号中给我们的帮助，我们感激不尽，这些帮助我认为已经够了。不过，我们这几个月一定要想到，在此次战争中，敌军会首次在行动中出动至少两艘跟我们仅有的两艘最好的新型军舰差不多的军舰，关于这一点，总统先生比任何人都明白。鉴于土耳其表现出来的态度，我们必须要在地中海维持现有的军队实力，事实上，我们在土耳其有没有一支实力雄厚的舰队，决定了整片东地中海的战局。那部分年代比较久远、没有现代化装备的战舰，要发挥护航的作用。所以我们用来交战的军舰同样很短缺。

---

① 它们的实际吨位都有差不多四万五千。——原注

9. 此外还存在第二种危险。维希政府为了找到理由,将他们现有的那支庞大、完好的海军派去跟轴心国共同作战,会选择参与希特勒的欧洲"新秩序"或是走别的途径,例如派远征军从海上进犯自由法国的殖民地,迫使我们跟他们开战。若法国海军加入了轴心国军队,便可马上占据西非,这会对我们在南、北大西洋间的航线造成巨大威胁,达喀尔甚至是南美也会被波及。

10. 在东亚地区还存在第三种危险。日本现在显然正从印度支那经过,朝南面的西贡及其余海军和空军基地进发,以接近新加坡和荷属东印度。听说,日本为了日后远征海外,正在筹备五个精锐师。若事态就这样发展下去,根本不是我们东亚的军队所能应对得了的。

11. 我们务必要抓紧1941年这一年的时间,提升武器装备的供给,以应对上述危机,飞机是其中最重要的,我们要在敌军的空袭下坚持增加本土产量,同时还要从海外购买。这是一项相当艰巨的工作,我列举出的现实情况和其余很多相似的情况都证实了这点。这项工作从某些角度看,可算是我们两国共同的任务,为了方便美国提供高尚、关键的支援,我认为我有权利,准确说来是有义务为你提供各种建议。

12. 预防、减少船舰在大西洋与我国本土之间航道上的损失,是当前最紧急的任务。有两个解决的法子:用更强大的海军去抵挡进攻;获得更多的商用船只,满足我们的需求。要做到第一点,下面几种方法或许可行:

(1) 上次大战过后,确立了海上自由通航原则,不得采用不合法的、战争的残暴手段袭击往来船只,1935年,德国自愿接受这项原则,并做出相关规定,现在美国再度强调该原则。美国船舶可凭借该原则,跟那些未曾遭受有力、合法封锁的国家展开自由贸易。

(2) 我的意见是,接下来就该为维护这种合法贸易,动用美国的护卫舰、巡洋舰、驱逐舰、空军编队这些军事力量。战争进行期间，你若能在爱尔兰建立基地，那这样的保护举措就会变得更有力。这一举措很有可能会在海上经常性地引发一些危险的意外，但我认为，德国应该不会因为这个向美国开战。希特勒先生显然不愿重蹈德国皇帝的覆辙。他不愿在彻底打垮英军之前，跟美国开战。"在一段时间内只进攻一个敌人"是他的座右铭。

我如此冒昧，将这一策略说了出来，它和跟它相似的策略都能达成这样两个目标：一是让美国当机立断实施的行动看上去只是一种活跃的非战行为；二是给英国足够的时间抵挡敌军的进攻，直至胜利为止，在这点上，其余策略都无法与之媲美。

（3）若你们很难采取以上行动，那我们就只能请求你们将眼下正行驶在大西洋上的美国军舰，尤其是驱逐舰的一大半赠送、出借或是提供给我们，以保障大西洋航道的安全。除此之外，为避免通往美国正在西半球各英属岛屿上建造的海军和空军基地的新航道被敌舰骚扰，美国海军在美国那一侧的大西洋海面上加大掌控的力度，这点有异议吗？美国海军这样支援我们，不会对其在太平洋上的控制权造成威胁，毕竟美国海军的实力太雄厚了。

（4）为了让英国小型舰队能停靠在爱尔兰南部和西部沿海，为了让我国的飞机能往西在大西洋上空自由飞行——这一点更加重要——我们需要美国帮我们周旋，需要美国政府将自身所有的影响力持续发挥出来。若公开宣称，美国可从以下两点中获益，一是英国的长时间抵抗，二是保障大西洋航线的顺畅，以将北美为英国准备的重要物资接连不断地运过来，那身在美国的爱尔兰人说不定就会想提醒爱尔兰政府，他们现在实施的策略威胁到了美国的安危。

若爱尔兰的行为有招来德国进犯的危险，那英国国王政府会预先采取最有力的举措保护爱尔兰，这是自然的。我们不能逼迫北爱尔兰民众不顾自身意愿，从联合王国中独立出来，跟南爱尔兰合并。可我很确定，在这危难关头，爱尔兰政府若能表示自己跟各英语民主国家是一体的，那么一个囊括了整个爱尔兰的防务委员会就将建立起来，等战争结束后，爱尔兰说不定就会以此为基础，实现某种程度上的统一。

13. 将当前海上的大规模损失降低到可控范围以内，就是上述举措要达成的目标。另外还有一件事非常重要，应大幅提升供给大不列颠以及能让大不列颠在战争中发挥最大作用的商用船只的吨位数，而且要比我们目前的年产量最高值一百二十五万吨还高。现在，我们的船舰效率只能达到原先的差不多三分之二，这是护航体系、绕道航行、走"之"字路、当前运送供给的航线太漫长与我国西部海港的拥堵共同造就的结果。要将生产商业船只的能力最少提升三百万吨位，这样才能保证最终获胜。要使这一需求获得满足，我们只能求助于美国。我们预测1942年的产量应该跟上次大战期间霍格岛规划的产量持平。我们另外还要求美国将其在1941年拥有或掌控的商用船只，在自用之余全都供给我们，同时想办法将现在正在为国家海务局生产的商用船只的大半拨给我们。

14. 我们还期待着，我国在战斗机生产方面的欠缺，能由美国帮我们弥补。我们要想在空中占据绝对的优势地位，减弱德国对欧洲的掌控力度，最终使欧洲完全脱离德国的掌控，必要前提是获得大量战斗机支援。现在我们正在筹划将我国的前线飞机提升至七千架，时限是1942年春。不过，这显然并不能使我们获得能最终取胜的优势地位。只有美国把尽量多的飞机供给我们，我们才能占据这样的地位。尽管敌军对我们的空袭一直没有间断过，但我们还是热切期待着能在国内完成大半生产计划。现已做出安排，美国会将计划生产的部分飞机拨给我们，可就算我们的空军得到了全部飞机，对我们来说，那种必不可少的优势地位还是遥不可及。因此，能不能请总统先生郑重权衡一下，准许我们加急订货，并将每个月的作战飞机供给量增加两千架，最后联合结算？

因为这些飞机是我们摧毁德国武装基础的主力,所以我坚持重型轰炸机应该占大多数。这对美国的工业生产机构是一项相当沉重的负担,我很清楚。然而,你们拥有全世界最聪明灵活、最有能力的技术员,面对如此紧迫的需求,我们只能向这些技术员求助,且要对他们充满信心。我们毫不怀疑,他们一定会像我们期待的那样倾尽全力。

15. 我国陆军的需求你也了解了。尽管敌军空袭不断,但我们的武器产量依然持续增长。若不是你在工作母机的供给和几类物资的转让上一直帮助我们,我们根本不可能期待能在1941年武装好五十个师。你为我们做好完善的安排,支援武器给我们预备编制的军队,为让我们后来补充的十个师能在1942年参战,适时供应美国武器给他们,这些全都让我心存感恩。然而,当独裁统治的力量走向衰落时,不少努力想要重获自由的国家就有可能产生对武器的需求,美国的生产厂家是他们唯一能求助的对象。所以,我们一定要提醒美国,有件相当重要的事,就是尽可能地提升小型武器装备、大炮、坦克的生产效率。

16. 为明确我们想从你们手中获得的各类武器装备——其中绝大多数自然是双方都无异议的——我正想提交给你一份相当完备的计划。若美国军队选择的武器装备,其性能都已在实战中——不管何时都可以——获得证实,就能节省很多时间和精力。如此一来,大炮、武器弹药、飞机的数量就会迅速膨胀,因为储备的那一部分都能拿来交换。不过,这牵涉到技术层面,太艰深了,这里我就不多说了。

17. 我要在最后说说财政方面的问题。你们给我们的武器弹药和船舰支援的速度和数量,跟我们的美金消耗速度成正比。为了支付业已到期的贷款,我们已花掉了大半美金储备,这点你已了解。我国现存的美金储备全部加在一起,还要增加好多倍才能支付那些业已达成或尚在协商的订单,那些为在美国建立兵工厂已经或等待支付的资金也包含在内，这点你也已了解。用不了多久，我们就无法为船舰和供给支付现金了。我们甘愿付出一切正当代价，竭尽所能用美金来支付贷款，在这样的前提下，我认为你会同意下面这种情况从原则上来说是错的，造成的后果会损害我们两国的利益：此次战争进行到最激烈的阶段，若英国所有能出售的财富都在这一阶段被夺走，导致英国在用流血牺牲换得战争的胜利、文明的重生，并争取到足够的时间，让美国做好武装准备，避开可能的危险后，却一无所有。无论是从道义还是从经济角度来说，这种政策都背弃了两国利益。战争结束后，我们就只能从美国进口那些符合美国关税条件和工业生产的出口商品，且要服从美国的数量限制，另外，从美国的进口必须少于对美国的出口。如此一来，英国便要吃尽苦头，而出口的下降也将导致美国大批民众失去工作的机会。

18. 此外，我不认为美国政府和民众会觉得他们的行为准则要求他们把给我们的慷慨支援局限化，仅限于要马上支付贷款才能供给的武器弹药和工业产品。我们已经决定为追求正义，承受任何折磨，牺牲一切所有，并以此为荣，这点请你不要质疑。其余的，我们都交给你和你的民众去思考，我们对你们充满信心，坚信你们定可以找到很好的法子，日后为大西洋两岸的后人称颂。

19. 我坚信，若总统先生觉得对美国民众和西半球而言，毁灭纳粹与法西斯残暴统治是一项极其重要的事业，那你就会把这封信视为一封陈情表，阐述了至少要采取何种必要举措才能实现双方的共同目标，而不会将其视为一封求援信。

为明确英国、同盟国、中立国这段时期因被敌军进攻而损失的商用船只吨位数，信中附了一个统计表格。[①]

---

① 具体参见附录（1）。——原注

这是我写过最重要的信函之一，我们那位伟大的朋友在乘坐美国的"图斯卡露莎"号军舰，在阳光明媚的加勒比海上巡逻期间，收到了这封信。他身边全都是他的心腹。当时对我来说还是陌生人的哈利·霍普金斯之后跟我说，罗斯福先生独自坐在他的帆布躺椅上，把这封信读了一遍又一遍，直到两天后，他还没有任何明确的结论。他沉默苦思着。

在沉默苦思的过程中，他做出了一个非凡的决定。他绝不是对自己该做什么没主意。他是在考虑怎样游说国家、国会接纳他的意见。斯退丁纽斯说过，总统去年夏天就在船舶资源防务咨询委员会的会议中建议："美国为英国生产船舰，不必英国出钱，也不必由我们贷款给他们。我们必须要在这个不同寻常的时期，无条件租赁船舰给他们。"这个建议好像是财政部最早提出来的，在财政部长摩根索的启发下，财政部的法律顾问，尤其是缅因州的奥斯卡·考克斯想到了这个建议。1892年的一条法令规定，"在符合公众利益的情况下"，陆军部长有权将本国用不着的陆军财产对外出租五年以下。陆军的各类财产经常会对外出租，对该法令的运用是有先例的。

所以，罗斯福总统一早就有意，取消很快就将使英国丧失全部偿还能力的无限期贷款政策，采用租赁的方式使英国的需求得到满足。这些改变此刻全都被当机立断地付诸行动，"租赁"这个耀眼夺目的观念由此产生。

12月16日，总统从加勒比海回来，第二天就在记者招待会上阐述了自己的计划。他举例说明此事，例子十分简单："若我邻居家发生火灾，我正好有条水管在距离他四五百英尺处。我可以帮他的忙，只要准许他把这条水管接到自己的水龙头上，就能灭掉大火。在这种情况下，我该怎样做？我不会在灭火前跟他说：'朋友，你要用这条水管，先得支付我十五美元，因为这条水管值这么多钱。'这绝对不行！那我该如何是好？我只要在火被扑灭后，把水管拿回来就好，这十五美元我不会要的。"他又说："大部分美国民众都觉得，英国能够自保，便是美国最直接、最有力的防御举措,这点不用质疑;所以就算单单只是为自己着想,为美国的国防考虑,我们也应为帮英国自保倾尽全力,且不要说无论是在历史上还是现在,我们都致力于在世界范围内维持民主制。"最终,他表示:"我准备去除美元符号。"

流芳百世的《租借法案》在此基础上马上起草出来,交给国会。我在其后跟议会说:"这一举动之坦荡,所有国家的历史上都没有能出其右者。"整体战局在国会通过该法案后立即被扭转。我们因此可以在协商过后随心所欲地制订长期规划,将我们的各类需求全部囊括在内。不存在还款的规定。更有甚者,都没有以美元或是英镑为单位的正规账本。因为伟大的共和国已断定我们坚持反抗希特勒的残暴统治跟他们的利益密切相关,所以我们从他们那里得到的,不是借来的就是租来的。从今往后,美国的武器装备怎样分配,将由美国的国防决定,而非美金,罗斯福总统这样表示。

* * *

此时正是菲利浦·洛西恩工作的最关键时期,他却在这时与世长辞。返回华盛顿后,没过多久,他就突然病倒了。他一直坚持工作,直至死神降临。他在完成了自己的使命后,于12月12日离世。无论是对英国还是对正义事业来说,这都是一大损失。大西洋两岸各领域的友人都寄上了自己的哀思。他去世的消息让我大吃一惊,就在两周前,我还跟他亲密交谈。我在下院的会议上发表了讲话,和众人一起追悼他,向他的丰功伟绩致以崇高敬意。

* * *

我一定要马上选一个人,继承洛西恩的事业。根据当时我们跟美国的关系,我们的驻美大使应该是一位全国闻名的政治家,而且要对世界政治各领域都相当熟悉。我提名劳合·乔治，总统也表示同意，我随即向其发出邀请。他在英国政坛有些失意，7月份时，他认为自己无法加入战时内阁。在战争与引发战争的原因上，他跟我有不同意见。但他的能力毋庸置疑是最出色的，无与伦比的能力和经验会在他执行任务期间发挥积极作用。在内阁办公室，我跟他长谈了一次，翌日午饭时间，我们又聊了一次。对于自己受邀担当大使，他由衷表示欣喜。他说："首相邀请我出任一个无比荣耀的职位，我这样跟朋友们说。"他就快满七十七岁了，在这样的年纪不应再承担这么重的使命，这点他心知肚明。跟他长谈过后，我发现他在我邀请他加入战时内阁后的几个月老了很多，于是我果断放弃了这一决定，对此我很惋惜。

随后，我想起了在保守党享有颇高声望的哈利法克斯勋爵。他的声望因他现在正担当外交大臣进一步提升。大使的任务有多重要，从外交大臣担当大使一事就能看出来了。高尚的品格让他得到了广泛的尊重，然而，全国联合政府内部的工党却因战争爆发前几年他的所作所为和情况的发展，批判乃至敌对他。这一点,我知道他自己也很清楚。

我在跟他提及这件必然会对他的地位有不利影响的事时，他只是简单地说，哪个职位能让他发挥最大作用，他就接受哪个职位，说这话时，他的态度很严肃。我下达指示，不管他什么时候离开美国，返回英国，他战时内阁成员的位子都将为他保留，以此更加明确他的职位有多重要。相关人员都是很有度量、很有经验的人，没有做出任何阻挠，哈利法克斯此后六年一直担当驻美大使，不管是在联合政府执政期间，还是工党—社会主义政府执政期间，他都尽忠职守，形成的影响力、取得的成就显而易见，且不断提升。

哈利法克斯勋爵出任大使，罗斯福总统、赫尔先生和华盛顿高层都相当满意。我马上察觉到，相较于上一位人选，总统更满意他。对于这一安排，美、英两国都毫无异议，而且觉得不管从哪个角度看，他都是目前这种局势下的最佳人选。

*　　*　　*

对于外交部的空缺该由什么人来补上,我可以马上做出决定。在所有重要问题上,我都跟安东尼·艾登持有完全相同的看法,这点前文已经提过。他在1938年春天跟张伯伦先生发生严重分歧,当时我有多么忐忑、紧张,前文中也有叙述。我们曾经共同拒绝为慕尼黑协定投票。我们曾在那个悲凉的冬季共同抗议保守党在我们的选区向我们施压。开战后,无论是在观念还是在情感方面,我们始终持相同意见,并且成了同事。艾登在政府部门工作时,将绝大多数时间都用于钻研外交事业。在担当重要外交使臣期间,他取得了相当优秀的业绩,然而,他四十二岁就辞职了,现在回想他辞职的原因,所有党派都持肯定态度。他以陆军大臣的身份,在这动荡的一年中发挥了很大作用,我们两个在他处理陆军事务期间变得更亲近了。就算事先没有沟通,我们对每天都会遇到的很多现实问题也持相似意见。首相跟外交大臣维持轻松、和谐的友好关系,是我相当期盼的,在此后四年半的战争与方针确定上,我的确如愿以偿。陆军部繁忙的工作、令人鼓舞的事件,都让艾登眷恋不已,但最终他还是带着遗憾离开了陆军部,返回了外交部,就像返回了自己的故乡。

*　　*　　*

我跟国王提议,艾登先生离开后,陆军大臣的空缺就由马杰森上尉补上;马杰森上尉当时在全国联合政府担当总督导员。部分人对此提出异议。由于曾在下院执政党督导员办公厅中做了大约十年的主任,戴维·马杰森要担负起领导、激励保守党内多数派的职责,这些人十分隐忍、稳重,在很长时间内都是鲍德温与张伯伦内阁的拥趸。身为保守党反对派的主要代表,我曾就印度法案跟他激烈辩论了很多次。有十一年,我没在政府任职,期间我们见过很多次,每次都将对方视为敌人。我认为他才能出众，对上级忠心不贰，且不管上级是什么人，而他对对手则十分诚恳。工党、自由党督导员对他的观感跟我一样，对那项特别的工作来说，这种名誉自然非常重要。我成为首相之初，所有人都觉得这个位子我会交给其他人来坐，可是我坚信马杰森会全心全意效忠于我，一如效忠于上任首相；他果然没有让我失望。一战期间，他在军队服过役，做了团长，还得了十字勋章，是经受过磨砺的人。所以他做军人的经验很丰富，对下院政务也相当熟悉。

马杰森原先的工作，我交给了詹姆斯·斯图尔特上尉，我非常尊敬上尉的人格，虽然我们争吵过很多次。

* * *

我们的美金在1940年11月至1941年3月租借法案审批的这段时间，一度相当紧张。为了应付这种紧急情况，我们的朋友想出了各种方法。为满足我们的订单，美国成立了数座军火工厂，美国政府将它们全部收购了。他们将这几座工厂列入本国的国防计划，却准许我们继续使用，不要有任何顾忌。美国国防部购买了一些军需用品，他们本身并不急用，是为了加工完毕后交给我们使用。但美国同时也做了另外几件事，让我们觉得不合情理，觉得窘迫。美国想把我们存储在开普敦的黄金全都运走，为此他们特意派出一艘军舰到那里。我们应美国政府的要求，将美国境内的英国大公司科陶尔股份公司对外出售，售价比实际价值低很多。我觉得美国是为了强调我们的境况艰难，激起民众的怜悯之心，以压抑对租借法案的反对之声，才会做这些事。不管怎么样，我们到底借助这些方式熬过了困难时期。

总统12月30日在广播中发表了"炉边谈话"，游说民众支持他的方针。"我们一定要未雨绸缪，威胁已迫在眉睫。我们很清楚，我们不能蒙头大睡，避开这种威胁。……万一英国溃败了，装满经济、军事子弹且随时可能开火的枪将会对准全美洲人。为了制造更多的武器装备和船舰，我们一定要将现有的人手和物资利用到极致。……我们务必要成为一家大型军火工厂，为所有民主国家服务。"

前海军人员致罗斯福总统　　　　　　　　1940年12月31日

  昨天你发表的讲话，让我们感激不尽。你提及的给我们援助的计划概况，尤其让我们欢喜，要在欧洲和亚洲彻底铲除希特勒主义，这样的援助必不可少。你没有详述实施该提议的方法，个中原因我们自然猜得出来。让我深觉忐忑的，还有另外一些事。

  一是派军舰去运走开普敦的黄金，引致的后果可能会很难堪。此事必然会泄露出去。英国及其自治领会掀起轩然大波，敌军则会说你命人将我们最后的储备都拿走了，他们会因此满心欢喜。你若觉得除此之外没有别的法子，我们会照你的吩咐去做。如若不然，还是不这样做为妙。举个例子，有没有一种技术方面的举措，能帮助我们把渥太华另作他用的黄金取代南非黄金，另外再想办法将渥太华的黄金运送到纽约去？由于军舰已经启程了，请马上回复我们。

  二是针对你的提议，国会会花费多久来讨论，我们尚不明确，若时间延迟，军火订单和贷款支付这两件事，我们又将如何提出来？总统先生，我们并不了解你的想法和美国的计划，但我们此刻正在战斗，以维持不列颠的生存，这些请你不要忘记。若我们实在无法如期偿还美国承包方的款项（他们尚要为工人发放工资），那全世界的形势会因此发生怎样的改变？敌方应该会借题发挥，宣称英、美两国的合作关系已彻底破裂了吧？这种结果的出现是很现实的，可能只是因为延期几周而已。

  三是你的提议获得国会批准后，批准过程除外，还有很多问题，涉及该提议的应用范畴。在拿到所有订货之前要支付大量订金，该怎样处理这些订金？我们所有的钱都用来支付巨额订金了。不仅是军火，我们还需要各类美国产品，例如原材料和汽油。加拿大等自治领和希腊等流亡在外的同盟国政府为坚持作战，急需美元支持。后面谈及的这些问题，你打算如何解决，我不想马上了解。我们心甘情愿将我们在世界各地的所有资产与债务完全向你坦白，而我们只需要美国在共同事业方面给我们支援。我们期待你能明确告知我们，你打算对你们拥有的权力进行武装，增强其力量，从而使其能游刃有余地处理这些重要问题，通过所有恰如其分的考验，我们有这种期待是很自然的。

弗雷德里克·菲利普斯勋爵正在跟摩根索财政部长就这些事情展开商讨，他会告诉你们，我们会在世界很多地区担负起战争的义务，在这方面，你们不必直接支援我们，我们无权向你们提出这样的要求，可是我们对黄金和美元有需求。荷兰、比利时的黄金同样符合这种情况，我们到时候一定会用金属货币偿还。

敌军昨天晚上焚毁了伦敦大半地区，伦敦和各个郡的城市被毁得惨不忍睹；可今天我去查看那些还在焚烧的断壁残垣时，伦敦市民却跟四个月前的9月份敌军开始狂轰滥炸时一样充满斗志。

你向全世界宣称，我们这种坚韧的斗志跟美国未来的安全与发展紧密相连，你会支持我们，并对我们进行卓有成效的武装。我很感激你的这一公告。

新的一年就要到来，我们马上要迎来狂风骤雨，在此我发自内心地祝福你一帆风顺。

第十四章　德国和苏联

希特勒转战东方——斯大林尝试抚慰德国——共产党在英国的工厂密谋——苏联估测失误——莫洛托夫到访柏林——他会见里宾特洛甫和希特勒——苏联与纳粹谈判——瓜分英国的计划——再度跟元首争辩——期间再度空袭英国——在防空洞会晤——斯大林于1942年8月向我描绘全过程——希特勒最终决定入侵苏联——军事上的准备工作——草案的协商与确定——苏联增加要求——大使舒伦堡极力促成协议——1940年12月的"巴巴罗萨"计划

希特勒没能击败英国或是使其臣服。很明显，这一岛国要抗争到最后一刻。要将德国军队运送到海峡对岸，必须掌握制海权或制空权，这点大家都很清楚。冬天到了，与之如影随形的风暴也来了。闪电战要付出相当大的代价，德国试图用轰炸来恫吓不列颠民族或是毁灭其战斗力和斗志的计划已宣告破产。他们要花费好几个月，才能重新开始实施"海狮"计划，但英国本土部队的发展、成长、武装，每周都在进步，为此，"海狮"计划要扩大规模，运输的难度也随之增加。等到1941年四五月份，就算他们有装备完整的七十万大军，也很难再打败我们。更何况，如此庞大的军队渡海作战，要用到大量船只、驳船、特殊登陆艇，届时去哪里找？他们又将怎样在英国日渐增强的空军威胁下集合？并且因为得到了英美两国生产厂家的积极配合，以加拿大为首的自治领又实施了大规模飞行员培训计划，再过差不多一年,已经在素质方面赶超德国的英国空军,在人数上也将把德国抛在身后。因此,在意识到戈林的期待和自吹自擂幻灭后,希特勒马上将目标转移到东方,这是很自然的。就像1804年的拿破仑,一直不敢向英国本土发起进攻,因为他要先确保东方的问题已彻底解决。眼下,希特勒认为要先不计代价,弄清跟苏联的关系,然后才能破釜沉舟,向英国本土发起进攻。当初拿破仑统领大批军队从布洛涅赶到乌尔姆、奥斯特利茨以及弗里德兰,希特勒现在也是一样,他所承受的压力,他做事的指导思想,都跟拿破仑没有区别,所以他将灭掉英国的欲念与需求权且搁置下来。这场戏目前只能这样落幕。

1940年9月末,希特勒就已做出决定,这点毋庸置疑。此后在元首和德国的计划中,对英国的空袭就排到了次要的位置,很多时候,空袭的规模看起来比较大,是因为飞机的数量广泛增加的缘故。希特勒已经不再希冀空袭能成为取胜的决定因素,他可能只是用空袭作为对其余计划的有力掩护。去东方吧!德国若在1941年春或夏向英国发起进攻,单纯从军事角度来说,此举并不会引起我的反感。我认为他们会以失败收场,伤亡惨重,任何国家在某次特定的冒险作战中,都不会承受像他们那样惨痛的后果。不过,我当然不会只为了这个原因,就盼着他们过来进攻我们。战争期间,如果一项行动你没有异议,敌军多半也不会实施。更何况,我在指挥一场持久战期间,了解到我们会在一两年内占据优势地位,还会有实力雄厚的国家跟我们结盟,我国民众因此不必经受一场艰苦的试炼,这样我已对上帝满怀感恩了。我从未正经地思考过德国在1941年入侵英国的问题,这点有我在这段时期撰写的文件作证。情况在1941年末发生转变,我们再也不是孤军奋战;全世界四分之三的国家都支持我们,然而,也正是在这让人印象深刻的一年中,发生了很多出人意料、震撼人心的大事件。

在欧洲和别处那些不了解实情的人觉得我们已步入绝境,最好也只是前途未卜时，纳粹德国和苏联的关系成了全球首屈一指的要务。这两个实力雄厚的大国在发觉英国不会被吓怕、被征服，就像法国和那些低地国家一样时，马上又表露出彼此的基本矛盾来了。客观地说，斯大林在跟希特勒合作时倾尽全力，忠心不贰，同时竭尽所能在苏联民众中集中所有可能的力量。每回德国胜利了，他跟莫洛托夫都会发去贺电，态度恭敬至极。他们不停地往德国运送粮食和重要原材料。他们第五纵队的军人们在骚扰我们的工厂时不遗余力。他们的广播对我们极尽毁谤之能事。他们跟纳粹德国有很多重要的问题没有解决，他们做好了准备，欢迎德国在任意时间就这些问题跟他们达成永久性协议，同时盼着英国被彻底消灭，毫无同情心。可由始至终，他们都明白这种方针可能不会成功。他们决定拖延时间，为此绞尽脑汁；他们并未将德国获胜视作满足苏联利益或权欲唯一的基石，否则他们不会在这个问题上做出这样的估测。这两个庞大的中央集权国家，对彼此都是既礼貌又绝情，它们在道德方面都不受制约。

两国对芬兰和罗马尼亚的看法，自然存在分歧。法国沦陷、第二战场终结（他们很快就强烈呼吁重新开辟第二战场），让苏联领导人大感意外。他们坚信作战双方会在西线打一场持久的消耗战，想不到忽然就分崩离析了。西线战场消失了！不过他们还不至于笨到在明确英国是否在1940年被征服或是被毁灭之前，就放弃跟德国狼狈为奸的关系。渐渐地，克里姆林宫发觉英国的能力足以应对无限延期的持久战，美国四周及日本本岛可能在此期间出现任何变故，这让斯大林对自己的危险处境认识更深，想要拖延时间的想法也更强烈。然而，在随后的日子里，他很明显放弃了很多利益，承担了很多风险，以跟纳粹德国维持友好关系。面对将要到来的巨大难关，他的表现相当愚蠢，做了很多错误估测，这一点更让人意外。这个大人物在1940年9月到1941年6月希特勒开始进攻的这段时间，表现得冷血绝情，阴险狡诈，同时又毫无见识。

      * * *

  我们已大概说清了前面的状况,现在可以加插一段,说说莫洛托夫 1940 年 11 月 12 日到访柏林一事。抵达纳粹德国的中心后,这名布尔什维克大使听到了各类赞美,得到了盛情招待。他在之后的两天跟里宾特洛甫,还有希特勒展开了会晤,过程既漫长又紧张。美国国务院 1948 年初在华盛顿从缴获的文件中编成了一本书《1939 年至 1941 年纳粹德国与苏联的关系》,书中明确揭露了当时他们的交流和面对面谈判有多么步履维艰,惊心动魄。一定要引述书中的内容,才能更好地描绘或掌握其过程。

  莫洛托夫首先跟里宾特洛甫会晤。①

1940 年 11 月 12 日

  德国外交部长声称,在给斯大林的信函中,他已说明德国深信大英帝国即将走向灭亡,全世界没有任何力量能扭转这种局势。英国已经被打败了,只是他们还没有最终承认而已。由于英国的局势每况愈下,可能用不了多久,它就要承认自己失败了。不管在什么情况下,德国都希望能避免不必要的伤亡,因此德国自然也想战争早日结束。英国若不尽快决定承认自己的失败,那他们明年也必定会发出停战请求。德国对英国的空袭还在继续,且不分昼夜。德国还会将本国的潜艇逐渐利用到极致,以重创英国。这些进攻可能会迫使英国放弃抵抗,这是德国的看法。这样做应该可以解决问题,如若不然,英国的情绪不会有这么明显的波动,可英国若还要坚持抵抗,德国就会等到天气允许时,发动一次大型进攻,将英国彻底毁灭,在进攻这件事上,德国不会有半分犹豫。若不是天气不允许,这一进攻计划绝不会拖延到现在还未付诸行动。……

---

 ① 摘自《纳粹德国与苏联的关系》第 218 页及之后数页。——原注

英国或在美国支持下的英国根本没有能力登陆欧洲大陆或向其发起进攻。这和军事无关。英国人尚不清楚这件事，原因在于，其内部明显还秩序紊乱，而且其领袖丘吉尔对政治、军事一无所知，先前他做过的大事每次都在最要紧的关头一败涂地，这次也不例外。

更何况，在欧洲，无论在军事还是政治领域，英国都不是轴心国的对手。有项原则连法国——法国已经失败，并要为此付出相应的代价（对此，法国人心知肚明，这点要在此附加说明）——都已接纳：日后法国绝对不会站到英国及戴高乐这个堂·吉诃德一样的非洲征服者这边。在雄厚的实力和地位支持下，轴心国想的不是怎样才能赢得战争，而是怎样在最短的时间内让这场已经打赢的战争终结。

* * *

元首在午餐过后会见了这名苏联使臣，再度对英国的彻底失败夸夸其谈。他声称，战争造成了很多复杂的状况，跟德国的意志背离，德国经常被迫用军事行为应对一些状况。

元首随后向莫洛托夫大致描绘了截止到现在采取的所有军事行为，并表示，这些行为已导致英国在欧洲孤立无援。……英国采取了极滑稽的手段报仇，他们口中的将柏林摧毁完全子虚乌有，诸位苏联先生可亲眼见证。德国会在天气转好的第一时间，给英国最后一记猛击。德国现在的目标不光是要从军事方面布置好这场最后的战争，还要将这最后一击的过程中和结束后最关键的政治问题说个清楚明白。所以他重新审视了一下本国跟苏联的关系，努力想调和一下这种关系，尽量让其延续很长一段时间，在这方面，他不想被动等待。他得出了几项论断，如下所示：

1. 德国没有从苏联那里获取军事支援的打算。

2. 因为战争牵涉范围非常广，德国曾不得不抵达距离本土十分遥远的地方，打击英国，对于这些地区的政治、经济，德国一点兴致都没有。

3. 即便是这样，德国依然存在一些需求，其对德国的重要程度是其他需求无法比拟的，而唯有在战争期间，这种重要程度才能完全突显出来。部分原材料的来源也包含在这些需求中，这些原材料在德国看来，重要到无论如何都不能缺少的程度。

* * *

对于这些，莫洛托夫只是敷衍地应和着。

莫洛托夫提出疑问，《三国公约》①中提及欧洲和亚洲的新秩序，其中包含了什么意思，苏联要在这一新秩序中发挥何种作用。在柏林会晤以及德国外交部长准备对莫斯科进行的访问中，对这些问题的商讨不可避免，对于德国外交部长的到访，苏联人必定满怀期待。另外还有一些问题要搞清楚，涉及巴尔干、黑海地区的苏联利益，涉及保加利亚、罗马尼亚以及土耳其。若这些问题苏联政府都能弄明白，那元首提问时，它可能就能更轻而易举地给出更清晰明了的解答。苏联很关注欧洲的新秩序，尤其是新秩序的建立进程及表现形式，而所谓的大东亚圈包括哪些地区，它同样很好奇。

元首回复，参照欧洲各国的本来利益对欧洲局势进行调整，是三国公约的主要目标，所以德国希望苏联此刻就将自己想要的地区指出来。一切决定都要有苏联从旁配合，没有任何例外。欧

---

① 德国、意大利、日本三国在1940年9月27日签订了《三国公约》。——原注

洲是这样，亚洲也是这样，德国希望能跟苏联共同确定大东亚圈，苏联对这片区域有什么要求，一定要提出来。这件事上，德国要做的就是平息争端。一切既定事实苏联都无须触碰。

在促成以上大国的联合时，元首觉得最大的难题是德国、法国、意大利能否合作，而非德国跟苏联的关系。他也只是在这一刻……才意识到，黑海、巴尔干、土耳其的问题或许能借助跟苏联的协商获得解决。

元首在会面结束时概括说，此次会面在一定程度上为大范围合作开了头：经过全面细致的思考，决定由德国、意大利、法国共同解决西欧问题；另外，将东亚大致定性为苏联和日本的问题，不过，德国愿意居间调解。该问题其实是使美国"借助欧洲敛财"的计划破产。在欧、亚、非三大洲的事务上，美国根本无权插手。

莫洛托夫说自己赞同元首对美、英两国地位的见解。他觉得，从原则上说，只要苏联加入《三国公约》，是以伙伴而不光是以对象的身份，那就不会有任何异议。他觉得，苏联在这种情况下参与共同事业不会遇到太大阻碍。只是，一定要先更明确地确立条约的目标和意义，尤其是要更明确地划分出大东亚圈的范围。

*　　*　　*

11月13日，会晤再度开始：

莫洛托夫将立陶宛那片狭长的领土问题提上台面，说该问题尚待解决，同时强调德国还没有就该问题明确回复苏联政府。谈到布科维纳，他表示该地区在秘密协定中没有涉及，其关系到另一片地区。一开始，苏联只对北布科维纳有领土要求。但到了现在，南布科维纳苏联也很关注，这点德国理应知道。德国在这一问题上同样没有给苏联回复。正好相反，德国不顾苏联对布科维纳的期待，承诺让罗马尼亚保持领土完整。

元首回复，德国就算只是允许苏联占据布科维纳的部分领土，也算是非常大的退让了。……

然而，莫洛托夫执意不肯改口，依旧说苏联只是想对面积极小的土地重新切割。

元首回复，苏联政府一定要明白，德国正在打仗，其结果关系到德国的存亡，因此不管怎样，德国都要打赢，唯有这样，德国和苏联合作的日后才能收获实际效益。……从原则角度说，两国都愿意将芬兰划分到苏联的势力范围中。鉴于此，两国应该转而商讨更加关键的问题，而非一直在纯粹的理论上纠缠。

英国灭亡后，要对其进行瓜分，破产的大英帝国资产相当丰厚，在世界各地拥有四千万平方公里的土地。苏联能得到其中真正与大洋相连、不结冰的出海口。大英帝国共有六亿人，截止到今天，他们依旧处在只占了很小比例的四千五百万英国居民的统治之下。这很小的比例，即将毁灭在他手上。即便是美国，其实也不过是想从破产后的英国手上选择几样对美国而言最合用的资产。德国在进攻英国的中心地带英伦三岛时，自然要避开其余能分散自身兵力的交锋。而意大利入侵希腊会使部分德军被调派到国外去，从而无法集中所有兵力进攻英国，所以他（元首）很不赞成意大利这样做。类似的情况还有在波罗的海挑起战争。他会将对英国的进攻进行到底，一旦英伦三岛战败了，整个大英帝国都会分崩离析，这点他非常确定。只有白痴才会觉得能以加拿大为据点，将大英帝国重新统一起来。全球的未来都将在这一前提下展现出来。这些问题全都要在随后几周跟苏联的联合外交谈判中获得解决，另外要做好部署，让苏联政府也参与其中。不管是哪个国家，只要对灭亡后的大英帝国的资产感兴趣，就应消除相互之间的所有芥蒂，全心全意思考该如何切分这些资产。德国、法国、意大利、苏联、日本，都应如此。

莫洛托夫表示，听取元首这番讲话时，他一直兴致勃勃，而且对其中每一点都没有异议。

* * *

希特勒随即回去休息了。莫洛托夫在苏联大使馆吃了晚饭，之后柏林便遭遇了英国空军的空袭。我们之前就对此次会晤有所耳闻，尽管没有受邀参与其中，但让我们完全不参与，我们也不会答应。两名外交部长在收到"空袭警报"后，避到了防空洞，在这个更加安全的地方谈论到夜半时分。德国政府有相关的记录：

> 晚上9点40分，两名部长因空袭警报来到德国外长的防空洞，展开最后会晤。……
>
> 里宾特洛甫表示，现在还不是谈论波兰新秩序的时候。已经详细探讨过了巴尔干的问题。在巴尔干各个国家中，德国只享有经济方面的利益，德国不想在巴尔干被英国骚扰。很明显，莫斯科对德国向罗马尼亚做出承诺一事存有误会。……德国政府采取的所有政策都是为了维护巴尔干地区的和平，禁止英国插手当地事务，禁止英国阻挠我们往德国运送战略物资。所以，德国跟英国交战的状况，才是德国在巴尔干采取的一切举措的决定因素。一旦英国承认本国战败，请求跟德国停战，德国就会从罗马尼亚撤军，德国在巴尔干就只剩了经济利益。元首再三强调对巴尔干的领土德国完全没有兴趣，事实正是如此。他不得不再三重申，苏联是不是打算或者说有没有能力跟德国联合，共同完成摧毁大英帝国的壮举，才是最关键的问题。若我们能扩张两国关系，明确势力范围，那在其余问题上，我们就能轻而易举地达成一致意见。我们已反复商讨过划定势力范围的问题。所以，苏联和德国这两个合作的伙伴要相互依赖，不要搞针对，这样才能相互扶持，

达成两国的共同愿望，维护两国的利益，这点元首已经说得再明白不过。……

莫洛托夫回复，在德国看来，他们其实已经击败了英国。所以，换一个角度来说，他只好将德国正在与英国决一死战理解为，德国的作战目标是"生"，英国的作战目标则是"死"。他非常赞同两国合作，不过又说，合作一定要建立在双方意见完全一致的基础上。斯大林的信函中也曾提及这样的观点。另外一定要解决划定势力范围的问题，不过，由于他（莫洛托夫）那时尚不清楚斯大林和莫斯科其余朋友对此有何见解，所以他无法马上表态。但他不得不表示，现在的问题以及对现有决策的执行力度，都将密切影响将来所有重要的问题。……

莫洛托夫随后礼貌地辞别了德国外长，同时着重指出，要不是此次空袭警报，他也不会跟德国外长谈得这样全面、深入，因此他并不认为遇上空袭警报是件憾事。

* * *

1942年8月，我首度到访莫斯科，从斯大林处得知了此次会晤的概况，除了内容更简略外，跟德国方面的记录大致吻合。

斯大林表示："大伙儿前不久都抱怨莫洛托夫跟德国走得太近。如今，大伙儿又嫌他跟英国走得太近。可我们所有人都对德国人缺乏信任。毕竟这关系到我们的存亡。"我插话说，我们了解他们的感受，因为我们有过相同的经历。元帅说："1940年11月，莫洛托夫到柏林跟里宾特洛甫会面，你们收到消息，发动了空袭。"我颔首称是。"警报拉响时，里宾特洛甫带着莫洛托夫往下走过很多楼梯，抵达一座防空洞，里面的装修相当奢华。他进入其中，空袭随即而至。他关上门，跟莫洛托夫说：'眼下只有我们两个在这里，我们何不趁机划定彼此的势力范围呢？'莫洛托夫问：'不考虑英国吗？'里宾特洛甫说：'英国，它已走到穷途末路了。

再也无法像大国一样占据一席之地。'莫洛托夫说:'若真是这样,那么是什么人在往这里丢炸弹,我们又因何避到这里来呢?'"

* * *

希特勒已在心底打定主意,没有因柏林会晤改变分毫。为了在1941年夏季伊始时入侵苏联,凯特尔、约德尔以及德国总参谋部10月份依照他的指令,起草了把德军往东调派的计划。因为日期的确定也要被天气左右,所以尚不必正式确定日期。最佳启程时间是5月初,因为离开国界后,他们还要走很长的一段路,而对莫斯科的进攻要在冬季到来前开始。另外,他们此前从未承担过如此沉重的军事任务,要在波罗的海和黑海之间漫长的两千英里战线上集合德军,做出相应的安排,还要在全部兵站、军营、铁路沿途做好准备,不管是在计划还是在实际行动方面,都不允许有半分延迟。不仅如此,所有行动都要向敌方保密,让他们蒙在鼓里。

希特勒为此采取了两种掩护方式,各具优势。一是对共同策略展开详细商谈,商谈的前提是对大英帝国在东亚地区殖民地的切分;二是为掌控罗马尼亚、保加利亚、希腊,利用匈牙利持续往当地调派兵力。这样做既能在军事方面获益不俗,又能为德军往这条战线南侧集中,做出相应军事安排,以进攻苏联,打掩护或者说找借口。

谈判的方式是由德国提交提议草案,向苏联发出邀请,请苏联加入《三国公约》,让其接手英国在东方的权益。若该草案被斯大林接纳,那么在一定时间内,事情发展的方向就可能会不一样。入侵苏联的计划,希特勒想什么时候搁置下来都可以。我们很难想象,大陆上两个坐拥百万大军的大帝国若在军事方面结盟,会如何切分巴尔干、土耳其、波斯以及中东地区,更有甚者,会尝试将印度据为己有,另外还有日本——他们那狂热的同伙,其提倡的"大东亚计划"又将导致怎样的后果。可是希特勒一门心思想要消灭自己深恶痛绝的布尔什维克。

他自信有能力实现自己此生最大的愿望。之后，他便将拥有一切。他肯定已经从柏林会晤和其余交往中看出，苏联对权欲的渴望远超过他吩咐里宾特洛甫给莫斯科的提议。

我们曾收缴了一些德国外交部发给德国驻莫斯科大使馆的信函，其中有一份未标明时间的《四国公约》草案。据悉，1940年11月26日，舒伦堡曾跟莫洛托夫会晤过，很明显，此次会晤就是在该草案的基础上展开的。德国、意大利和日本以该草案为依据达成一致，不侵犯其余两国原先的势力范围。因为三国的势力范围相连，他们会隔三岔五开展友好协商，解决由此产生的问题。

另外，三国同时对外宣称，对于苏联现有的领土，三国认可且尊重。

那些为了对抗四国中任意一国的国家联合，四国保证不参与其中或是给予支持。在经济方面，四国将全力配合彼此，且要将四国之间现已订立的各项协议加以补充、扩大。协议在十年内都有效。

除了《四国公约》，另外还有秘密议定书，德国在其中宣称，本国只对中非有领土期待，此外就只剩了和约订立时对欧洲领土的重新瓜分；意大利宣称，他们只对北非、东北非有领土期待，另外就是对欧洲领土的重新瓜分；日本宣称，他们只对大日本帝国南面的东亚有领土期待；苏联宣称，他们只对苏联南面国界与印度洋之间的区域有领土期待。

四国宣称，它们尊重其余三国的领土期待，对其如愿得到相应的领土没有异议，不过那些尚未解决的特别情况不包含在内。①

---

① 有一点应该留意：尽管希特勒和里宾特洛甫在柏林会晤中商讨的主要是对英国领土的瓜分，然而，英国却没有出现在这份协议草案中，但秘密议定书中确定瓜分的区域，却明明白白地将法国、荷兰、比利时的殖民地都囊括在内。尽管表面看来，英国是柏林会晤与莫斯科会晤中最引人注目、价值最高的战利品，但在希特勒心里，它却不是仅有的抢占目标。他正想办法，对正在跟他交战或是先前跟他交过战的国家在亚非两大洲的殖民地展开更大范围的重新划分。——原注

* * *

德国的这一草案，苏联政府没有通过，这是意料中事。在欧洲，苏联独自跟德国拖延时间，而在地球另一面，日本正在向苏联施压。不过，苏联的势力不断增强，并坐拥全世界六分之一的广阔陆地，这让他们满怀自信，所以他们不断提出更高的要求。舒伦堡于1940年11月26日向柏林送交了苏联的反建议方案。苏联在其中指出：1939年签订的条约规定芬兰是苏联的势力范围，因此德国应该马上从芬兰撤军；为确保苏联在博斯普鲁斯海峡和达达尼尔海峡的安全，之后的几个月，苏联将和保加利亚——其处于苏联黑海边界安全区范围内——订立互助协议，在博斯普鲁斯海峡和达达尼尔海峡周边地区，以长时间租赁的方式建立苏联陆军、海军基地；同意苏联将领土期待的中心位置放在巴统、巴库①南面所有能抵达波斯湾的区域；禁止日本再到北萨哈林岛开采煤炭、石油。

希特勒没有做出明确回复。他压根儿不想跟苏联协调解决这件事。两国面对这么大的问题，本应在两国友好关系的基础上展开长时间、认真的探讨。苏联自然盼着德国的回复，并真的在等候。两国的边界原本就汇聚了大批军队，这段时间，两国又开始调派更多的兵力，希特勒已向巴尔干下手了。

* * *

眼下，凯特尔和约德尔参照元首的命令草拟的计划已相当完善。于是，1940年12月8日，希特勒从司令部发布了第21号指令，这道

---

① 巴统，黑海港口，现隶属于格鲁吉亚；巴库，里海港口，现为阿塞拜疆首都。——译注

指令在历史上颇具价值。

"巴巴罗萨"作战计划

为了能在对英国的战争结束前,投身到消灭苏联的迅速战中,德国武装军队一定要做好充足的准备。

陆军一定要将能够调动的军队全都调来参战,不过,为确保占领区不被敌军突袭,还要在当地保留一些军队。

在东战场利用实力雄厚的战斗机队援助陆军,使地面作战在最短的时间内结束,另外尽可能减少德国本土东部因敌军空袭蒙受的损失,这些便是空军的任务。空军所有主力都要汇聚到东方去,只留下一部分确保战区各地及德军掌控下的军备物资生产区不会遭到敌军空袭,另外还要派出一部分持续进攻英国,尤其是英国的供给运输线。

在东方交战的这段时间,海军主力要不遗余力地给英国以重击。

在确定行动前差不多八周,我会发布集中进攻苏联的指令。

有些工作准备时间很长,若现在还没准备好,应该立即开始准备,并在1941年5月15日之前准备完毕。

最关键的是,不管怎么样,都不能对外泄露我们的进攻计划。

最高统帅部做准备时,要以下面几点为参考:

一、总目标:

为击溃苏联西部人数众多的陆军,攻势一定要猛烈,派出装甲军进入敌军内部,将其切割开。这部分陆军被击溃后,可能会有部分还能战斗的敌军试图撤往苏联广阔的本土,要阻挠他们。

快速追击到一道线时,苏联空军便无法再从此处进攻德国了。

最后,此次行动要达成一个目标,就是要在伏尔加河跟阿尔汉格尔之间的地区建立一道防线,以对抗苏联在亚洲的区域。今后乌拉尔地区残存的外国工业区,可安排德国空军前去剿灭,但前提是非这样做不可。

苏联在波罗的海的舰队会在战争开始后不久就丧失自己的基地,以至于无法再参战。

为阻挠苏联空军在战争中有效发挥作用,要在战争伊始就给其重击。

二、哪些国家有可能跟我国结盟,为其安排的任务:

1. 我们可以期待罗马尼亚、芬兰两国在我们的军队两侧参战,奋力打击苏联。

最高统帅部会适时跟两国协商,确定德国以何种方式指挥两国军队。

2. 罗马尼亚要跟本国境内集合的军队联合对抗敌军,另外要在后方善后。

3. 德国北方集团军群会被调离挪威,重新接受军事安排,芬兰的任务就是在他们集合时帮他们打掩护,还要跟他们配合战斗。芬兰另外还要攻占汉科①。

4. 瑞典的铁路与公路,估计最迟可从战争爆发之初用于德国北方集团军群的调集。

三、战斗指令:

1. 陆军(已提交上来的计划,我在这刻批准):

以普里皮亚季沼泽为界限,将战区切分成南北两部分,主力军队要到北面的战区去。应该调集两个集团军群到这里备用。

其中的南部集团军群——整条战线的核心,应该从华沙四周及华沙北面往前进军,将白俄罗斯境内的敌军歼灭,要安排实力相当雄厚的装甲军和机械化军队来完成这项任务。……我们要在同一时间向两个目标发起进攻,除非苏联的反抗在极短的时间内

---

① 汉科现为芬兰港口,曾于1940年3月租赁给苏联,成为苏联的军事基地。——译注

溃败。……

在对普里皮亚季沼泽南面的集团军群做出军事安排时，为了让实力雄厚的装甲军快速插入苏联军队两翼及后方，之后沿着第聂伯河，强势保卫苏联两翼，应该将该军群的主力安排在卢布林和基辅中间。

右侧的德国—罗马尼亚联合集团军群的任务如下：

（1）保卫罗马尼亚，这样便能将整片战区的南侧都划入被保卫的范畴；

（2）在南方集团军群攻击北侧时，控制与之对抗的敌军，另外参照不断演变的战局跟空军会合，避免敌方趁我们追击时从德涅斯特河上安全撤离；

〔而且〕要在北方以极快的速度抵达莫斯科。

攻占该城市，便表示在政治、经济方面赢了至关重要的一仗，还表示已将最关键的铁路枢纽划归到自己名下。

2. 空军：

竭尽所能让苏联空军无法参战，另外在重要的作战区域给陆军，尤其是中央集团军群及一侧的南方集团军群以援助，是空军要承担的任务。要参照苏联铁路在战争中的重要性，逐一将其截断，或是冒险派出伞兵及空运军队将其周边最关键的目标（河上的渡口）抢占下来。

在大型战争中，不要考虑进攻军备物资生产企业，要将所有力量用于打击敌方空军，另外给陆军以直接的援助。这类进攻只有在机动战争结束后才能考虑——基本是针对乌拉尔区。……

四、各军队总司令在参考该指令下达指示时，应明确指出所有指示都是为防备苏联对我国的态度突变，都是预防性质的。前期的准备工作参与的军官越少越好，对人员的补充越晚越好，另外只能对极少数人提出活动要求。万一这些准备泄露出去了——还未确定这些计划何时实施——便会在政治、军事方面引致危险，给我们带来巨大的困难。

五、依据这一指令，席格军总司令提交了计划的补充报告。

武装军各部门对准备工作的预测和实际进程，都应经由最高统帅部汇报到我这里。

阿道夫·希特勒[①]

* * *

1941年即将发生的大事件截止到这时已大致成型。为了瓜分大英帝国，彻底消灭我们，德国跟苏联斤斤计较，这件事我们自然还一无所知，至于日本在筹谋些什么，我们也很难猜测。德国的主力陆军已经朝东方转移了，我们行动积极的情报员却没有察觉。他们只发现了德国军队一步步转移到保加利亚和罗马尼亚，并在当地集合。如果当时我们就了解了这一章描绘的状况，就不用那么紧张了。我们最担心的就是德、苏、日三国联合进攻我国。可将来的事谁能料定呢？我们当时只能坚持原来的决定："继续作战！"

---

① 摘自《纳粹德国与苏联的关系》第260页及之后数页。——原注

第十五章　海上灾难

伪装的水面袭击舰——"舍尔"号远行——护航队被"杰维斯湾"号拯救——"舍尔"号的第二次抢掠——意外找到"希佩尔"号——压力的不均衡——局势被潜艇风险左右——西北航道的障碍越来越多——潜水员的担忧——损失让人惋惜——要将西部航道指挥部从普利茅斯迁往利物浦——进口迅速缩减——在布罗迪—弗兰德周围海域蒙受的损失——不再补助爱尔兰——12月13日我给总统发电报——海军部的提议证实形势危急——像铺地毯一样在水中铺一层水雷——给空军海岸军队支援和激励——他们的反击最终获胜

"施佩伯爵"号1939年12月在普拉特河口外作战时被毁，一下子中断了德国在广阔的海域中向我国船舰发起的首次进攻。德国海军在挪威一战中被困于自己的海域，短时间内无法参战，为了实施入侵英国的计划，其余船舰不得不留存下来，这一情况我们已经了解。从技术层面说，雷德尔海军上将对德国海战的见解是对的，可是他很难让自己的见解在元首的会议上被接纳。更有甚者，有一回，陆军提议将他全部重型舰上的武器装备都拆下来，在海岸的远程炮台上架上大炮，逼得他只能提出抗议。他利用夏天的时间武装了很多商用船只，将它们伪装成袭击舰。这些船的装备和航行速度都超过了我们装备的商用船只，另外它们还配备了侦察飞机。1940年4月至6月，五艘这种船在我方巡洋舰的眼皮底下驶进了大西洋，还有一艘驶进了太平洋，在此之前，它走过了危机四伏的东北航道，又走过了俄罗斯和西伯利亚北部沿海。在一艘苏联破冰船的支援下，这艘船9月份从白令海经过，进入太平洋，用了不到两个月就走完了全程。这些船只有三个行动目标，是雷德尔海军上将帮它们制定的：一是毁掉或是抢夺敌方船舰；二是使敌方船舰无法正常行动；三是逼迫英国将部分护航舰和巡逻舰派去应对德国海军。这些战略相当周密，我们无法应对，因此受损。那五艘伪装的袭击舰，在9月份前两周就在我方的贸易航线中现身了。有两艘在大西洋上，两艘在印度洋上，余下的一艘在太平洋上——此前它在新西兰的奥克兰铺设了水雷。我们在一整年的时间内，只有两次机会跟它们正面交锋。"袭击舰E"7月29日在南大西洋被"阿尔坎塔拉"号武装商船攻击，双方开战，但没有取得任何战果，前者最后逃跑了。到了12月，它又在普拉塔河口外遭到"卡那封堡"号武装商船的进攻，只受了轻伤，再度逃跑。这五艘袭击舰截止到1940年9月末，成功击沉、掠夺我方船舰共计三十六艘，二十三万五千吨位。

"舍尔"号袖珍舰直到1940年10月末才做好服役准备。10月27日，"舍尔"号从德国离开，从冰岛北面的丹麦海峡进入大西洋，当时入侵英国的计划已被搁置。"希佩尔"号在一个月后也出发了，该巡洋舰配有八英寸口径的大炮。北大西洋航线上的护航舰被调去地中海支援后，"舍尔"号一度收到命令，去进攻该航线上的运输船队。科兰克舰长很确定，10月27日，一队返回英国的运输船队已从哈利法克斯启程，他想阻击该船队，时间定在11月3日左右。他的飞机5日汇报称，有八艘船舰出现在东南方向，他随即前去阻击。下午2点27分，他找到了"莫潘"号，当时它周围并没有别的船舰，他用大炮将它打沉了，在此之前，将它上面的六十八名海员都俘虏到了自己的战舰上。在他的要挟下，"莫潘"号没能利用无线电通风报信。下午4点50分，地平线上露出了"H.X.84"运输船队的桅杆，该船队总共拥有三十七艘船，当时他们还在为处理"莫潘"号的事忙得不可开交。被武装过的商用船只"杰维斯湾"号作为护航舰，走在"H.X.84"船队中央。

皇家海军上校费根在该护航舰上担当指挥官，他立即意识到情况十分危急。他发出无线电报告，说自己遇到敌军，之后他只有一个想法，就是尽可能地跟敌方的袖珍舰拖延时间，让运输船队趁机分散开。天黑以后，不少船就能在黑夜的掩护下逃脱了。"杰维斯湾"号在运输船队分散开后，全速朝实力雄厚的对手开过去。在一万八千码的距离外，"舍尔"号开炮了。由于只装备了型号老旧的六英寸口径大炮，"杰维斯湾"号发射的炮弹根本打不到"舍尔"号身上，只能任人宰割。这种情况持续到下午6点，当时"杰维斯湾"号已彻底失控，淹没在火海中，"舍尔"号不再理会它，离开了。当晚8点前后，"杰维斯湾"号沉船，两百多人死亡。费根上校跟他的船舰一同沉海牺牲。他在英国皇家海军史上写下了光辉的一笔，为表彰他的英雄壮举，我们在他死后授予他维多利亚十字勋章①。

交战还没结束，"舍尔"号就去追逐运输船队了，当时就快到冬季的夜晚了。船队已经分散开，"舍尔"号在夜幕降临前只追到、击沉了五艘船舰。它无法再在该海域停留下去，因为英国舰队已经找到它的位置，它推断实力雄厚的英国舰队很快就会汇聚到这边。就这样，"杰维斯湾"号的勇于牺牲，拯救了这支珍贵的运输船队的主力。不仅是护航舰船员，商船船员表现一样优秀。"圣德米特里欧"号油船上装有七千吨石油，船上着火后，大家放弃了该船。然而，一些船员第二天早上又上了该船，将火扑灭，在罗盘、航海设施都无法利用的情况下，奋勇地将该船连同其运输的珍贵物资送到了英国一座港口。然而，在这次交战中还是损失了四万七千吨位的船舰和两百零六名商船船员。

"舍尔"号迅速往南驶去，它已下定决心跟追击自己的敌人拉开距离，越远越好；它在十天后跟一艘德国补给船碰面了，燃料和给养都获得补足。11月24日那天，它在西印度群岛现身，将开赴库拉索的"霍

---

① 维多利亚十字勋章设立于1856年，是英联邦国家的最高军事勋章，奖励在对敌作战中表现英勇的军人以及平民。——译注

巴特港"号击沉，随后快马加鞭，返回佛得角群岛。此后，南大西洋与印度洋都出现过它的身影，它重返基尔是1941年4月，在此之前，它成功横渡了丹麦海峡。击沉或抢夺了十六艘船舰，共计九万五千吨位，这便是它在五个月内取得的全部战果。

*　　*　　*

军队运输船队（以"W.S."①作为其电报代号）在6月过后，每个月都由实力雄厚的护航舰保驾，从好望角绕行到中东、印度。另外还有两大负担让海军疲于奔命，一是大批军队运送船队频频往返于印度洋各港口，二是加拿大军队不断从大西洋经过，前往英国。所以，要想像1939年那样为搜救"施佩伯爵"号而组织几支海上搜救队，对我们来说已经不可能了。我们所有的巡洋舰都安置在海面靠近主航线的汇聚点上，独自出行的船舰要想自保，一定要借助无垠的大海作掩护，更重要的是行踪要诡秘，不按常理出牌。

由二十艘运输舰和供给船组成的"W.S.5A"运输船队，在1940年圣诞节启程开赴中东，期间遭遇比"舍尔"号启程晚一个月的德国巡洋舰"希佩尔"号的进攻，当时船队已快抵达亚速尔群岛。当时有很大的雾，"希佩尔"号却在护航舰队中找到了"贝里克"号、"幸运"号、"杜尼汀"号三艘巡洋舰，实在让人意想不到。"希佩尔"号跟"贝里克"号交战，持续时间很短，却很激烈，彼此都受了伤。"希佩尔"号在浓雾中逃亡到布雷斯特，我国本土的舰队和从直布罗陀启程去阻截它的H舰队拼尽所有力气都没能拦住它；船队中只有一艘船舰不得不开赴直布罗陀修缮，就是运载了超过三万人的"帝国骑兵队"号。

我们不担忧远洋航行是不可能的。在南部海面上，有不知道多少

---

① 直到战争结束后，我才了解到这两个被我反复利用的字母是"温斯顿专用"（Winston Specials）的意思，这是英国海军部的专业术语。——原注

艘敌军的假冒商船在抢劫。"舍尔"号袖珍舰神出鬼没，现在我们都不知道它到哪里去了。"希佩尔"号可在任意时间从布雷斯特启程，另外两艘巡洋舰"沙恩霍斯特"号、"格奈森诺"号可能也会很快出发。

先前几本书中已经提及，敌军的袭击舰远多过我方海军部为防御敌方军舰、保护广阔的航道安排的军舰。海军部要在很多关键点做准备，保卫数目庞大的商用船只，在这种情况下，在军队运送船队之外偶尔上演几幕悲剧就不可避免了。

* * *

另有一种更大的威胁，独立于上述问题之外。潜艇的威胁是战争期间真正令我畏惧的。我甚至早在空战之前就断言敌军对我国本土的侵略会以失败告终。我们在空战中取胜后，优势地位更加明显。在己方占据优势地位，敌军很明显明白自己占据劣势地位的前提下，我们将令人憎恶的敌人铲除了。我们应该很满足，战争进行到白热化阶段，我们还能这样打仗。然而，包括远洋航线在内的关系我方生死存亡的线路都处在危险之中，尤其是英伦三岛的出入口。相较于我对人们口中"不列颠之战"荣耀空战的担忧，我对海战的担忧要深重得多。

平时跟我关系亲密的海军部也非常担忧此事，特别是他们最重要的职责就是保护我国海岸的安全，保证我国与海外之间的关键航道的畅通。一直以来，海军都将此视作他们所有责任中最崇高、最神圣、最不可推卸的一项。为此，我们共同对该问题展开了揣度、思考，用一些统计数字、表格、曲线将其展现出来，这些全国民众都不曾听说过，也看不懂。至于荣耀的战争、辉煌的战绩这种展现形式，则是不存在的。

潜艇战会让我方的进口和船舰缩减到什么程度？我们会不会因此走向灭亡？此处并非装模作样或是夸大事实，只是用不疾不徐、镇定自若地画出的图表说明一件事，我们有灭亡的危险。已经准备好要进攻敌军的勇猛陆军或是为沙漠之战制订的完善计划，跟这个一比就没多少价值了。民众的精神再伟大、再忠诚，也无法跟这种黑暗的局面对抗。横渡大洋，将新大陆和大英帝国殖民地的粮食、物资、军火运送到本土，是我们唯一的选择。德国占据了敦刻尔克和波尔多之间所有法国海岸线后，马上在这片土地上建立了他们的潜艇基地和配合潜艇工作的飞机基地。由于无法再调派战斗机驻扎到爱尔兰往南的航线上，我们在7月之后不得不放弃了那里的航线。一切要驶进来的船舰，都必须从北爱尔兰绕行。北爱尔兰担负起了站岗放哨的职责，他们表现得相当忠诚，真是我们的幸运。我们把默西河和克莱德湾当成了我们的肺，关系到我们的生死。敌军的飞机、快速鱼雷艇[①]、水雷在东海岸和英吉利海峡的数目不断增多，我们的小型船只在其进攻下继续航行。由于东海岸的航道固定不变，运输船队差不多每天都像作战一样往来于福斯湾与伦敦之间。极少有大型船只有勇气涉险到东海岸去，至于英吉利海峡，更是一艘也没有。

我方的船舰在1940年7月至1941年7月这一年间损失惨重，但到了1941年7月，大西洋上的"不列颠之战"可说是我们的胜利。美国投身战争到东海岸建立起护航制度这段时期，损失最为惨重。然而，我们当时已不是孤军奋战了。我们在1940年下半年饱受损失，到了冬天，在强风影响下，情况终于略微好转，很少再有潜艇被击沉。铺设深水炸弹时，我们将范围扩张了，并经常改变航道，因此获得了部分好处；可是我们不得不将实力更雄厚的海军聚集到海峡中，以应对侵略带来的威胁，但刚刚完工的大量反潜舰都是零零散散赶过来的。海军部及其余知情者都为此满腹愁云。9月22日之前一周的损失率，是战争爆发以来最高的，甚至比1917年我国的同期损失率都高。我们有多达二十七艘船舰被击沉，其中多艘属于从哈利法克斯过来的运输船队，损失总吨位接近十六万。此外还有一支大西洋运输船队在10月份"舍尔"号行动相当积极的时期遭遇潜艇进攻，全队共计三十四艘船，

---

① 德军的快速鱼雷艇就跟我国的"海岸轻型巡逻艇"差不多。——原注

有二十艘被击沉。

默西河、克莱德河的河口，在 11 月、12 月将要到来之际，成了战争中最重要的因素，远超过其余各项因素。我们完全可以在这段时期向德·瓦莱拉统领的爱尔兰发起进攻，在新型武器的帮助下，将南部港口收回己有。我总是说，我绝对不会这么做，除非不这么做大不列颠便无法存活。若这种情况真的出现了，我也没有别的选择。可就算是这种剧烈的手段也只可以在短时间内生效。让默西河和克莱德河保持出行通畅，才是仅有的好法子。

为数不多的知情者每天见面后都会面面相觑。大家都了解，输气管是潜水员潜到深水处必不可少的装备，若有大批鲨鱼在咬他的输气管，他看到这一幕会有怎样的感受？若他已不可能被拉到海面上，那他会更心急如焚！而我们根本没有海面。在这个异常拥挤的岛屿上，生活着四千六百万人，他们全都是潜水员，正在全球各地的广阔范围内开战军事行动，在自然界和地心引力的作用下，这座岛屿已经被钉牢在海底。面对他的输气管，鲨鱼会做些什么？要想驱逐或是消灭这些鲨鱼，应该采取何种举措？

我在 8 月伊始就意识到，普利茅斯的司令部已经不可能从默西河和克莱德河掌控西部的航线了。

首相致海军大臣、第一海务大臣　　　　　　　　1940 年 8 月 4 日

我们为西北航线上不断遭遇的巨大损失忧心忡忡，我殷切期待着海军部能尽全力想办法解决该问题，就像之前解决磁性水雷的问题一样。掌控这些航线的工作效率好像还远远不够高。原因毋庸置疑是为防御侵略造成的驱逐舰匮乏。请马上向我汇报，这片水域中全部能利用以及已经利用的驱逐舰、驱潜快艇、配有潜艇探索器的拖网船和飞机的配备状况。由什么人来指挥这些船舰的活动？是普利茅斯的司令部和海军上将内史密斯的部下吗？入口原本在南方，你们将其转移到北方，导致了以下问题：普利茅斯是

恰当的司令部选址吗？有没有必要在克莱德河新建一座一线指挥部，或者说有没有必要将海军上将内史密斯（普利茅斯司令部的总司令）转移到那儿去？不管怎么样，长久维持这种局面对我们来说都是不可行的。在南方铺设雷区打掩护的工作进行得怎么样？已经铺设好的雷区，能不能在短时间内改变，让几支运输船队趁着中间这段极短的时间开过去？这个提议不过是顺带提出来的。

航道系统的唯一性会导致危险系数不断增大。解决这一问题的唯一办法是尽力汇聚数目超过敌军的船舰保驾护航。敌军很快就会意识到，要将全部力量都用在这件事上。此前在东海岸铺设完水雷后，马里湾就出现过与此十分相像的情况。海军部肯定能抓紧时间做出妥当的安排，我对你们有信心，不过，巨大的新动力很明显还是有必要的。期待你们的回信。

我遭遇了阻挠。9月份，我提议将位于普利茅斯的司令部搬到北方去，海军部接纳了，用默西河取代克莱德河，这种做法十分正确。然而，在准备司令部组织及其作战室与精细周密的通信网络时，他们却用了几个月，还临时做了很多更改。海军上将珀西·诺布尔爵士担任新司令部的指挥，1941年2月，他在利物浦走马上任，司令部的人数不断增加，规模不断扩张。利物浦之后差不多成了我国最重要的军事港口。这时候，公众已经认可了此次搬迁的必要性以及带来的裨益。

1940年末，进口迅速减少，情况很是糟糕，我的忧虑不断加深。这便是敌方潜艇的进攻带来的另一种后果。在损失我们的船舰之余，又让我们所有的商用船只因我们的预防举措受到不利影响，而我们之所以采取这样的举措，原是为了避免船舰损失。当时，我们只有很少的港口可以利用，这些港口已经很挤逼了。全部船舰出入港口的时间和航行时间都延长了。最后的难关是进口。法兰西战争抵达高潮时，即6月8日那一周，不计算石油，我们总共往内部输送了一百二十万零一千五百三十吨货物。这个最高的进口额在7月末降到了每周不足七十五万吨。尽管8月份提升了很多,但平均每周的数字还是越来越小,当年最后三个月一直维持着每周略多于八十万吨。

首相致海军大臣、第一海务大臣　　　　　　　　1940年12月3日

　　应该认真调查、钻研一下哈利法克斯运输船队遇到的新困难。我们在差不多一周前收到消息,说在这些航线上潜伏了多达十三艘潜艇。船队若改走明奇海峡,难道不比现在好?反正因为天气糟糕,负责出口的运输船队已经延期了,同时导致负责进口的运输船队的护航舰也没办法在规定时间抵达危险水域,在这样的情况下,改走明奇海峡不是更明智吗?

首相致财政大臣　　　　　　　　　　　　　　　1940年12月5日

　　在爱尔兰沿海地区,我们有很多船舰都沉没了,再加上我们无法对爱尔兰的港口加以利用,我们的海运、财政因此负担沉重;请一定开会商讨一下,要想减轻这些负担,可采取什么举措。贸易、海运、农业、粮食、自治领大臣都应参与此次会议。若大家的看法在原则上没什么分歧,为了在尽可能短的时间内采取行动,就应起草一项总规划,另外确定日程表和实施步骤。外交、国防上的考虑,现阶段可以忽略,以后再说。要制订有效、妥当的计划,为让我们遭受的损失少于其他人,计划的内容一定要详实,这是不可或缺的第一个步骤。

首相致运输大臣　　　　　　　　　　　　　　　1940年12月13日

　　非常感谢你12月3日寄来的与钢铁有关的信件。为了将你的提议变为现实,你应尽力去落实那些必不可少的举措。

　　公司在当前这种条件下居然拖延卸货,导致货物堆积,让我无法容忍,一定要实施相应的对策。

　　2月份,所有不是运载石油的船只出入利物浦港口装卸的时

间平均为 12.5 天，到了 7 月，增加到 15 天，10 月又增加到 19.5 天。布里斯托尔的这一时间原本为 9.5 天，后来变成了 14.5 天，但格拉斯哥始终是 12 天。整体局势中最关键的应该就是对这一情况的改善。

首相致运输大臣　　　　　　　　　　　　　　1940 年 12 月 13 日

我发觉，9 月和 10 月进口的石油只相当于 5 月和 6 月的二分之一，只能满足我们三分之二的消耗。我们的油船很充足，是因为南部和西部沿海部分地区不准许油船驶进港口，很多油船只能在克莱德河上短暂停靠，剩余的在新斯科舍的哈利法克斯港口停靠，以至于进口量缩减，这点我很清楚。11 月的石油进口量增多了，是因为近来已经允许部分油船开赴南部和东部的海岸。

我看过你的前任对我在 8 月 26 日写的备忘录的回复，显然，为从西部沿海港口进口石油而做的准备工作让他很满意。不过，看起来他的期待并未成真。

有两种策略可应对这种局势。一种是为增加进口量，让油船从南部和东部沿海港口进口，相应的也要承担更大的风险；另一种是先用存货，不去计较因此造成的麻烦，等到日后西部沿海用于石油处置的设备准备妥当后再补足。关于怎样实施这两种策略，我期待能跟海军大臣商议。

已将这份备忘录的复件送到海军大臣处。

首相致海军大臣　　　　　　　　　　　　　　1940 年 12 月 14 日

请详细说明美国驱逐舰的状况，将它们所有的缺陷和截止到现在能给我们带来的哪怕是极细小的帮助都列出来，制成报告交给我。为了方便我做出思考，期待你能在最近几天把报告送过来。

首相致海军大臣、第一海务大臣　　　　　　　1940 年 12 月 27 日你们在让消耗性飞机从出口运输船队的船上起飞一事上做了怎样的安排？差不多所有运输船队都有几艘油船，据说有个计划就是让飞机从这些油船上发射出去。这种飞机能去进攻"福克·沃尔夫"式飞机，之后降落在海面上营救飞行员，然后根据具体情况决定要不要救起飞机。

对于该计划，你们有什么看法？

该计划效果上佳，这点在后一册中会谈及。能发射出战斗机，向"福克·沃尔夫"式飞机发起进攻的船舰，在1941年伊始就生产出来了。

首相致运输大臣   1940年12月27日

听说，由于船舰在英国港口出入和装卸浪费了太多时间，才导致了我们的海上运输能力只剩了原先的六成。眼下，我们在默西河和克莱德河停靠了那么多船，一定要预测到它们遭受敌军进攻的危险将与日俱增，在我们的全部战线上，这应该是危险系数最高的一环。

请写信阐明以下情况：

(1) 现实，

(2) 当前你在做哪些事，准备如何做，

(3) 旁人若想帮助你，你对其有哪些要求。

首相致海军大臣   1940年12月29日

截止到现在，此次战争中这些〔负责诱惑潜艇的船舰〕[①]让人非常失望。海军部应该思考一下，是不是应该将其转作他用。这

---

① 跟1914年至1918年间采用的"Q"型船类似的新型船，1914年至1918年战争期间，"Q"型船负责诱惑潜艇，从而将其击沉，期间立下大功。然而，此次战争的状况跟上次差别显著，效果自然不及上次好。——原注

些船上肯定有很多技术娴熟的船员。请列一个清单,将这些船的名字、吨位数、航速等全都写在上面,提交上来。它们出去巡逻时,能不能运载军队或物资?

* * *

面对这种种压力,我非常气愤爱尔兰不准许我们利用其南部沿海港口。

首相致财政大臣 1940 年 12 月 1 日

我们因爱尔兰的举动受困,被逼再度将〔为爱尔兰提供的〕补助提上日程。我们不可以说我们会一直向他们提供补助,直到我们亡国。我们有太多船舰在布罗迪—弗兰德周围的海域被击沉,所以我们应该将原本要给爱尔兰的补助用于生产船舰或是增加从美国的进口。

请将终止补助的方法告知我,以及爱尔兰为了报复我们,会实施怎样的财政举措,要记得他们不再向我们供给粮食,并不会引起我们的恐慌,反而方便了我们不用再往爱尔兰运送大批肥料与饲料,还要为此从德·瓦莱拉帮德国建造的封锁线上穿过去。眼下只要说清楚我们应采取哪些财政举措,会产生何种后果就行,先用不着逐一列出全部赞同与反对意见。期待明天就能收到回复。

首相致伊斯梅将军,转呈参谋长委员会 1940 年 12 月 3 日

你和三军参谋长每个都收到了我送去的跟爱尔兰相关的文件。财政大臣也没有异议,通告下达后,补助很快就能终止,这点毋庸置疑。

军事方面的回应是眼下我们一定要思考的一点。他们要是将德国人请到爱尔兰的港口,便会导致爱尔兰民众无法再团结一致,

而我们也务必要将德国人拦下。他们会想办法维持中立，也会将自身卷入战争。我们用得着介怀他们可能把各类通信、警报设备拆除吗？要知道，我们可以截断英格兰和南爱尔兰的通信。情况会非常糟糕吗？潜艇每次到海上活动，能行驶差不多三十天，使其受限的是船员心急想要回家，潜艇要修缮，而非燃料和供给不足，正因为这样，他们才叫德国的潜艇停靠到爱尔兰西部的海港，补足燃料和供给，这算是大问题吗？对于上述问题，你们有何见解，你们另外还有什么问题，都请告诉我。

在我看来，让总统知道这种策略，并说服他赞同，很有必要。

前海军致总统　　　　　　　　　　　　**1940年12月13日**

现在我们最担心的，还是北大西洋上的运输。毋庸置疑，希特勒会派出更多的潜艇和飞机，在更广阔的范围内打击我们的海上运输。我们的小舰队拼尽全力也无法摆脱这样的困境，除非我们能利用爱尔兰的港口和飞机场。你提供的五十艘驱逐舰因为很久没使用了，在大西洋上一碰到大风大浪就出故障，所以截止到现在，它们之中只有极少的几艘能投入战争。为了解释怎样修缮、改良旧型号的驱逐舰，方能满足当前的需要，我正计划制作极详细的技术报告，美国的旧型号驱逐舰可能也能从这份报告中获益。

另外，由于在海上陷入了这样的困境，我们已不能再跟从前一样，在敌方的进攻下，冒险往爱尔兰运送四十万吨饲料、肥料。我们用不着爱尔兰再供给粮食给我们，更重要的是，我们可借此运送同等重量的本国物资。我们一定要在最关键的事情上倾注全力。内阁的意见是告知德·瓦莱拉，我们无法在当前这种局面下坚持给他供应。他自然能向他的子民提供大量粮食，可要让经贸往来维持目前的繁荣态势，却不可能。我对此深感惋惜，但自身的存亡是我们一定要考虑的问题，我们历尽艰险才争取到的货物运输，应该用在关系生死存亡的大方面。我们可以就此放松一下，同时可以促使他思考我们的共同利益。请秘密告知我，你对我们不得不将吨位数全部用来满足英国的供给有何看法。我们也觉得，继续向爱尔兰农民提供高额补助，已经不适应现在的状况了。当我们处在敌军的围困中难以脱身时，德·瓦莱拉却置身事外，而我们还要向爱尔兰提供供给和高额补助，期间要承担被敌军飞机、潜艇进攻的风险，这一现状，我国商用船只的船员和普通民众都很不赞同，这点你也知道。

* * *

12月一天的黄昏，我召集了海军部成员和船员到楼下的作战指挥室开会。与会人员全都非常谙熟的威胁与困境已经陡然加重。1917年2月和3月的情况浮现在我脑海中，当时我方船舰被敌军潜艇击沉的数目不断增加，大家质疑同盟国到底还能撑几个月，根本不理会皇家海军当时为摆脱困境拼尽全力。要阐明目前面临的威胁，最能取信于人的就是诸位海军上将提议制订的计划。为了打通一条通往海洋的路，我们一定要聚集起所有能聚集的力量，不管要付出多大代价。他们的意见是，像铺地毯一样，在默西河和克莱德河相连的北部海峡冲向大洋那头到北爱尔兰西北部深度为一百英寻①的地区之间铺一层水雷。在这片海岸周围的水域和大洋中间铺设地下水雷区，宽度为三英里，长度为六十英里。如果这是唯一的法子，就应该把现有的炸药全部用于铺设这片水雷区，就算此举会对战场上的交战、对我方军队的武装需求造成巨大损害，也在所不惜。

我来说说这个法子。在距离海面三十英尺以内的海水中放置几千个触发水雷。开往英国的货船或是开赴海外交战的船舰，可在该航线

---

① 英寻，测量海洋深度的单位，1英寻相当于1.8288米。——译注

上自如往来，船舰的龙骨却不会触碰到水雷。然而，潜艇若是闯入其中，却会马上炸得粉身碎骨；它们很快就将意识到，此处不宜进入。没有一种防御的法子比这更好。这比坐以待毙总归要明智。这是我们保底的法子。我于当天晚上初步批准了提交上来的详尽计划，并发出指令。实施这种策略，就是说从今往后，潜水员只要管好自己的输气管就好，不必再忧心别的事，可还有事情要求他去处理。

我们另外下令，皇家空军海岸司令部将默西河、克莱德河的河口，以及北爱尔兰周边全都控制起来。这项任务执行时来不得半点马虎。其在执行上享有最高优先权。对德国的空袭都要退居其后。要集中所有合适的飞机、飞行员、装备反击敌军，利用战斗机对敌军的轰炸机展开进攻，利用海上船舰在重要的海峡向敌军潜艇发起进攻，轰炸机从旁提供援助。别的重要计划全都丢到旁边，要么之后处理，要么不处理。为了争取呼吸自由，我们愿付出一切。

我们会在随后几个月中看到海军和皇家空军海岸司令部在实施该反击计划时取得了怎样的成绩；看到我们怎样将出海口掌控在手中，我方战斗机怎样将敌军的"亨克尔Ⅲ"式轰炸机击落，在敌军潜艇想让我们无法呼吸的海中，我们怎样反过来让它们无法呼吸。在此只需阐明一点，就是皇家空军海岸司令部取胜了，我们没必要再在海里铺一层水雷，就像铺地毯一样。非正常的防御思想和计划在此事对我国战争期间的经济造成严重影响之前，就已完全消失，我们又一次利用强大的武器装备让通往我们这座岛的航线畅通无阻。

第十六章　沙漠里的胜利

停歇与准备——12月6日至8日的行军——大获全胜——我写给总统、孟席斯先生、韦维尔将军的信函——"击垮主力军队"——《马太福音》——《雅各书》——1月3日拜尔迪耶——1月21日托布鲁克——俘虏十一万三千人，缴获超过七百门大炮——齐亚诺日志——墨索里尼做出的反应——我就前景向议院发出警告——潜艇带来的威胁——我通过广播向意大利民众发言——"一个人，有罪的仅那一个人"——埃塞俄比亚爆发起义——皇帝返回自己的国家——尝试拯救维希——我写给贝当元帅的信函——写给魏刚将军的信函——解放吉布提计划；"玛丽"作战计划——身处希腊、土耳其的机场——任意选择一种财富——年底到来——英国国王送来一封亲笔书写的信函给我——1月5日我回信——大不列颠民族与大英帝国的荣耀——高举自由大旗——可是能置人死地的威胁已近在眼前

  一项卓越的行动开始之前的日子实在难熬。去办其他急事可以缓解一下，那时候确实有很多急事要办。我非常欣慰，我们的诸位将军想以进攻为主，因此我并没有忧心结果，压根儿不用忧心。我完全不在意在肯尼亚、巴勒斯坦、埃及当地的治安上浪费兵力；可我毫不怀疑那些肩负这项重大责任的有名队伍和经受过长时间训练的专业将士，拥有良好的品格以及昂扬的斗志。艾登也充满信心，对战争的指挥者威尔逊将军更是信任有加；然而，那时候，他们都是"穿着绿色夹克

的人"①,在上次的大战中同样如此。这段时期还有很多事情能够去聊、去做,只有聊聊几名知情者是例外。

将要参与此次进攻的全部军队,在一个月甚至超过一个月的时间内,不断演练他们将要在极其复杂的进攻中担负的特别任务。威尔逊中将与奥康纳少将共同确定了计划的细枝末节,韦维尔将军经常亲自到现场视察工作。该计划在文件上的确没被提及,了解计划全部内容的仅有极少数军官。我们一度想办法让敌军觉得我方军队的实力因援助希腊损失严重,而且准备继续撤军,以便我方能在敌军没有准备的前提下发动突袭。我方陆军又黑又瘦,在沙漠中经受过磨炼,又配有完整的机械化武装,12月6日,他们之中的大约两万五千人行进了超过四十英里,第二天又在意大利空军的眼皮底下,成功在沙漠的沙子里潜藏了一整天。12月8日,他们再度加速行进,当天夜里,他们第一次接到通知,是"真的要上战场",而非在沙漠演习。西迪拜拉尼一战在9日黎明爆发。

这场复杂交错且分布相当不集中的战争,在之后的四天扩展到跟约克郡差不多大的区域,在这里,我就不详细描述这场战争了。所有事情都顺利展开。早上7点,一支旅向尼贝瓦发起进攻,一个多小时后便攻下了这座城池。对图马尔军营的进攻下午1点半开始,到了黄昏时分,我方已占据差不多整座军营,还俘虏了大半敌方驻守军队。第七装甲师也在这段时间到西边截断了海岸上的马路,使西迪拜拉尼孤立无援。同一时间,包含科尔斯特里姆警卫军在内的马特鲁港驻守军队也做好了准备,随时可以进攻。10日,天刚蒙蒙亮,他们就向正对面的意大利军队阵地发起猛烈进攻,拥有极强杀伤力的军舰为他们打掩护。这场仗打了整整一天,科尔斯特里姆警卫军指挥部10点汇报称,清点俘虏难度太高,因为数目太过庞大,"军官差不多要用五英亩土地才能容纳,士兵则需要两百英亩"。

---

① 即来复枪旅及英国皇家来复枪旅。——原注

每间隔一小时,他们就会往我在唐宁街的住所发送最新战况。尽管不够详尽,但总体看来进展不错,我对一名年轻的军官从第七装甲师的坦克上发过来的一封电报记忆深刻,其中提道:"我们已抵达布格布格的第二个布格。"10日,我通知下院:沙漠之战还在继续;我军已俘虏五百人,另外击毙一名意大利将军;军队现已挺进到沿海。"现在时间还早,无法对尚在进行中的战争的范围或结果做出估测。可不管怎么样,我们都能确定第一阶段我们是获胜的一方。"我方军队在当日下午占领了西迪拜拉尼。

我军12月11日之后的主要任务是由第七装甲师,随后是英国第十六步兵旅(摩托化)、与第四印度师交换防守任务的澳大利亚第六师,对意大利穷寇猛追。我可以在12月12日通知下院,不列颠和大英帝国的军队已经占据了布格布格和西迪拜拉尼附近的所有海岸,并把七千名战俘押解到了马特鲁港。"被包围的意大利人总数为多少,我们尚不清楚,可若说包含很多'黑衫党'①组织在内的最少三个师的意大利精锐部队被消灭或是俘虏,却是很正常的。眼下我军正继续向西追踪,中间没有停歇。空军正展开空袭,海军正轰炸敌军撤退时要走的马路主干道,另外又有报告宣称俘虏了很多战俘。"

"现在还不是估测这些战争规模的时候,不过,其为非洲战场的胜利打下了一流的基础,阿奇博尔德·韦维尔爵士、亨利·梅特兰·威尔逊爵士、参与这项复杂至极的作战计划的参谋、为完成这项任务付出了无与伦比的意志力与勇气的军队,他们所能取得的最优秀的战绩就是这样,这点显而易见。就在三四个月前,埃及的防御还让我们忧心忡忡,我们在对问题做出整体权衡时,务必要考虑到这种现实背景。眼下,英国已将有力抵抗侵略者、保卫埃及的保证与承诺彻底变为现实,

---

① "黑衫党"即意大利国家法西斯党,由墨索里尼创建,在1922年至1943年间执掌意大利政权。因为该党的党旗是黑色的,党服是黑衫,所以被称为"黑衫党"。——译注

我们的担忧也完全不复存在了。"

韦维尔将军在12月12日西迪拜拉尼最终取胜时，主动做出一个决定，英明且勇敢。他在第一时间把刚刚被替换掉的英国第四印度师调到厄立特里亚，跟英国第五印度师共同加入普拉特将军指挥的埃塞俄比亚一战，而没有把他们当成总后备军，留在战场上。第四印度师的部分兵力走海路赶赴苏丹港，余下的先坐火车，后坐轮船，在尼罗河上逆流而上。部分人差不多是从西迪拜拉尼前线直接赶到了登船处，在抵达七百英里外的战场后，没休息多长时间又开始作战了。12月末，第一批调往苏丹港的军队抵达目的地，截止到1月21日，余下的军队都赶到了。1月19日，第四印度师前去追击从卡萨拉撤往克伦的意大利军队，追到克伦时，遭遇了意大利主力军队的反抗。就算有了英国的第四、第五印度师，普拉特将军在克伦的作战任务还是很艰巨，这点我们很快就会了解。若非韦维尔将军有远见，做出了这样一项决定，克伦一战便很难取得成功，而要解放阿尔巴尼亚，也会变得相当困难。总司令对局势和周围状况的估测有多准确，在近来北非沿海与埃塞俄比亚的情况发展中得到了证实。

* * *

我急忙恭喜所有相关人员，同时督促他们穷寇猛追。

前海军致总统　　　　　　　　　　　　1940年12月13日
我们在利比亚取得的成功，相信一定会让你觉得欣慰。若我们擅长对已取得的胜利加以利用，便能利用这次的胜利和意大利在阿尔巴尼亚的挫败，让墨索里尼陷入困境。我们还不知道战争的所有结果，但若能击垮意大利，那相较于四五个月之前，我们在大战中的赢面就更大了。

丘吉尔致澳大利亚总理孟席斯先生　　　　1940年12月13日

　　大英帝国军队在利比亚战绩显赫，相信你一定为此感到欣喜。此次胜利和意大利在阿尔巴尼亚的挫败，会让墨索里尼陷入困境。就在几个月前，我甚至不能确定，我们能不能保卫尼罗河三角洲和苏伊士运河，这点你应该还有印象。当我国本土承受着被侵略的巨大威胁时，我们却将军队、坦克、大炮绕道好望角支援别处，这是相当危险的旅程，所有这些眼下都得到了补偿。为了预防德国忽然调集大军到中东去，我们正筹谋将大英帝国实力最强的陆军和海军调过去，另外可在同一时间朝你们的方向往东挺进，前提是有这种需要的话。要想取得胜利，一定要付出更加多的努力。祝你好运。

首相致韦维尔将军　　　　　　　　　　　1940年12月13日

　　你取得了巨大的成功，将我们的最高目标变为现实，我要由衷向你表示祝贺。我在下院描述了这项艰巨任务在执行期间需要多英明的参谋，多英勇的陆军，大家听后都热烈鼓掌。英国国王会在各场战争的结果都出来后，发电报奖励你们。请接受我的感激与致敬，另外将其转达给威尔逊。

　　诗人沃尔特·惠特曼说过，不管多完美的胜利果实，都会引来一些问题，要解决它们，必须要参与更大规模的战争。在你看来，最重要的当然是追击敌军。胜利的一方耗光精力时，也是他们从失败的一方获得最大好处时。意军在利比亚战败，给墨索里尼带来了前所未有的恐慌。你肯定想过，占据意大利本土的几座港口，将你要用到所有兵力和武装通过舰队运送过来，沿海追击敌军时，将这几座港口当成新的过渡点，等到遭遇有效的反抗时才停止追击。这帮人看起来就像熟了的农作物一样，等着我们收割。请告诉我你的意见和计划，越快越好。……

　　等你在非洲沿海的活动彻底完成后，我们就能对自己的前途提出新的见解，会有几个很好的机会摆在我们眼前，可从中挑选。

埃及内部的敌军截止到 12 月 15 日已被彻底清缴。大多数停留在昔兰尼加的意大利军队撤到了拜尔迪耶的防守阵地中，此地当时已陷入孤立无援的境地。在歼灭了敌军五个师的大半兵力后，西迪拜拉尼一战的首个阶段告终。超过三万八千名敌军被俘。我方则有一百三十三人死亡，三百八十七人负伤，另有八人下落不明。

首相致韦维尔将军　　　　　　　　　　　　1940 年 12 月 16 日

在大英帝国和我们的事业上，尼罗河兵团贡献不俗，这是一种很大的荣耀，在各领域中，我们都有所斩获。对于你、威尔逊及其余司令官，我们感激不已，我们在利比亚沙漠取得这么大的成功，是你们出众的作战策略与英勇的领导共同造就的结果。你们当前最重要的目标，自然是击溃意大利陆军，竭尽所能把他们从非洲海岸驱逐出去。先前我们听说你们想向拜尔迪耶和托布鲁克发起进攻，眼下又听说你们想向塞卢姆和卡普措发起进攻，这都让我们欣喜不已。相信你之所以放弃最重要的目标，在苏丹或是多德卡尼斯群岛开展辅助性质的军事行动，是因为你已断定无法再向前挺进。苏丹非常重要，并且能够攻克，这点显而易见，而利比亚的追击可正常进行，因为攻克苏丹用不着那两个印度旅（也就是英国的第四印度师）。对多德卡尼斯群岛用兵可略微延后，这不会导致难度增大。不过，更进一步，将意大利主力军队击垮，才是我们最重要的任务，不要让那两项行动喧宾夺主。我待在本土，自然无法对特别状况乱下断言，可我觉得应当牢记拿破仑的一句座右铭："主力军队一旦被击垮，余下的军队就很容易解决了。"在前一封电报中，我提出一项建议，在此务必要强调一下：为截断敌军，同时让我方军队能从海路运输军需和兵力，需要开展两栖作战，且要在敌军后方登陆。

请向朗莫尔转达我对他的尊重与祝贺,他指挥皇家空军相当得力,跟陆军配合效果上佳。但愿新"旋风"式战斗机中的绝大多数已安然抵达他那边。我们让"狂野"号运载了更多飞机,这些飞机都能从塔科拉迪起飞,请将这个消息转告他。另外,借助"超额"〔军事计划〕运送过去的那些飞机,也会分配给他。两批飞机的抵达时间都是1月初。

首相致韦维尔将军　　　　　　　　　　　　1940年12月18日

《马太福音》第七章第七节:"你们祈求,就让你们得到。寻找,就让你们寻到。敲门,就给你们开门。"

韦维尔将军致首相　　　　　　　　　　　　1940年12月19日

《雅各书》第一章第十七节。

"各种美善的恩赐和各种齐全的赏赐,都是从上面得来的,从众光之父那儿落下来的。在他没有改变,也没有转动的影子。"

* * *

我们接下来的目标是拜尔迪耶。它方圆十七英里以内驻扎着意大利其余四个师的大半兵力。反坦克壕和铁丝网连接在一起,组成了防御工程,中间每隔一段距离就有一座碉堡,用混凝土建造而成,后边还有一道防御工程。要事先做好准备,才能向如此坚固的阵地发起进攻。第七装甲师拦住敌军,不让他们逃往北面和西北面。我们可调派第六澳大利亚师、第十六英国步兵旅、皇家坦克团第七营(拥有坦克二十六辆)、一个机枪营、一个野炮团、一个中程炮团,向该阵地发起进攻。

我不说新年了,先把沙漠中这场胜利说完。进攻始于1月3日早上。借助密集的、颇具杀伤力的炮火掩护,澳大利亚的一个营在西侧的周边阵地中攻克了一个基地。工兵在他们身后奋力闯入反坦克壕。澳大利亚的两支旅还在进攻,同时往东侧和东南侧进军。他们唱起了一首歌,是从美国一部电影中学到的,很快,这首歌在英国也大受欢迎:

> 我们去瞧那巫师,
> 他来自奥兹,神秘莫测。
> 据说他是巫师的创始人,
> 如果史上真的存在巫师。

很多时候,听到这首歌,我便会回忆起这段简单、快乐的经历。英国的坦克,也就是人们口中的"马蒂尔达",借助步兵的援助,于4日下午攻进了拜尔迪耶;驻守当地的敌军5日全体投降。我们总共俘虏了四万五千名敌军,缴获了四百六十二门大炮。

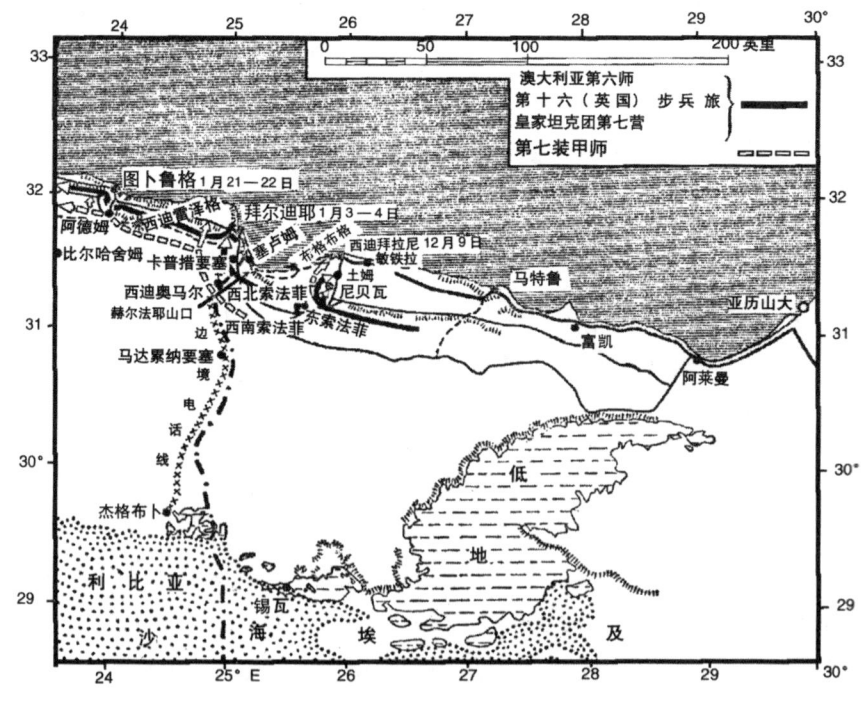

沙漠中的胜利,1940年12月—1941年1月

1月6日，也就是第二天，第七装甲师开始对付托布鲁克，将其交通线截断；走在前头的澳大利亚旅，7日已经开到东侧防线前方。此处的周边阵地很像拜尔迪耶的阵地，有漫长的二十七英里，不过，很多地方的反坦克壕因不够深，无法发挥作用。一整个步兵师、一个军司令部、大批从前方撤退回来的残兵，共同组成了当地的驻军。进攻一直拖延到1月21日，借着火力十足的炮弹的掩护，另一支澳大利亚旅冲进了南侧的周边阵地。这个师的其余两支旅来到桥头暂时性的阵地，往左右两侧扩张。我方军队在当天黄昏时分，已经攻占了三分之一的防守区域，并在第二天凌晨平息了所有抵抗。我们俘获了将近三万名俘虏，缴获了两百三十六门大炮。不到六周，沙漠军团就在水和食物都不充足的地区挺进了两百多英里，攻克了两座时常有海军和空军把守、十分坚固的港口，俘获了十一万三千名敌军，缴获了超过七百门大炮。眼下，入侵埃及并打算将其完全占有的大批意大利陆军已被打得七零八落，我方军队没能及时往西进攻到底，只因距离太远，满足供给又太难。

舰队全程都在提供强大的支援。他们先后对拜尔迪耶和托布鲁克发起猛攻，陆战中也出现了舰队飞机的身影。最值得一提的是，海军不光在把军队送到被敌军占据的港口这件事上发挥了巨大作用，还为推动陆军向前挺进，每天运送三千吨给养给陆军的先锋军。我方陆军获胜的很大原因在于我方的皇家空军比意大利空军更加优秀。尽管在人数上，我方空军比不上敌方空军，但我方空军进攻时表现出来的勇猛使其很快在士气方面占据了绝对优势，掌握了空中的主动权。进攻敌方飞机场时，我方取得了不俗的战果，使敌方损失了多达几百架飞机，这个数字是之后得出来的。

* * *

很多时候，观察敌方的反应是很有意思的。对于齐亚诺伯爵，大家都已很熟悉了，用不着过分指责这些懦弱的人，在金钱和权位的引诱下，这类人很容易走错路。有权评判这些事的，是那些战胜了种种诱惑的人。在行刑队面前，齐亚诺偿还了所有债务。恶人的材质是不一样的。但我们绝对不能存有这样的念头：与其成为齐亚诺或是可能发展成齐亚诺的人，不如做一个大恶棍。齐亚诺每天都会写日志[①]，这些日志我们已经看到了，下面几篇日志都是从中摘录出来的：12月8日：无事。12月9日：密谋对付巴多格里奥。12月10日："有消息称英国军队向西迪拜拉尼发起进攻，太让人震惊了。一开始，情况好像不算糟糕，然而，之后收到格拉齐亚尼的电报，证实我们已溃不成军。"齐亚诺当天跟岳父见了两次面，感觉对方毫不惊慌。"将个人立场丢在一旁，他对此事展开客观评判……对格拉齐亚尼的声望更加迷信。"罗马政要11日才被迫承认，意大利的四个师已覆灭；而格拉齐亚尼不说自己会实施何种举措反击，只再三说敌军的勇猛与战术，才是更糟糕的。墨索里尼继续维持镇定。"在他看来，战争即将出现转折的关键时刻，必然要经历长时间的折磨。"若抵达边界后，英军便停止进军，那就没什么大不了。可若是英军继续赶赴托布鲁克，"之后的情势发展就离悲剧不远了，这是他的意见"。墨索里尼当晚得知，五个师在两天内"被彻底毁灭"。意大利的这五个师犯了什么错，显而易见！

格拉齐亚尼12月12日打来一份"祸事将至的电报"。他准备撤军，撤到的黎波里才停下，"这样一来，最低限度，我们的国旗能飘扬在那个军事重地上空"。墨索里尼太听信隆美尔的意见，强迫格拉齐亚尼承担巨大的风险去进攻埃及，格拉齐亚尼为此非常愤怒。他被迫去打的这场仗，作战双方分别是"跳蚤和大象"，他这样埋怨道。大象很明显已被跳蚤吞噬了一大半。英国军队是不是只打算挺进到

[①] 摘自马尔科姆·马格里季编辑的《齐亚诺日志，1939年至1943年》，第315页至317页。——原注

边界，到了15日，齐亚诺自己也不能确定了，他在日志上简略记录下这一观点。格拉齐亚尼跟自己的上级激烈争辩，此举违背了军人守则。墨索里尼说了句话，应该算是很公正的："反正我都看不起他，何必还要生他的气？"他还在盼着最低限度能在德尔纳拦截行进的英军。

* * *

我们在沙漠里的最新情况，我每天都会汇报给议院听，针对战争的整体局势，我在12月19日这天发表了篇幅很长的演讲。我描绘了我们如何改善英国本土的防御，还督促众人警觉一些。我们预测敌军的空袭不会停止；在国内，政府最紧急的任务就是部署好防空洞，改善卫生设备，尽量让民众晚上睡觉时糟糕透顶的环境变好一些。"跟在利比亚沙漠追击意大利军队的装甲军一样，防空队、内政部、卫生部也战斗在第一线。"我觉得，提醒大家注意大西洋上的船舰损失也是很应该的。"我们非常忧心船舰的损失率；尽管情况跟1917年最危难的关头还有距离，可我们还是应该了解，这种威胁我们一年前好像已经战胜了，但现在卷土重来也是有可能的。我们要从现在开始，努力让我方小舰队及其余防御方式越来越强，不过，在所有军事任务中，首要任务一定是应对敌军的潜艇和此刻正在进攻我方的远程轰炸机，确保我方通往海外的航线的顺畅。"

* * *

我认为，眼下是向意大利民众发表广播讲话的好时机，所以我在12月23日晚上，跟他们说起了英国和意大利两国长久以来的邦交，而两国此刻却在开战。"……我方军队正在毁灭你们的非洲帝国，这个目标必然会实现。……怎么会发生这些事呢？到底有什么目的？"

诸位意大利人，我要让你们了解真相。这些全都是一个人引起的。正是这个人，让意大利民众跟大英帝国展开生死较量，让美国对意大利的怜悯与友情不复存在。他是个伟人，我承认，但所有人都不得不承认，他统治了意大利十八年，期间没有受到任何束缚，最后将你们的祖国推到了覆灭的悬崖边上，这是相当恐怖的。同样是这个人，让古罗马的继承者与后人成了惨无人道的异教徒的同伙，此举背弃了意大利国王与王室的指示，背离了教皇、梵蒂冈教廷以及天主教会的主旨，也背叛了意大利民众的心愿——他们压根儿就不想打这场仗。

我念了我担当首相时写给墨索里尼的信函，以及1940年5月18日他给我的回复，然后说：

在实施了十八年的独裁统治后，这名领袖带着信任他的民众去了何处？眼下他们能走的路都很艰险：一是预备好在海上、空中、非洲承受大英帝国的炮轰，承受希腊民族的激烈反攻；二是请阿提拉①带着他贪得无厌的军队和秘密警察从勃伦纳山口来到意大利，占据当地，对意大利民众实施压迫与保护，他以及他的纳粹党羽毫不忌讳地谈及对意大利民众的极度轻视，这种轻视程度之深，在其余种族间史无前例。

这就是那个人给你们的结局，也只有他才会让你们陷入这样的境地。我期待着有一天，意大利民族能重新掌握自身命运，我的期待一定会成真。该故事正逐渐呈现在眼前，我们再详细地说一说。

---

① 阿提拉（406年—453年），古代欧亚大陆匈人帝国皇帝，多次率领大军入侵罗马帝国，战绩显赫。这里用他来指代希特勒。——译注

有件事匪夷所思，墨索里尼在同一日跟齐亚诺谈及意大利陆军的士气，说："不管怎么样，如今意大利人的士气比不上1914年，我是不能否认的。这只是实话实说，并非对彼时制度的赞美。"翌日，他看着窗外说："真好，下了雪，天气又这么冷。这会促使我们这帮没用的意大利人，这个低等的民族进步。"他以为大英帝国已经没落了，侵犯后者半年后，在利比亚和阿尔巴尼亚，意大利陆军失利，让这个恶人的内心很不好过，这便是他心中苦楚与悲伤的感想。

* * *

这段时期的局势发展非常快，我们要想从容应对，一定要事先权衡所有具有可行性的策略。埃塞俄比亚得知我们在利比亚获胜的消息后，背叛了意大利。我非常期待海尔·塞拉西皇帝能返回他的祖国，这是他的心愿。在外交部看来，现在还不是走这一步的时候。我接纳了新任外交大臣的建议，不过并未拖很久，很快，皇帝就返回了故土，他愿为此承担所有风险。

（当天就要付诸实践）
首相致外交大臣、伊斯梅将军，转呈参谋长委员会

1940年12月30日

为使埃塞俄比亚皇帝如愿以偿，我们应该拼尽全力。听说我们已禁止我方军官踏足盖拉族①的地盘。修路时只能动用人数相当于几个营的埃塞俄比亚逃亡者，真是件憾事，这帮人可能会煽风点火，领导其余人背叛我们。在肯尼亚，我们拥有六万四千兵力，他们什么任务都没有，自然可以取代这帮人去修路。我先要声明，

---

① 埃塞俄比亚的主要民族之一。——译注

我非常支持海尔·塞拉西返回埃塞俄比亚。不管埃塞俄比亚各部落有什么矛盾，皇帝回去必然能证实起义军的声望有了质的飞越，还能关联到我方在利比亚获胜的消息。

希望能代替我起草一封给埃塞俄比亚皇帝的信，表明我对他的支持。

首相致外交大臣　　　　　　　　　　　　　　1940年12月31日

大家的观点是，埃塞俄比亚皇帝何时能冒着生命危险返回故土复辟，最好由他自己决定。我们"在惊慌之下不得不开展的行动，其时机尚未到来，且有可能招来祸患"，你在备忘录中这样写道。我绝对不想在"惊慌之下不得不"开展行动，可我想了解，为什么在几个月的时间内，埃塞俄比亚皇帝都没有半点行动。把给他的电报写得略微清楚一点，把给麦尔斯·兰普森爵士的电报写得更确定，这是我的殷切期待。但这些事只是应该重申一下；若你觉得指令太鲜明会出问题，那便照你的意思做好了。

外交部正在留意一个问题，若我们这场仗打得很顺利（这种概率是很高的），我们会对海尔·塞拉西复辟一事做出怎样的承诺，对意大利在东非占据的地位提出怎样的建议。今天早上你提及这件事，我听到后不胜欢喜。

* * *

除此之外，我很想让维希政府抓住时机，对这种有利的局势变动加以利用。愤怒、宣泄、仇恨，这些在战争中都没有立足之地。所有让人心烦意乱的次要缘由，都一定要服从最重要的那个目标。参谋长委员会和陆军参谋部曾在几周前筹备了一支远征军队，其中包括六个师，还定好了在摩洛哥登陆的计划，前提是法国没有异议的话。加拿大驻维希代表杜普伊先生能帮我们跟贝当元帅联络，这是我们的有利条件。一定要让美国及时了解局势的最新变动；原因就是，我已了解到总统很关注丹吉尔、卡萨布兰卡乃至整条非洲大西洋海岸线，在美国的军事机构看来，若德国占据了该海岸线，将其作为潜艇基地，会对美国的安全造成威胁。所以，杜普伊先生在参谋长委员会与战时内阁毫无异议的情况下，亲自将下面的信函送到了维希政府手上，另外通过外交部知会了我国驻华盛顿代办。

首相致贝当元帅　　　　　　　　　　　　1940年12月31日

1. 若法国政府决定搬到北非去，或者从北非重新开始对抗意大利和德国，只要他们是在不久的将来做出了这个决定，不管具体是什么时候，我们都愿为支援摩洛哥、阿尔及尔、突尼斯的防御派出一支远征军，该远征军由六个师组成，装备优良，实力雄厚。这六个师可在运输、登陆装备准备好的第一时间启程。目前在英格兰，我们拥有一支人数众多、装备优良的陆军，可对抗进犯的敌军，此外还有大批后备军队，他们接受过严格的训练，且进步很快。中东的局势也越来越有利于我们。

2. 英国空军或许也能提供强有力的支援，他们眼下已开始招纳更多的人。

3. 英国和法国的舰队会重新联合起来，为牢牢掌控住地中海，他们将共用摩洛哥与北非的基地。

4. 不管你委派何人担当军事代表，我们都愿与其召开最秘密的参谋会议。

5. 还有一件事，拖延时间会带来风险。不管什么时候，德国人都能通过威逼利诱取道西班牙，直奔直布罗陀海峡，有力掌控海峡两岸的炮台，将空军驻扎到当地机场，让我们无法再在海峡中停船。他们喜欢突袭，一旦摩洛哥沿海成了他们的地盘，我们的所有计划都没办法实施了。局势可在任意时间变得恶劣，希望也会不复存在，唯一的对策是我们下定决心合作，并坚定地开展行动。要让法国政府明白，我们有能力且心甘情愿给他们强大且越来越强大的支援，这点是最关键的。可若错失了时机，我们便将无计可施。

我还把另外一封差不多内容的信，借助另一人之手送给了魏刚将军，当时他已成为阿尔及尔驻军的总司令。两封信都杳无音讯。

* * *

我们做过很多工作和计划，其中绝大多数都已做好部署，筹备完毕，在原则方面也已获得批准，我们现在就来审视一下它们。我们首先要做的是保卫本土，不让敌军的侵略计划得逞，这是自然的。我们现在已装备了近三十个机动程度很高的师，但不是各个师的武装都达到了现代顶尖的标准；经受过十五个月严格训练的正规军，占了其中的大多数。我们的意见是，要抵挡海外的进犯，只要在海岸驻防军队之外加入这近三十个师中的十五个就行。我们目前拥有了数百万国民自卫军——后备军不包含在内，其成员都拥有来复枪和子弹。所以我们可将十二或十五个师投入到海外的进攻中，前提是有这种必要，且有这种时机。为从澳大利亚、新西兰、印度支援中东地区，特别是支援尼罗河集团军，我们已经安排好了船舰，并做了别的部署。这些运输船队及其护航舰要花费好几周的时间，走很长的路，因为地中海现在依然无法通行。

第二，我们已备好一支远征军，由六个师和一些空军组成，若维希政府或者身处北非的法国人想加入我们的共同事业，我们会安排这支军队在摩洛哥的大西洋港口，尤其是卡萨布兰卡登陆，这种登陆不仅不会遭遇抵抗，还会获得支援。德国人或许会派出数量、装备与之持平的军队，从西班牙经过，西班牙的反抗程度决定了我们将这支优秀的军队调往摩洛哥或是直布罗陀对岸的休达的速度,能否快过德国军队。不过,我们也能在加的斯登陆,支援西班牙人,前提是他们邀请我们这么做,并且我们也没有异议。

第三,若在德国的压迫下,西班牙政府屈从了,成了希特勒的同党或是跟他一起参战,导致我们无法再利用直布罗陀海峡的港口,那我们就要去攻克或占据大西洋上的部分岛屿,那支已做好准备的优秀的旅就派上用场了,还要配给他们四艘合用的快速运输舰。还有一个法子,若葡萄牙政府准许,我们可引用英国和葡萄牙1373年签订的同盟条约,"朋友对着朋友,敌人对着敌人",在佛得角群岛迅速建立一处基地,达成自己的目的。该计划名为"榴霰弹",能让我们得到必不可少的空军基地、船舰燃料补充基地,还能让海军掌控好望角的航线,那对我们来说是非常重要的。

第四,为了在有条件的时候抢占吉布提("玛丽"作战计划),从英国派出一支法国戴高乐旅,和西非援军一起从好望角绕行,赶赴埃及。①

为了再度掌控西西里和突尼斯中间的航线,我们需要支援马耳他,

---

① 首相致伊斯梅将军,转呈参谋长委员会　　　　　1940年12月1日

我从戴高乐将军处得知他准备收复吉布提——从现在开始,所有跟该行动相关的文件与电报均以"玛丽"作为代称。他准备从赤道非洲派出三个法国营到埃及跟勒·让迪奥姆将军会合。这三个营队会投身埃及防御,或许还会对希腊的保卫工作做些表面功夫。他们抵达埃及的事不用保密,反而应该公告天下。不过,英国海军舰要在时机到来时,护送他们到吉布提去。不要向英国请求除此之外的支援。戴高乐将军对勒·让迪奥姆有信心——当然,附件中对此也持肯定态度——认为他能掌控这片地区,能团结起驻守当地的军队,马上跟意大利人开战。这种演变对我方极有好处,眼下,戴高乐有能力做到的最好的事就是这件。请跟戴高乐一起认真揣摩一下该计划。要多提醒相关人员保守秘密,无论如何不要把这一地点说出去。要谨记达喀尔的教训。三个法国营最少要花费两个月才能抵达埃及,这是我估测的结果。

请将详尽的报告递交给我。——原注

相应的准备工作已经开始，特别是空军支援（"绞盘"计划）。其中一个重要的组成部分是计划利用一支突击旅——罗杰·凯斯爵士愿意亲自担当指挥——抢占小火山岛潘泰莱里亚岛（"车间"计划）。我们已经下令，若希腊的形势发生变动，要支援驻守克里特岛的军队，就应该竭尽所能将克里特岛的苏达湾变成坚不可摧的海军和空军基地。为了从旁帮助希腊陆军，另外进攻意大利，或者在需要的时候向罗马尼亚的油田发起进攻，我们已开始在希腊建造更多的飞机场。同样开始行动的，还有尽快为土耳其建造更多的飞机场，向土耳其提供技术方面的支援。

除此之外，我们要用尽所有法子，在埃塞俄比亚挑起起义，另外，为了进攻大批汇聚在卡萨拉周边地区、危及埃塞俄比亚的意大利军队，我们还要往喀土穆派出大量驻军。我们曾设想让陆军和海军相互配合，沿着东非海岸从肯尼亚向红海进军，将意大利的阿萨布、马萨瓦这两座设置了防御的港口抢夺过来，最终抢占厄立特里亚这片意大利殖民地。

接下来，我便能向战时内阁提交一个作战方案了，该方案考虑周详，准备细致，并有很大的选择空间，可在批准后的第一时间付诸行动，给敌军以重击；而且哪怕战争只是小规模的，我们也必然能在其中找到一些积极、连贯的海外进攻手段，我们在1941年前半年的交战会因此获益。我们的兵力、武器、飞机、坦克、大炮这些最重要的作战力量，都会在这段时期持续、迅速发展。

* * *

一整年的光辉与黑暗，都在年末鲜明地展现出来。我们依旧活在世上。我们打败了德国空军。敌军没能侵入我们的本土岛屿。目前，国内陆军的势力已相当雄厚。历尽艰难的伦敦，并没有倒下来。涉及本土制空权的所有事物都快速得到改善。莫斯科领导下的共产党这样说到，说这场战争的双方分别是资本主义和帝国主义，这是对我们的污蔑，然而，不列颠民族全体民众不分昼夜勤奋工作，工厂中机器轰鸣，我们获得了重生，满心骄傲，奋勇向前。胜利的光辉在利比亚的沙漠中放射出来；大西洋对岸那个伟大的共和国想担负自身义务、支援我们的意愿不断增强。

我在这时候收到了英国国王的亲笔信，其中满是慰问与鼓励。

桑德林汉姆
1941年1月2日

亲爱的首相：

诚挚地向你道一声新年快乐，希望战争明年就能走到尽头。在这里的这段时期，我感觉我的身体在慢慢恢复；对我来说，这是很有好处的；转换环境、到户外运动，都是很好的补药。然而，我觉得自己不应该在所有人都坚持工作时，离开自己的职位。不过，我应该将此次旅程视作治疗，期待能带着健康的体魄和振奋的精神返回，活力满满地投入到跟敌军的交战中。

我真想让你在繁忙的工作中抽出一点时间，在圣诞节时休息一下。我非常欣赏并敬重此前的七个月，你以我首相的身份所做的所有工作，我一直在回味每个星期一我们一起吃午饭时所说的话。期待我回去后，每星期一次的午餐聚会可以维持下去，我无比期待能跟你交流。

我想下周一去考察一下谢菲尔德①。下周一，我可以直接从这里过去。……

再度祝福你。

你真诚的乔治国王

---

① 当地遭遇空袭，损失严重。——原注

我表达了最真挚的谢意。

1941年1月5日

国王陛下：

　　我非常荣幸收到了陛下写满慰问与鼓励的亲笔信。陛下和王后对我的眷顾，是我担当海军大臣，特别是出任首相以来，在为英国的生死存亡展开激战的曲折经历中的力量与激励源头。我以君主大臣的身份，多年效忠于陛下的父亲与祖父，而我的父亲与祖父也效忠过维多利亚女王。可我无法想象陛下竟会对我如此和善亲厚。

　　陛下，我们共同走过了一段可说是英国君主制度史上最艰苦、最残酷的历程，而我们将要面对的征程，依旧艰难而漫长。每个星期，我们都会在白金汉宫一起吃午餐，那座历史悠久的建筑在轰炸中受损严重，我从这种经历中获得了巨大的激励，深深体会到陛下与王后不怕危险、不畏艰辛的热忱。君主和民众的关系，因这场战争达到了前所未有的亲密程度，陛下与王后从社会各阶层民众那里获得的拥戴，超越了此前所有君主。我在这一英国历史上的关键时期担负起首相的重任，跟随在陛下身边，心中既庆幸又骄傲；勇猛的澳大利亚军队在"拜尔迪耶日"当天又俘虏了两万意大利军队——我写信也是这一天——为我们光明的前景提供了十分有力的保障，我们要满怀憧憬与信心，去迎接我们的将来。

　　　　　　　　　　　陛下忠诚的臣子与仆从温斯顿·斯宾塞·丘吉尔

*　　*　　*

　　我坚信我们大英帝国悠久历史中最荣耀，也最艰苦的一年，就是刚刚过去的这动荡凶险的一年。正是这拥有悠久历史的伟大帝国，毁灭了西班牙无敌舰队。在威廉三世、马尔博罗公爵跟路易十四交战的那二十五年间，我们就是靠着意念和意志力点燃的热情熬过来的。我们经历过查塔姆伯爵缔造的荣耀年代。我们跟拿破仑打过持久战，期间，在纳尔逊和他同僚的英明领导下，英国海军掌控了制海权，保证了我们的生存。英国在一战中损失了一百万人，而单是 1940 年一年的损失就不止这个数。这个历史悠久、面积狭小的海岛，与其属下的联邦、自治领、遍及全球的属地，在 1940 年末证实能承受起决定全球命运的所有沉重负担。我们并未感到惧怕或是犹疑。我们没有输。英国民众与这个民族是无法被征服的，这点已获得证实。没有人能打破联邦与帝国的防御。尽管我们是孤军奋战，但所有正义者都站到了我们这边，在那个残暴的独裁者走到胜利巅峰时，我们向他发起了挑战。

眼下，我们已发挥出所有潜能。我们已击退了可怕的空袭。没有人能入侵我们这座实力不可估量的岛屿。我们日后也会得到作战武器，也会变成一台构造极精密的战争机器。我们有能力自保，这点我们已在全世界面前做出证明。希特勒对世界的统治涉及两方面的问题。很多人一度觉得走投无路的不列颠，此刻还留在赛场上，其实力不断增强，变得比之前强大很多。我们再度占据了时间优势，而占据这一优势的不光是我们。美国正以极快的速度装备自身，跟战争的距离不断拉近。苏联在战争开始之初，错误地预测我们会很快溃败，从德国那里分赃，在短时间内获益；如今，它的实力也远超过先前，还使它为自保获得的很多前线阵地得以巩固。此次世界大战明显有延时的趋势，日本好像就是因为这个暂时按兵不发，时刻关注苏联与美国的动态，反复思量何谓英明而有益的举措。

大不列颠及其分布范围极广的自治领和属地距离崩溃一度好像只有一步之遥，其心脏地带险些被敌军戳穿，在过去的十五个月，它一直将所有精力都倾注在战争上，为之训练军队，投入的各种力量数都数不清。实力不足的中立国和战败国先是惊讶万分，随后又觉欣慰，看着星星继续在天幕上闪闪发光。无数人心头又烧起憧憬的烈焰，释放出汹涌的热忱。正义必将获胜。被践踏的公道一定会有出头之日。

自由大旗将继续飘扬在风中——英国国旗便是这危难时刻的自由大旗。

在准确情报的指引下,我和忠心不贰的同僚们在高处纵览全局,尽管如此,我们还是觉得有很多事情值得担忧。敌军潜艇封锁带来的不利影响,我们已有所预感。是否能排除这份危险,决定了我们所有计划的成败。法兰西战役以失败告终。不列颠之战却获胜了。眼下,大西洋战争即将拉开序幕。

附 录

一

表格一中的数字是1940年12月8日我写给总统的信函[1]中列出来的。

表格二中的数字是根据战争结束后调查的情况最终估量出来的。

表格一　每个星期海上蒙受的损失

每周截止日期	英国		同盟国		中立国		英国、同盟国、中立国总数	
	艘	总吨位	艘	总吨位	艘	总吨位	艘	总吨位
1940年								
6月2日	28	79,415	5	25,137	2	4,375	35	108,927
6月9日	13	49,762	8	22,253	4	14,750	25	86,765
6月16日	15	60,006	10	40,216	6	23,170	31	123,392
6月23日	16	91,373	12	81,742	12	39,159	40	212,274
6月30日	6	30,377	4	13,626	5	19,332	15	63,335
	78	310,933	39	182,974	29	100,786	146	594,694
7月7日	14	75,888	4	18,924	5	21,968	23	116,780
7月14日	10	40,469	5	13,159	7	24,945	22	78,573
7月21日	12	42,463	2	3,679	7	13,723	21	59,865
7月28日	18	65,601	2	7,090	—	—	20	72,691
	54	224,421	13	42,852	19	60,636	86	327,909
8月4日	14	67,827	2	7,412	5	13,768	21	89,007
8月11日	9	32,257	2	7,674	2	6,078	13	46,639

[1] 当详见第二卷第二十八章494页。(这是原书的页码。——译注)——原注

每周截止日期	英国		同盟国		中立国		英国、同盟国、中立国总数	
	艘	总吨位	艘	总吨位	艘	总吨位	艘	总吨位
8月18日	10	41,175	1	7,590	2	4,134	13	52,899
8月25日	20	108,404	1	1,718	2	8,692	23	118,814
9月1日	12	62,921	5	15,038	5	18,460	22	96,419
	65	312,584	11	39,432	16	51,762	92	403,778
9月8日	13	44,975	4	18,499	3	13,715	20	77,189
9月15日	13	55,153	4	12,575	3	7,379	20	75,107
9月22日	22	148,704	3	13,006	5	14,425	30	176,135
9月29日	11	56,096	4	12,119	2	7,351	17	75,566
	59	304,928	15	56,199	13	42,870	87	403,997
10月6日	8	30,886	3	5,742	1	3,687	12	40,315
10月13日	10	52,668	3	17,537	4	14,544	17	84,749
10月20日	34	154,279	7	24,686	6	26,816	47	205,781
10月27日	6	9,986	2	6,874	1	1,583	9	18,443
11月3日	13	65,609	4	5,403	—	—	17	71,012
	71	313,428	19	60,242	12	46,630	102	420,300
11月10日	11	69,110	2	10,236	2	8,617	15	87,963
11月17日	15	57,977	3	15,383	1	1,316	19	74,676
11月24日	20	80,426	3	12,415	—	—	23	92,841
12月1日	9	41,360	3	5,734	1	5,135	13	52,229
	55	248,873	11	43,768	4	15,068	70	307,709
1940年5月27日—12月1日合计	382	1,715,167	108	425,467	93	317,752	583	2,458,386

注:到12月1日结束的这个星期是最后一个完整的有详尽数字的星期,不过,这应该是暂时性的,状况的性质这样表明。

在之后的时间里,敌军总共击沉了我方吨位数在五百吨及以上的现役船舰(之前是商用船只)20艘,总吨位大约为18.3万吨。

表格二 英国、盟国、中立国每个月损失的运输船舰

1940年5月—12月

每周截止日期	英国		同盟国		中立国		英国、同盟国、中立国总数	
	艘	总吨位	艘	总吨位	艘	总吨位	艘	总吨位
1940年								
5月	31	82,429	26	134,078	20	56,712	77	273,219
6月	61	282,560	37	187,128	27	101,808	125	571,496
7月	64	271,056	14	48,239	20	62,672	98	381,967
8月	56	278,323	13	55,817	19	59,870	88	394,010
9月	62	324,030	19	79,181	9	39,423	90	442,634
10月	63	301,892	17	73,885	17	66,675	97	442,452
11月	73	303,682	13	47,685	5	24,731	91	376,098
12月	61	265,314	11	70,916	7	21,084	79	357,314
合计	471	2,109,286	150	696,929	124	432,975	745	3,239,190

二

1940年不列颠之战期间的飞机力量[①]

1. 1940年的飞机产量

	总产量	战斗机产量
1月	802	157
2月	719	143
3月	860	177
4月	1,081	256
5月	1,279	325
6月	1,591	446
7月	1,665	496
8月	1,601	476

2. 不列颠之战中轰炸指挥部每个星期的战斗力列表

作战顺序（轰炸指挥部）及飞机储存库的轰炸机总量

轰炸指挥部

时间	中队总数	适宜参战的中队数目	"初步武装"的参战中队总数	能投入战争的轰炸机总数
1940年7月11日	40	35	560	467
1940年7月18日	40	35	560	510
1940年7月25日	40	35	554	517
1940年8月1日	40	35	560	501

---

① 详见这册书第一章。——原注

1940年8月8日	41	36	576	471
1940年8月15日	37	31	496	436
1940年8月22日	37	31	496	491
1940年8月29日	38	32	512	482
1940年9月5日	39	36	576	505
1940年9月12日	41	38	608	547
1940年9月19日	42	38	608	573
1940年9月26日	42	38	608	569

飞机供给量

依照彼时的战斗装备做好准备，待命的飞机数量

时间	48小时内	4天内能增加
1940年7月11日	285	128
1940年7月18日	272	111
1940年7月25日	251	111
1940年8月1日	249	111
1940年8月8日	191	111
1940年8月15日	210	111
1940年8月22日	152	116
1940年8月29日	145	124
1940年9月5日	103	124
1940年9月12日	113	123
1940年9月19日	107	121
1940年9月26日	165	109

3. 空战指挥部每个星期的战斗力列表

时间	空战指挥部中队总数	能参战的中队数目	能参战的待用飞机数目
7月10日	57	54	656
7月17日	57	52	659
7月24日	60	50	603
7月31日	61	54	675
8月7日	61	56	714
8月14日	61	54	645

8月21日	61	57	722
8月28日	61	58	716
9月4日	63	58	706
9月11日	63	60	683
9月18日	64	61	647
9月25日	64	61	665

4．英国和德国在不列颠之战中的战斗机力量对比

上面的表格展现了包含"伯伦翰"式、"无畏"式飞机在内的空战指挥部的所有力量。不过，为方便对比，白天的战斗力只包括"旋风"式、"喷火"式飞机，并不包括上面两种样式的飞机。

"旋风"式、"喷火"式飞机在7月10日至10月31日这段颇具典型性的日子里，每天能参与作战的中队平均数字大概是中队49，随时待命的飞机与飞行员608。

截止到现在，我们还没得到德国能参战的飞机数目；所以对比时只好参考初级阶段的武装力量。德国"初级阶段的武装力量"包括大约850台单发动机和350台双发动机（梅塞施密特110式），共计1200台。

而英国能参战的中队初级阶段的武装力量，在十二周内的平均数是980，可以拿这个跟上述数字展开对比。

三

在达喀尔的问题上,丘吉尔先生和孟席斯先生的电报往来[1]

孟席斯先生致首相　　　　　　　　　　　　　　　　　　1940年9月29日

达喀尔事件已对澳大利亚造成恶劣影响,我们深觉忐忑。先来说本质:

没有百分百获胜的把握,还要这样尝试,这点让人困惑。我们这里的人,远远看到他们进攻得如此迟疑,觉得他们就是在践踏自己的威望。

再来说做法:

澳大利亚政府直到这件事刊登在报纸上之后,才被告知详细情况,以及进攻达喀尔的计划已经取消,这种做法必然是错的。我极力不在公开场合批判此事,不过我要悄悄让你了解,大英帝国不给我们官方的正式通知会让我们很尴尬。说到末尾,我再坦诚地说一句,澳大利亚政府强烈要求你们不要小看在中东取胜的难度,一定要在中东地区完胜。

首相致孟席斯先生　　　　　　　　　　　　　　　　　　1940年10月2日

你在9月29日所写的信函让我非常惋惜,我觉得,我们付出了巨大努力,理应获得大家的宽容与体谅,虽然在极少数的小型战争中,我们的表现不太好。……达喀尔的局势发生剧变,这是法国船舰将维希政府的人从土伦运送到达喀尔,炮台被对立的法国海军掌控共同造就的结果。英国海军拼尽全力想在法国船舰赶赴达喀尔中途阻截它们,无奈没有成功。海军、陆军诸位指挥官在严格检验了达喀

---

[1] 详见这册书第九章。——原注

尔的防御力量，同时承受了我告知你的那些损失后，判定他们的实力不足以登陆或为登陆提供援助，他们不希望我们深陷一场海岸战，这在我看来再正确不过；海上进攻想什么时候停下来都可以，但海岸战不一样，它或许会让我们深陷其中，无法抽身。

你批判说要做这样的尝试，除非"有百分百获胜的把握"，这会导致我们只能守不能攻。法国驻守达喀尔的军队会反抗到何种程度是不确定的，在预测这种因素时出现偏差，担当风险都在所难免。举个例子，塞内加尔的军队不愿去进攻喀麦隆人守卫的杜阿拉，后来杜阿拉竟被区区二十五个法国人攻克了。我们在进攻杜阿拉时，军队也没有占据绝对优势，那是否应该采取行动？其次，你批评我"进攻得如此迟疑"，我也不能接受。全世界都在称赞我们此前五个月的作战表现，但愿这些表现没让你觉得我们是"迟疑的政府"，或者我在工作时表现迟疑。我认为，澳大利亚民众毋庸置疑也认同了我们做出的努力，不然他们不会在大选中提及我的名字。

我们确实应当随时留意，先把消息告知你，再发布新闻，可若是德国和维希政府的无线电台在我们收到我方司令部汇报之前，就对外公开了达喀尔的情况发展，我们也无计可施。

再说你对中东的见解，你说我们小看了在中东取胜的难度，我不这么认为，利比亚和埃塞俄比亚两地的意大利军队的确远多过我们，而且德国可在任意时间给他们援助。中东各地因法国叛变处境危险，我们在地中海上的航线也因此被截断。在本土，我们不得不应对侵略危机和德国空军对我国城市、工厂、港口的狂轰滥炸，情势危急且物资匮乏，即便是这样，我们还是坚持支援中东，将三万多兵力、将差不多一半的最优秀的坦克都送过去了，此外还有很多高射炮，它们原本是用于保卫我们重要的飞机生产厂的，还有"光辉"号、"勇敢"号这两艘舰队里最好的军舰，再加上大批"旋风"式战斗机、"威灵顿"式轰炸机。我们支援中东时，敌方正调动大批驳船及各类船舰到英吉利海峡与北海对岸，这些船可在一夜间往我国沿海输送五十万大军。该承受的威胁，英国承受了，该做出的舍弃，英国也做出了，若中东还是不能彻底渡过难关，走出困境，就不是英国的问题了。相较于我们之前的担忧，埃及、苏丹现在的情况要好一点。亲爱的总理和朋友——先前你准许我视你为朋友——即便如此，我还是无法确保可以在中东"完胜"，或是确保开罗、喀士穆、苏伊士运河、巴勒斯坦不会被意大利人或德国人抢走。我们不觉得这些地区会被敌军抢走，同时为了抵御敌军即将发动的进攻，我们正竭尽所能。只是我们无法保证我们必然会取胜，保证那些让人深感遗憾的悲剧必然不会出现，保证失望与挫败必然不会降临到我们身上。正好相反，我觉得只有一件事能确定，那就是我们还要忍受漫长而痛苦的折磨，才能最后摆脱那些足以毁灭我们的威胁。

鉴于你身居高位，在信函中的语气又十分严肃，我觉得我在回复你时应该跟你一样坦诚。

孟席斯致丘吉尔先生　　　　　　　　　　　　　　1940年10月4日

我已经收到你在10月2日发出的电报，里面的部分内容让我非常忐忑。

达喀尔的战败，我们过去很关注，现在依然如此。再读我那份电报，我也感觉部分言辞太过直言不讳。然而，其中哪有只言片语说你或者英国政府在政府、精神、成绩上迟迟疑疑？我真的不明白。

我的地位因近来澳大利亚的选举结果变得摇摇欲坠，所以可能很快就要丢掉这个职位了，我想借这个机会让你明白，虽然我们的距离如此遥远，但我十分骄傲能作为澳大利亚的代言人，跟温斯顿·丘吉尔及英国民众在同一战线上奋斗。我一直在利用自己掌控的国内大权勉励澳大利亚民众，让他们明白大不列颠的奋战是为了我们，对我们而言，大不列颠的英勇豪迈与非同寻常的乐观与镇定不光是一种保护，也是一种激励。

再说你个人，我来赞颂你怕是不合适，可我全部的心意，都写在了9月3日开战一周年时给你的那封电报里。若9月29日我写的那封电报，在你看来是求全责备或冷嘲热讽，我会非常伤心。

达喀尔事件留下的教训不必我来解释，所以我不会再提这件事了。我真正的意思在于，若能尽早告知我们关于这件事的详情，那个教训我们这些身处遥远地方的人就能快速领悟了。

我并不想在中东问题上得到什么承诺。我们只请求竭尽全力给中东充足的支援和武装，我认为先前我们已被允许做出这种请求。你的电报与此相关的内容，让我的请求完全获得满足。你有句话说得再正确不过,该承受的威胁,英国承受了,该做出的舍弃,英国也做出了,若中东还是不能彻底渡过难关,走出困境,就不是英国的问题了。不过,请你也不要误会澳大利亚在逃避自身责任。我们已将所有船舰装满了军队,大批大批运送到中东。我们还有一支远征军停留在澳大利亚的军营里,差不多有八万五千人,很快,其中很多人就要赶赴中东了。

民众很质疑我们的这种做法,生怕会引来日本人对付我们,在这样的情况下,澳大利亚政府还是对海、陆、空三军进行了扩充,同时在武器装备的生产方面投入了更多人手和物资,如此庞大的规模此前从未出现过,不仅如此,就在一年前,大家还觉得我们没有能力做到这些。

我们采取了这种做法,全然不顾前不久一些地方利益和问题,让我们在关键至极的新南威尔士州的选举中落败。我们明白,英国要面对的是无限的威胁,所以我们的付出也会是无限的。

我说这些是为表明一点,对于我们真正参与的海外主战场,我们极其关注,这也是人之常情。

由此产生的恐慌,跟怯懦、自私或蛮横无关,亲爱的首相,希望你能明白这点。最重要的一点在于,不管我私底下发什么电报质疑甚或批判你,都不影响澳大利亚的正义、勇敢、支持你到最后一刻的决心,我也会为此倾尽全力,这点请你明白。

首相致孟席斯先生　　　　　　　　　　　　　　　　　　　　　1940年10月6日

非常感谢你上一封用词无比诚挚的电报。请不要介意,我曾觉得你的批判有点过头,因而过分为自己辩解。我正命人将达喀尔事件各阶段的相关报告整理出来,做成秘密文件,很快就会给你和诸位同僚送过去。在议会中为自己辩解,只会让敌人拍手叫好,所以我并不准备这样做。我很感谢你所领导的澳大利亚为我们的共同事业付出的全部努力。澳大利亚陪伴我们度过了那么艰难的几个月,让我们倍觉宽慰。检阅澳大利亚军队时,我盛赞了他们的表现和状态。他们才获得了二十四门性能优良的野战炮。很快,他们就将启程加入澳大利亚在中东的军队,等到明年,他们说不定就会奋战在第一线。我们会尽量武装他们,分配给他们适当的武器。中东现在的局势好像快要稳定下来了。这支军队若能参与马特鲁港的战斗，那我方的参战人数在下个月或者说六周以内应该不会比敌方少。著名的战略家威尔逊将军及其优秀的军队，会因此获得一个大好良机。在敌军的空袭下，伦敦民众表现得十分勇敢，可是一个总人数达八百万的城市遭遇如此狂轰滥炸，会给政府带来无数麻烦，这点你完全能想象得到。我们正循序渐进地解决难题，另外，我坚信希特勒对民众的恫吓必将遭遇失败，就跟他的磁性水雷以及别的残酷计划没什么两样。希望你诸事顺利。

四

作战计划的代号列表

弩炮：抢夺、掌控所有能靠近的法国舰队，使其完全丧失作战能力或击沉。

罗盘：在西非沙漠进攻。

克伦威尔：警报密码，在英国马上遭遇敌军入侵时发出。

发电机：海军于1940年5月撤退英国远征军。

超额：1941年1月向中东支援飞机。

帽子：舰队取道地中海，往马耳他运送支援和供给。

上颚、下颚：向多德卡尼斯发起进攻。

玛丽：攻克吉布提。

恫吓：抢占达喀尔。

桑葚：人工港口。

霸王：解放法国。

海狮：德国侵略大不列颠的作战计划。

榴霰弹：攻克佛得角群岛。

火炬：英军和美军共同向北非发动进攻。

绞盘：向马耳他支援战斗机。

车间：抢占潘泰莱里亚。

五

字母缩写列表

A.A.guns 高射炮

A.D.G.B. 英国防空委员会

A.F.S. 辅助性消防军队

A.F.V.s 装甲战车

A.G.R.M. 皇家海军陆战队高级副官

A.R.P. 空袭警备处

A.S.U. 空军后勤军队

A.T.rifles 反坦克步枪

A.T.S. （女子）地方辅助服务队

B.E.F. 英国远征军队

C.A.S. 空军参谋长

C.I.G.S. 帝国总参谋长

C.-in-C. 总司令

Controller 第三海务大臣及军需署长

C.N.S. 海军参谋长（即第一海务大臣）

C.O.S. 参谋长

D.N.C. 海军建设局局长

F.O. 外交部

G.H.Q. 总部

G.O.C. 总指挥官

G.Q.G. 法军总司令部

H.F. 本土军队

H.M.G. 英王陛下政府

L.D.V. 地方防御志愿军（改名为国民自卫军）

M.A.P. 飞机生产部

M.E.W. 经济作战部

M.O.I. 信息部

M.of L. 劳工部

M.of S. 军需部

O.K.H. 德国陆军最高指挥部

O.T.U. 作战训练单位

P.M. 首相

U.P. 不旋转投射弹——火箭的代号

V.C.A.S. 空军副参谋长

V.C.I.G.S. 帝国副总参谋长

V.C.N.S. 海军副参谋长

W.A.A.F. 空军妇女辅助工作队

W.R.N.S. 皇家海军妇女服务队

声 明

　　《第二次世界大战回忆录》是在第二次世界大战结束之后英国前首相温斯顿·丘吉尔花费六年时间完成的巨著。本书收录了大量的政府文件、会议记录、来往函电等资料以及多幅珍贵的史料图片，具有很高的史学价值。

　　在第二次世界大战期间，温斯顿·丘吉尔带领英国与苏联结盟，为第二次世界大战的最终胜利提供了坚实的保障，但是在意识形态领域他是顽固的反共代表人物。《第二次世界大战回忆录》是温斯顿·丘吉尔以战时英国首相的特殊身份对第二次世界大战全过程的系统追述。这一鸿篇巨制对第二次世界大战的分析具有很高的权威性，但也难免带有其个人主观色彩，其中不乏反共反苏言论。而且，该书对第二次世界大战史的叙述并不全面，在讲述同盟国事业的同时，不由自主地夸大了战时英国的作用。

　　综上所述，本书仅代表作者温斯顿·丘吉尔的个人观点。

本书编辑部